U0772226

国家出版基金项目
NATIONAL PUBLICATION FOUNDATION

非洲译丛

"十二五"国家重点出版物出版规划项目

处在管理与统治之间的非洲国会

[荷] M.A.穆罕默德·萨利赫　主编

张海香　王华璐　译

民主与建设出版社

图书在版编目（CIP）数据

处在管理与统治之间的非洲国会 / （荷）萨利赫主编；
张海香，王华璐译 . —北京：民主与建设出版社，
2015.10

ISBN 978-7-5139-0862-7

Ⅰ.①处⋯　Ⅱ.①萨⋯　②张⋯　③王⋯　Ⅲ.①议会—
研究—非洲　Ⅳ.①D740.23

中国版本图书馆 CIP 数据核字（2015）第 246764 号

African Parliaments Between Governance and Government.
© M.A. Mohamed Salih
First published in English by Palgrave Macmillan, a division of St. Martin's Press, LLC,
under the title African Parliaments by M.A. Mohamed Salih. This edition has been translated
and published under licence from Palgrave Macmillan. The author has asserted his right to be
identified as the author of this Work.
Simplifted Chinese edition copyright：2015 DEMOCRACY & CONSTRUCTION PRESS
All rights reserved.

版权登记号：01-2015-6882

处在管理与统治之间的非洲国会

出 版 人	许久文
主　　编	（荷）M. A. 穆罕默德·萨利赫
责任编辑	刘　芳
整体设计	逸品文化
出版发行	民主与建设出版社有限责任公司
电　　话	（010）59419778　59417745
社　　址	北京市朝阳区阜通东大街融科望京中心 B 座 601 室
邮　　编	100102
印　　刷	北京明月印务有限责任公司
版　　次	2015 年 12 月第 1 版　2015 年 12 月第 1 次印刷
开　　本	880×1230mm　　1/32
印　　张	14.25
字　　数	290 千字
书　　号	ISBN 978-7-5139-0862-7
定　　价	58.00 元

注：如有印、装质量问题，请与出版社联系。

中央财经大学中国海外发展研究中心资助

出版说明

　　中国与非洲相距遥远，但自古以来，两地人民就有了从间接到直接、从稀疏到紧密的联系，这种联系增进了两地人民的沟通与了解，为两地的发展不断发挥着作用。特别是20世纪中叶以来，因为共同的命运，中国和非洲都走上了反殖民主义革命与争取民族独立的道路，中非之间相互同情、相互支持，结下了深厚的友谊。迈入新世纪以来，随着我国经济的发展，中非经贸关系日益深入，及时了解非洲的政治、经济、法律、文化的情况当然也就具有十分重要的现实意义。

　　有感于此，我社组织翻译出版这套《非洲译丛》，所收书目比较全面地反映了非洲大陆的政经概貌以及过去我们很少涉及的一些重要国家的情况，涵盖多个语种，具有较强的系统性和学术性，意在填补我国对非洲研究的空白，对于相关学术单位和社会各界了解非洲，开展对非洲的研究与合作有所帮助。

　　译丛由北京大学、中央财经大学、浙江师范大学、湘潭大学等国内非洲研究的重镇以及国家开发银行、中非基金等单位组织，由非洲研究专家学者遴选近期国外有关非洲的政治、经济、法律等方面有较大影响、学术水准较高的论著，汇为一编，涵盖政治、经济、法律等七个方面的内容，共约 100 种图书。

对于出版大型丛书，我社经验颇乏，工作中肯定存在着一些不足，期待社会各界鼎力支持，共襄盛举，以期为中非合作做出贡献。

民主与建设出版社

2014 年 8 月

目录

1

作者简介

　　卡萨洪·贝尔哈努，荷兰阿姆斯特丹自由大学博士，现为亚的斯亚贝巴大学助理教授，政治科学与国际关系系主任。他的作品涉及以下众多问题：选举（发表于 1995 年《非洲政治经济评论》）、难民与土地所有制（发表于 1998 年《埃塞俄比亚发展研究期刊》）。他的作品包括《埃塞俄比亚国家建设与民主化》（绿林出版社，1998）、《埃塞俄比亚民族与社会矛盾》（海因里希·伯尔基金会，2000）、《非政府组织在提升埃塞俄比亚民主价值观方面的角色》（北欧非洲研究院，即将发表）、《回国人员、重新安置与权力关系：在埃塞俄比亚胡梅拉组建一个政治选区》（阿姆斯特丹自由大学出版社，2000）。

　　夸梅·博夫—亚瑟，加纳大学博士，现任加纳大学政治学系主任，加州大学洛杉矶分校詹姆斯·S. 科尔曼非洲研究中心富布赖特资深非洲研究学者，瑞典乌普萨拉大学北欧非洲研究院访问研究学者。他在以下领域著述甚多：加纳政治、民主化、政治经济、非洲发展、国际经济关系、冲突与非洲民主化。他的作品散见于如下颇负盛名的期刊中：《非洲政治学期

1

刊》（2000）、《西非评论》（2001）、《亚非研究期刊》（2003）。

雷内斯科·多仁斯普利特，荷兰莱顿大学博士，美国哈佛大学贝尔弗科学与国际事务中心博士后。分裂社会中的民主是她近期的研究兴趣所在，受到荷兰莱顿大学荷兰科学基金会资助。她曾就以下方面发表诸多期刊文章，撰写图书部分章节：塞内加尔的民主化、自由与出版，民主定义与浪潮。她的作品包括《民主化的第四波浪潮》（2001 年荷兰莱顿大学博士论文），在《阿克塔政治》和《世界政治》等期刊中发表文章数篇。

博尼法斯·杜拉尼，英国苏塞克斯大学哲学硕士，现为赞比亚大学钱瑟勒学院政治与行政学系政治学与发展学专业讲师。曾接受洛克菲勒基金会和世界银行业务评估部门的约请，就赞比亚的政治变革发表大量论文。

威尔·胡特，荷兰莱顿大学博士，现为海牙社会科学研究院国际关系发展方向副教授。他的著作如下：《资本主义与第三世界》（奥尔德肖特，英国：爱德华·埃尔加出版社，1993）、与全·格鲁吉尔合编《南北划分中的地区主义》（伦敦：罗德里奇出版社，1999），以及就国际关系和政治学问题合编三卷荷兰语图书。除此之外，他曾在如下期刊就国际政治经济问题发表文章：《欧洲国际关系期刊》、《第三世界季刊》、《发展与变革期刊》、《非洲政治学：国际政治学期刊》等。

蒂姆·休斯，南非开普敦大学硕士优等毕业生，现在南非国际事务研究院做国会研究员。截至 2001 年，他曾在开普敦大学讲授政治学，为欧盟国员的政策顾问，领导南部非洲发展共同体期货交易方案研究项目组。近期，就南非对外政策和最佳国际惯例的形成，他完成了一部书稿。目前，他致力于如何加强南部非洲议会民主的一个长期项目。

亨宁·梅尔伯，德国不来梅大学政治学博士，并获讲师资格，现任瑞典乌普萨拉大学北欧非洲研究院研究部主任。1992~2000 年间，他在位于纳米比亚首都温得和克的纳米比亚经济政策研究部任主任。他作为编辑和撰稿人，最新作品包括《这不止是一次呐喊：纳米比亚流亡诗歌和文艺复兴时期与国家建设时期关乎文学的文章》（巴塞尔，瑞士：巴斯勒尔非洲目录学出版社，2004），《重新审视纳米比亚的解放》、《独立后的政治文化》（乌普萨拉：北欧非洲研究院，2003），《南部非洲解放的局限性：民主团结之未竟事业》（开普敦：人类学研究委员会，2003），《2002 年津巴布韦总统选举：证据、教训和含义》（乌普萨拉：北欧非洲研究院，2002）。

乔萨姆·C. 蒙巴，加拿大多伦多博士，现为赞比亚大学政治与行政学系政治学副教授。就赞比亚政治，他曾撰写多篇期刊文章，写作图书部分章节。他最新的作品包括《赞比亚南部非洲政策的变革与延续：从首任总统卡翁达到第二任总统奇卢巴》（《非洲洞见》，31/2 ［2001］）、《民主转型和一个非洲国民党的危机：赞比亚联合民族独立党》（为 M. A. 穆罕默德·萨利赫主编的《非洲政党》一书中的一章［伦敦：普卢托出版社，2003］）。

德勒·奥罗武，尼日利亚伊费大学公共管理博士，为非洲发展银行高级管理顾问。他曾任尼日利亚奥巴费米·亚沃洛沃大学公共管理与地方政府专业教授，目前兼任非洲尼日利亚（他的祖国）、埃塞俄比亚、塞拉利昂、莫桑比克等许多国家在公共领域管理改革方面的顾问。1995～1998年间，曾为联合国非洲经济委员会管理与能力建设方面的常驻咨询顾问。此后，他加入海牙社会科学研究院。他最新的著作包括《非洲管理的非洲视角》（阿斯马拉，厄立特里亚：非洲世界出版社，2000）、《较佳的管理与公共政策：非洲民主复兴能力建设》（布卢姆菲尔德，美国：库玛丽安出版社，2002）、《非洲的地方管理：民主去中心化的挑战》（波尔得，美国：琳利彦纳尔出版社，2003）。

M. A. 穆罕默德·萨利赫，英国曼彻斯特大学博士，兼任海牙社会科学研究院发展政治学和荷兰莱顿大学政治学系教授。他近期的著作包括《非洲民主与非洲政治》（伦敦：普卢托出版社，2001）、《非洲田园主义：矛盾机构和政府》（伦敦：普卢托出版社，2001）、《非洲政党：演变、制度化与管理》（伦敦：普卢托出版社，2003）、《非洲网络：信息发展、信息通信和技术与管理》（乌德勒支，荷兰：国际图书出版社 & 亚的斯亚贝巴，埃塞俄比亚：联合国非洲经济委员会，2004）。

艾利·马利·特里普，美国西北大学博士，现任政治学系教授、国际研究系副主任、女性研究中心主任、政治学和女性研究学系教授。她的教学及研究兴趣在于国际视阈下的非洲政治、比较政治和性别研究。她的著作包括《乌干达的妇女与政治》（麦迪逊，美国：威斯康星大学出版社，2000）、《改变规则：坦桑尼亚的自由化政治与城市非正规经济》（伯克利&洛杉矶：加利福利亚大学出版社，1997）。她主编了《撒哈拉以南的非洲：世界妇女问题的百科全书》（西港，美国：绿林出版社，2003），合编了《乌干达的妇女运动：历史、挑战与前景》（坎帕拉，乌干达：源泉出版社，2002）和《坦桑尼亚在上演何种正确之事？人民对于受引导的发展作何反应》（达累斯萨拉姆，坦桑尼亚：达累斯萨拉姆大学出版社，1996）。此外，她还曾就非洲妇女与政治、妇女面对经济改革的反应、非洲团体化生活的变化等问题发表文章，撰写图书部分章节。目前，就非洲妇女运动的政治影响，她在与人合写一部著作。

让·谢斯·万·东热，荷兰瓦赫宁根大学博士，现任荷兰海牙社会科学研究院公共政策与管理专业高级讲师。他曾撰写《赞比亚：世界文献系列》一书（美国 Abc—克里欧出版公司，2001）。他的文章发表在《发展研究期刊》（1999）、《发展与变革期刊》（2001）、《现代非洲期刊》与《非洲事务期刊》上。

韦伯克·王，挪威卑尔根大学哲学硕士，现为一名政治科学家，聚焦于坦桑尼亚、乌干达与马拉维等国家的国会研究、监察机构、新民主下的民主责任。目前，她在挪威卑尔根克里斯蒂安·米切尔森研究院任助理研究员。

前　言

　　如今，就公共机构在人们生活中所扮演的角色这一话题，人们进行了十分激烈的争论，进而使得他们非常关注在相对崭新的非洲民主环境下国会（也被称为立法机关和议会）的地位。正如荷兰多党民主研究院主任罗埃尔·冯·梅江菲达博士叹息地那样，"为了使民主不断深化且增进社会凝聚力，议会和政党正成为举足轻重的基石。"本书的出版受到梅江菲达博士本人的赞同，也有幸得到他所在研究院和研究院同事们的支持。直到2002年，当我启动了一项名为"管理民主"的研究项目，才意识到梅江菲达博士的观点。该项目受"创新基金"计划援助，而这归功于汉斯·奥普斯乔尔教授。他曾任社会科学研究院（ISS）院长，该机构是欧洲发展机构中的领头羊之一。"创新基金"的创新元素有三：关注那些或被忽视或待研究但却重要的问题；讨论那些能够提升与其他学术机构和协会合作的问题；吸引"外部"资金支持。这本书归属于重大社会主题与政治主题类，而这些主题并未得到学术界和出版界应有的关注。这项事业也引起了时任肯尼亚自由民主研究院执行主任丹尼斯·柯德先生的关注。如今，肯尼亚自由民主研究院更名为东非民主研究院（Institute for Democracy in East Africa）。该机构对本书提供了经济以及学术支持。

本书并非涵盖 2003 年 4 月"非洲国会内罗毕会议"中提交的所有论文。作为本书的作者，我们深深受益于内罗毕会议无与伦比的开、闭幕式演讲，它们分别由尊敬的肯尼亚规划部部长阿尼阳·奥尼翁先生（社会民主党）和尊敬的肯尼亚住房与公共设施部部长赖拉·奥廷加先生（自由民主党）做出。由于议员们带头进行的白热化讨论，辩论的价值得以丰富。议员们不仅为他们在多党民主的新时期所出现的国会活动做辩护，也挑战了我们对于非洲议会所持有的学术且理论化的认识。总地说来，这些认识是西化的，它们在很大程度上是由我们的教育背景和一定程度上的西方民主价值观的社会化所致。

此外，本书还得到伊丽莎白·西迪罗保罗斯和朱莉·巴灵顿两位女士的无价帮助。西迪罗保罗斯女士是南非国际事务研究所副主任，她许可蒂姆·休斯先生在本书中出版题为"南非国会的失意瞬间"的章节，而这是休斯先生为该研究所开展工作期间的部分成果。巴灵顿女士是民主和选举援助学会中"政治中的女性"项目专员，她许可艾利·马利·特里普教授在本书中出版题为"妇女立法席位限制"一章，本章为集中修订版。两位女士都热烈倡导妇女在国会中占有一席之地。

在本书撰写的不同阶段，我曾问询很多同事的观点，因为不能在前言中将他们一一提及，我一并表示诚挚的谢意。同时，我感谢本书的作者们。我知道，由于缺少专门研究非洲立法机构的集子或教科书，一些作者的最初写作道路并不平坦，他们当时一定十分之绝望。我还感谢他们对待我这样一位不按常理出牌、偶尔还会直言不讳的主编表现出来的耐心和毅力。我还要谢谢莱斯利·奥布莱恩女士，虽然我们未曾谋面，但她在使本书不同英语写作风格的诸多文章读来连贯顺畅方面，贡献功不可没。这些各有千秋的文章在荷兰、美国、挪威以及其他国家探讨了非洲大陆的问题。

最后，我希望这份成果可以证明努力没有白费，是这本书首次提出在非洲大陆正经历的新型民主绝望心态下国会在非洲政治中扮演何种角色这样一个棘手议题。

穆罕默德·萨利赫

荷兰海牙

2005 年 5 月

1　引言：非洲国会的管理角色变革

M. A. 穆罕默德·萨利赫

（莱顿大学政治学系，荷兰海牙社会科学研究院）

　　立法机关、国会、议会三个词语可替换使用，它们是国家（民主制国家或是独裁制国家）、政党制度（一党制、多党制、执政党制）和政治文化的本质反映。三者是代议机制，理论上旨在代表公民的利益，反映公民在选举中所表达的一系列喜好。顾名思义，立法机关制定法律，修订法律[①]，批准或修订重大决策以及决策转变等诸如此类的事宜。它既履行着不可或缺的管理角色，又是政府机制运行的一环。立法委员一方面使行政机关对公民代表负责；一方面拥有财政大权，作为多数执政党或国会多个政党的代表，扮演着重要的（即便不是最为重要的）管理角色。而由于立法机关依据宪法监督行政机关的个人行为或不良行为可能会与公共利益冲突的领域，立法委员的作用尤为凸显。

　　在这种意义下，非洲立法机关首先如其他立法机关一样，

[①]　奥尔森 1994：1.

处在两股竞争角色之间，即合法化政府机制的角色与通过行使不信任投票权力催生或捣毁政府的角色。其次，非洲立法机关作为关键的监督机构，为保证高质量管理、捍卫公共权益以及防止行政机关任何公私利益不分的行为，有责任审查政府所有活动。通常，大多数新、旧民主国家的政治家或政治学专家们并未重视立法机关在扮演两种角色时进行的立法实践所具有的竞争性与实践的固有属性。

本书在意识到立法机关和行政机关关系紧张的基础上，目的在于提供一个广阔的视角来分析和阐释非洲国会的诸多发展，以及立法机关和行政机关处于统治与管理的竞技场上时各自的管理变化契机。本章连同书中其他各章，追溯了在关乎统治民主体系的原则、实践方面，非洲国会的发展。这些章节努力解决非洲国会是否独具特色的问题，力图展现非洲政治文化的专有性，也即，因为游走在传统与现代，非洲国会在应对社会问题和常见的公共利益问题，与统治相比时，是否比管理更为高效。而这是由他们不断追求适应国会固有原则决定的。而在"结语"部分（第13章），笔者会再次回到这些问题，尝试探究出解答国会管理角色与行政角色紧张方面的问题时所隐含的意义。

导　言

最初，国会的现代形式是为西方国家所独有的；集会是非洲前殖民地时期的国家、历史王国、中央集权的酋长国共有的特征。祖鲁王国（南非）①、布干达王国（乌干达）②、阿散蒂王国（加纳）、赞德王国（苏丹）③、努佩王国（尼日利亚）④是酋长国的几个代表。这些王国的统治者受到野心勃勃的皇室、长者和经常叛乱的利益团体之审查，并受到他们的挑战。议会和王子借以行政和司法的手段控制国土以及专有军事力量，受系统化的税收政策支持，他们共同行使统治权力。⑤ 在这儿，中央集权和分散王国并存，大多数非洲民族团体有长者委员会、老练的下属领土首领、宗教领袖以及其他限制专制的制度化因素。例如，本巴（赞比亚）、露（肯尼亚）、阿努亚克（苏丹）、提夫（尼日利亚）、奥罗莫（埃塞俄比亚）等部族就赋予某些团体以如此权力的委员会。⑥ 科尔曼⑦认为，"人们在政治进程中发现了宪政观念的内核，找到现代民众直接或间接参与标准假说的核心。"此外，"中央集权的酋长国不一定是专制的；相反，这些王国内经常存在各种各样的对抗力量，审查酋长们乱用职权的现象。"

殖民历史向非洲引入了西方议会或国会的概念，在一定程度上，利用非洲残存的政治制度去统治非洲大陆，并在早期

---

① 艾略特 1991.

② 劳埃德 1964.

③ 埃文斯—普里查德 1971.

④ 易卜拉欣 1992.

⑤ 科尔曼 1960：254.

⑥ 可参见福特斯和埃文斯—普里查德 1940，了解这些组织以及其他组织的详尽信息。

⑦ 科尔曼 1960：255.

"政治现代化"的驱动下形成政党。① 远程遥控的殖民国家急于留下民主政治体系，决定"向非洲出口它们独有的国会政府，并建立一些政党和公认的反对党"。② 在一些国家，非洲那些受过教育的精英人士不到十年的时间就建立了政党，参与选举以及在国内确定政府的角色。③

殖民国家为了确立对宪法负责的立宪议会，让殖民地做好自治的准备，它们草率地创建了政党，这些政党参加选举并选举代表人民的议会。由于政治发展加快节奏，民族团体成了唯一广泛的制度化框架，大多数非洲国家围绕民族团体进行组建。那些新型的政党和建立政党的受教育精英人士发现了民族协会与团体已经是即时可用的结构，在这些结构的基础上现代政党成了在立宪议会中确保代表制的工具。大量的有民族基础的政党诞生，在某些情况下民族团体还会成立由少数民族团体要求的反对党。这些政党一经确立下来，就开始承担西方国家政党的组织结构和功能。它们建立之时，参加选举，吸收一些西方政党的制度化准则和行为，它们展现的是形式而非实体。④ 继而，非洲政党组建"立宪议会"，在殖民统治和指导下行使立法权。显然，就像本书其他章节将要阐释的那样，不同国家从建立政党到成立国会或议会的过程是不同的。

代表非洲国会的大大小小的政党在一定程度上是注重民族

---

① 黑利勋爵的报告 1979.

② 马兹鲁伊和泰迪 1984：85.

③ 萨利赫 2001.

④ 萨利赫 2003.

性的，由此便能维持非洲政治、组织文化与国会之间的连续性和相似性。国会组成立法机关，以最高级别的组织表达人民的主权。而这在历史上，由于非洲政党的产生先于国会、议会和立法机关的产生，上述观点尤是。[①] 比较之下，欧洲意识形态、观点、现代俱乐部、贸易联合会、教堂、哲学协会以及国会团体的强烈趋势之出现先于政党一词的狭义概念之形成。从本质上来说，没有现代意义的政党先于西方民主和国会体系产生。[②]

政党先于议会产生有两点重要意义。首先，非洲国会、议会和立法机关的产生是因为现代政党的形成，而非非洲本土政府、政治制度，主要是君主制议会的"自然"演变。其次，在独立之初，非洲接触西式政党和议会的时间极为短暂，以至于不能确保将与之相关的政治观点和行为内化，这一点我将在"导言"中加以阐释。然而，非洲早期立法机关一旦确定，就是微型的间接统治，被拔高到作为国家宪法基础的机制在全国范围内运行。显然，当后殖民时代的早期国会政府退化成一党制，议员对其选民的忠诚将被他们对政党的忠诚所取代。[③] 20世纪90年代多党民主制得以恢复，国会议员作为民族代表制的核心稳定人物所具有的连续性显著地证明了政党、选民行为、民族附属、立法委员们之间的关联性。[④]

---

① 萨利赫 2003.

② 杜维尔哲 1958.

③ 例如，参见克拉彭 1982；万·东热 1995a；萨利赫 2003.

④ 萨利赫 2001.

尽管这并非本书主题，但引人注目的是，就管理作为促进发展制约性因素的一部分所引发的争论再度出现，它忽略了非洲国会与议会以及非洲国会与地方管理组织之间的连续性。国际发展制约性因素为捐助机构、全球经济管理机构所强加，为了努力遵守该因素，现代化的修订主义已经战胜了传统。[①] 当地方管理被不幸忽略时，正值立法机关受到暴力冲突（索马里、利比里亚、塞拉利昂、苏丹、布隆迪、非洲大湖区等）和社会问题（HIV 病毒、艾滋病以及其他地方性疾病）不断纷扰之时，这些冲突和问题需要越来越多的地方政府参与，采用适用于当地的策略。

处于统治和管理间的国会在二者与国会的能力之间制造了紧张气氛，国会的能力为确保三者在提高良性代表制、责任制、代表团制以及法制等竞争性民主制度方面的传统得以实现。

接下来要探讨的问题，是从殖民统治时期到独立时期的非洲国会之发展与管理职能。

从殖民统治时期到独立时期的国会

7

当非洲开始按最初的咨询委员会、立法议会的准则进行实践，甚至参加非洲大陆史上第一次选举时，政党处于萌芽期了。很显然，尤其在民主发展、远程遥控的殖民国家寻求移植政治现代化的种子的影响之下，非洲极力试图采用并实践类似

---

① 萨利赫 2001.

欧洲的自由式民主。①

　　西式政治组织（包括国会、宪法和法律、官僚制度、政策和军队等统治机构）的出现是受非洲受教育的精英人士授权，在稳步迈向自治。国会成了集结点，代表了非洲化旗帜下一个非洲化统治运行机制的崭新希望。国会代表了人们对主权的日益渴望，并将这种渴望赋予当选代表。

　　大体上说来，殖民地时期的国会主要的管理角色限定在以下至少五个主要领域：

　　1. 政治现代化。代表了从传统议会向现代议会的转变。在这种意义下，国会被看成是顺理成章的继任者，尽管这是在传统政治机构与司法机构的一个现代背景下，它们对传统议会和长者委员会的忠诚已经转移至由西式受教育精英们运行的现代西方机构上。

　　2. 政治社会化。第二次世界大战之后，改革的殖民国家随后出现，人们越来越能接受受过教育的非洲人工作在低级别的行政岗位上。教育的普及，城市机构与贸易联合会的创建，加速了强烈渴望独立和自治的政治团体的出现。从它们的角度来说，殖民化的行政管理正在倾向于丢掉那些类似西方政治制度的东西。

　　3. 宪法发展。仓促之间，与西方政党类似的非洲政党得以创立和组建，政治精英人士在立宪议会中就职，主要的目的在于发展全国宪法，以（1）使政府履行其统治国家的职责；（2）建立统一的统治观念和统治目标；（3）提供统治稳定；

---

① 萨利赫 2003.

（4）捍卫自由；（5）合法化统治。

4. 立法。这个职能是殖民地统治政策的一部分，旨在建立三个不同的政府分支（立法机关、行政机关和司法机关），实现西方同等机构的类似公认职能。国会的统治就是要在新兴的后殖民主义国家里进行立法。

8

5. 代表制。立法机关是作为代表社会、地区、国会和议会利益的一种手段演变而来的。这也可被视为从非代表制的殖民军事—民事行政向完全由非洲人掌控、代表非洲人的非洲行政管理的转变。

考虑到统治机构仍以民事—军事行政的形式在殖民统治之下，为非洲人民实现宪法主权的非洲立宪议会的作用是有限的，但也不能视为不重要而解散。在我看来，就没有经历过国会制度，不知道国会制度如何在现实世界中运行的受教育的非洲人而言，使非洲人民社会化并适应民主准则是最重要的举措。

尽管对殖民主义的政治机制存有疑虑，咨询式委员会和立法议会（并不能自由决定关乎非洲人实质的所有问题，而这些委员会的主席民政部长却得到授权，可以在任何时间、就任何敏感问题叫停讨论）为正在参与的非洲人民提供了一瞥现代政府机构是如何运行的机会。应该可以笼统地这样说，非洲政治精英人士是最先从统治殖民地的官员那里受到早期的民主教育，而就这些官员的信条来看，他们只是二等民主党。非洲精英人士效法其早期接触到的政党、国会等现代政治制度，执意影响非洲大陆独立，并会在未来时期内的很多方面继续如此。例如，将特权赋予最大政党的领袖，他们仍从其祖先作为部落首领所处的位置或是他们自己在争取独立时所做出的重大贡献中找到行使统治权力的合法性说法。他们在后独立时期的政党和国会机构中的工作确实不容小觑，但某些人的过分夸其词也是不可饶恕的。在殖民主义时期的终结十年，针对殖民主义委员会和/或立法议会来说，另外一个负面的政治结果就是重大问题呈请辩论时是有选择性的。有些并非关乎非洲利益的问题得到了透彻讨论，批准这些问题的决议很快得以通过，而其他问题（如土地问题，行政事务的非洲化问题）却未得到全盘讨论，或是缺少决议而被搁置。这些咨询性委员会或立法议会的权力完全是咨询性质的，只能在一定限制内被赋予，要遵循为其设立的严格的规则，并且要事无巨细。

9

简言之，尽管我对殖民地立法议会、咨询委员会和国会持批判意见，但他们表征了非洲在现代国会理论和实践方面学到的第一课。非洲传统管理的混合性借鉴以及冲突所在之处，政治精英人士摒弃传统，接受现代，并开始确立西式议会的形式，而非实体。很多政治领袖以一党制和一个蹩脚的国会来推翻强硬政治领袖，也因此模仿了传统非洲政体下首领的角色，他们所采用的手段说明了上述观点。而主要的区别在于传统的非洲政体理念是置于存有其内在逻辑的现代政治机构之上的。

殖民统治者遗留下来的管理结构带有一种权力主义、非民主制国家的特征，借由这种特征，管理结构是以国家为中心的。我已在别处阐述过独立运动的领袖们都是中央经济统制论者，他们是以国家为中心的。对于他们来说，公民的人身安全是从属于国家安全的。也正是由于这个原因，他们不仅授权国家在权力使用以及高压政治方面滥用专有权，而且国家独享真理，即国家的观点一贯正确而对立面的意见总是错误的。这种观点产生了宪法改革的浪潮，使得非洲很多国家倾向于一党制。

一党制下的非洲国会

非洲国会的角色转变是与自独立以来演变的政党制度紧密相连的。政党受历史事件的推动，是历史事件的产物。照此说来，政党的实质反映了社会中社会、经济、政治关系的总和。因为政治发展的速度，大量的基于民族的政党为对抗其他民族党派应运而生。这些政党一经确立，便开始具有西式政党的结构，行使西式政党的职能，准备随时参与到国会民主之中。

在独立取得、"非殖民地化民族主义"的火光渐渐熄灭后，政治精英们完全摧毁了国家统一的目标，是这一目标让他们产生政治抱负，退回到亚民族主义政治。在一些国家（苏丹、尼日利亚、刚果、安哥拉、莫桑比克、乌干达等），亚民族主义已经演变成逃离一些边缘化或少数民族政治精英人士的"第二次解放战争"，他们被认为应"统治的种族"需要进行的一种内化殖民主义。不幸的是，非洲大多数领袖倾向于取缔政党，将政党描述成分裂势力，威胁国家统一，因此转而建立一党制。这些政党中的一些是殖民统治的遗留物，一些是军事领袖创立的，旨在实现发展和国家统一，而大多数非洲领袖将之误认为是国家统一大业的分裂力量。①

10

---

① 萨利赫 2003.

在很多国家，那些世袭了权力的平民政治家们不久便开始除自己所处党派之外，严禁其他现存的政党，并将国家改造成一党制，以便实现与军事领袖所宣扬的、类似的目标，即实现发展与国家统一。正如近代历史和后来的历史事件证明的那样，这两个目标都未实现。弗罗因德认为，在为独立进行斗争的时期，"非洲政党提出了一个任何情况下都适用的诉求。正方千篇一律地宣扬要代表非洲人民的利益，但从未承认为某个阶级或某个种族的利益说话。独立之后出现了一种语意模糊的'非洲社会主义'，它力求在少数人的政治野心与大众的需求上实现一种妥协。"①

最初，国会成了集结点，在新成立的全国政府内，民众和国家的呼声仍受到信任，被视为激励人们谋发展、求统一的统一机制。不管我们如何看待这些早期国会，它们曾经能够承担起保护国家和主权（不管是种族主权还是政权）的责任，对迫在眉睫的全国性问题富有激情和负责任地进行争论，这也是事实。然而，不同国家的立法情况是不同的，但它们大体上同意国会民主的准则。

在独立后的不到十年中，大多数非洲国家被极权主义领袖改造了一党制国家，它们或是军事主义政体或是军事社会主义政体。在这方面，最典型的例子是东非。在独立之初，就像其他的英国前殖民地一样，肯尼亚、坦桑尼亚和乌干达的独立宪法体现了自由民主的原则：法治、分权、司法独立、行政事务和武装力量同等对待，民众定期、自由、公平地参与选举，以

---

① 弗罗因德 1984：246~247.

及国会至高无上。宪法也为首相制度和内阁体制提供所需,并把宪法意义上的国家首领,即形式上的首脑与多数党领袖首相,即实际的国家首脑对立起来。[①] 在坦桑尼亚和肯尼亚,一系列的宪法修正案把体系从一党制或执政党制转变成两党或联合执政,从而避免国会至高无上的原则,将执政官和行政部门提高到政府一个强有力的、处于主导地位的机制。立法机关再也不能因无能、显而易见的低效或滥用职权而约束或让政府辞职了,因为宪法并未赋予人们不信任投票权。

20 世纪六七十年代的宪法修正案弱化了国会,强化了总统权和行政权力。无可否认,一党制下的国会苦不堪言,尽管公平地讲,由于 20 世纪 90 年代富有勇气的议员们通过个人以及集团议会反抗让议会辩论有了一丝威严和紧迫感。

关于一党制下的国会角色,我们至少可以发表以下五种评论:

1. 人们成立国会,是希望国会忠诚于一方,偶尔忠诚于宪法意义上的政党或军事领袖,并确保政府提出的法律和立法按照常规得到了批准。缺少分权会模糊立法、行政和司法机关三者之间的关系,使得三权分立和各负其责不复存在。[②]

2. 一党制被视为全能体制,它不仅能够参与实现法律和立法,而且也能参与决策、政策执行与行政决策的合理化。因此,立法机关和行政机关的关系,行政机关和司法机关的关系就会混乱不堪,这就使得国家政治问题很难公开论及。

---

① 马基恩比 1995:51.

② 耶舒斯 1974a;辛德斯 1983.

3. 国会的立法权力受执政党的监督。议员不仅不是事实上的选民代表，而且经常会在获准参与选举之前，受到执政党中央委员会的仔细审查。在一些一党制国家的国会中，有超过25%的成员选自社会力量（军官、专业人士、年轻人和女人），他们被认为是政权的先锋（可参见本书中一党制时期的埃塞俄比亚和赞比亚）。

12   4. 一党制下的国会不仅以一定形式与藐视分权的行政机关关系密切，还常常把一个非法和不具竞争性的政治进程合法化。如此说来，政府不对国会负责，虽然国会是由选民带有偏好和政治寄托自由选举出来的，并受制于这些偏好和寄托。

5. 国会反映的是统治精英们以及精英们所代表的压迫政权的声音，而非人民主权。国会的职能大体上说是对现状的断言与证实，并在缺乏司法独立的情况下走向政治压迫。一党制视反对派为异端，并在国会议员们的监督下对其进行揭发，这些议员们发誓要对最高领导人和执政党忠诚。

一党制中，国会的管理充其量也就是无作为，甚至还可能是更糟糕的压迫式。在 20 世纪 70 年代的一些国家中，集权式、以国家为中心的管理方式中，议会作为人民通过其立法代表自由参政的载体，受到了限制，并成了独裁者集权统治奇思妙想的附庸。

鉴于曾盛行于一党制国家中的"不良管理"，现代多党民主制时期非洲国会的变革命运不得也不应被小觑。一党制语境下的管理意味着压迫、独裁、政令统治、无法化、无公众认同。国会受制于人，他们的职能在一定程度上是无作为的，他们被迫进行反抗，在一些国家，这种反抗极大地促成了民主暴动，并实现了向民主的转变。通过转变，非洲的立法成了管理新概念的一部分，指涉"良好管理"这种流行的、新型自由的范式，带有全国性和全球性的指涉范畴。

多党民主下的非洲国会

在 20 世纪 90 年代广泛传播的民主化进程促进了多党制占据主导地位，此时，非洲大陆的多党制在国会体制的职能方面发生了相当多的变化。除某些显而易见的情况之外，事实上，尽管一党制走向没落，但在多党制的掩饰下，建立执政党制或两党制的趋势却方兴未艾。然而，值得庆祝的是一党制的消亡和竞争性政治的兴起，国会开始收复其在 20 世纪 60 年代到 90 年代早期失去的失地。

13

多党民主的非洲国会开始更加认真地承担起政治管理属性的六大责任：

1. 立法，提案和项目大体上出自政治领袖；

2. 代表制，通过在政府和人民之间建立联系；

3. 行政机关审查制，以确保政府是负责的，此权力包括废除政府；

4. 政治人才招募，其中一些将会走上领导和决策岗位；

5. 合法化，通过代表立法、对公共事务进行变形与政府公开；

6. 冲突管理。

而非洲国会在多大程度上能够行使上述种类的职能，取决于好些因素，尤其是国会所运行的政治环境属性，政治机构与民间社会组织的力量，以及协调立法机关和行政机关的宪法安排。然而，我们必须意识到，这些国会职能必须对应共同管理以及连接国家中心式与社会中心式管理的管理共同体等新兴观念进行重新排布。

国会在管理辩论中的作用不应被夸大，对于非洲尤其如此，因为非洲的现阶段民主团结浪潮尚处于孕育期。非洲国会除我前面说到的经典属性职能（立法、代表制、审查、人才招募、合法化与冲突管理）之外，越来越多地需要在反腐运动、性别审计①、社会正义实现、民族冲突及暴力冲突管理等方面发挥更大的效用。

总体说来，政党的理念是议员代表整个国家；在历史的进程中，它逐渐发展成国会制的一部分。通常，所有的非洲立法机关表达主权公民的意愿，依良心行事。然而，政党和国会泾渭分明的民主典型在世界的任何地方都不存在，但是志同道合的政党组成的政治团体之间关系的亲密度是国会民主不可分割的组成部分。非洲国会民主发展的一个积极方面体现在政党合作越来越多地通过志同道合的政党间联盟反映出来。

国会职能的另一个维度就是制定议程表，尤其是修改法案、应对行政机关提出的重大决策转向的能力，而这些转变隐藏着背离公众利益的目的。② 因为国会立法、批准新的重大决

---

① "性别审计"就是研究立法、规章制度、分配、税收以及社会项目等主流政策对女性地位的影响，旨在改变某些公共政策，促进两性平等。——译者注

② 博因顿和金 1975：17.

策或决策转向，公共利益可能会和私人利益交锋，得者、失者之间由此便生出矛盾。同其他国家国会一样，这种论证在非洲的国会也极为常见。从土地政策到环境政策，从财政预算到是免费提供药物还是费用共担提供药物，国会都试图理智辩论，并将理智涵盖在制度化政治的框架内。① 这些辩论仅让公民相信多党民主对国会失职带来的重大质变，而且真诚的辩论不会不假思索胡乱批准，按政党政策议程进行的辩论已经开始。

并不是所有的非洲立法机关都会屈服于领导人的"奇思妙想"，那些人或藐视宪法，或不惜任何代价极力延长任期（如赞比亚第二任总统弗雷德里克·奇卢巴，津巴布韦的总统罗伯特·加布里埃尔·穆加贝，纳米比亚的前总统萨姆·努乔马，喀麦隆总统保罗·比亚，乌干达总统约韦里·卡古塔·穆塞韦尼）。对此，非洲立法机关的应对策略千差万别，有的严肃划分党派立场，如依照政党领袖的政治野心支持宪法修正案，或赞成捍卫宪法抵制修正案（喀麦隆议员们抵制保罗·比亚 2002 年就职）。然而，促成竞争性多党政治的宪法修正案不能小视，因为是它让人们有可能享有民主权力，而一党制国家、军事独裁国家或某个民众独裁国家剥夺公民的此项权力。

立法机关的职责是以暗示，有时是明显的评判干预方式谴责政府在应对冲突等社会问题时无能为力。在某些国家，国会

---

① 具体事例包括白热化的国会论辩，如马拉维土地政策（2002 年 1 月），南非土地政策（2003 年 11 月），莫桑比克能源与交通部门私有化（2004）。

议员会扮演起管控冲突的角色，或充当受到不公正对待的公民的私人代理人，来向行政机关或当地政府公务员讨回公道。例如，国会议员通常会采用在多种族分裂的社会中谈判来管控冲突，如马里国会议员在内战时期管控冲突时的积极介入。毫无疑问，如果没有当地图阿雷格族首领、宗教和团体领袖、政党和国会议员支持的内政组织的干预，1999 年马里战争便不可能终结。整个干预过程始于 1995 年，当时传统的领袖（首领）采用传统的冲突管控方法来维护和平。在促进信任建立，同时调动当地力量和全国资源来管控冲突和实现政治转型时，全国妇女和平运动发挥了重要的作用。

又比如，1991～1993 年间，肯尼亚的裂谷省和肯尼亚西部省的部分地区发生种族冲突，动荡不安，而肯尼亚国会议员在成功解决这起冲突方面起到关键性作用。尤其值得一提的是，埃尔多雷特镇研讨会。1996 年 8 月 24 日，肯尼亚非洲民族联盟和国会反对派成员在此研讨会上宣誓要力避可能引起团体间紧张的意见。两天的会谈之后，他们双方达成和解，程度之高令人称赞，他们还敦促各团体在受影响地区恢复和平。纽库里（1997：13）悲叹道：

> 对于冲突的受害者来说，这意味着领导人关心和平，他们积极考虑选民们参与对话并和谐生活。对于乐观的分析家而言，这是国会领域新纪元的伊始，尽管国会议员们本质上仍忠诚于其政党，对待各方爱护程度有差，但他们一起探讨，一致将他们的私人利益放置一边，以期讨论出

可实行的策略和价值观，来维持肯尼亚的统一。[1]

第一，联盟和利益聚合正逐渐司空见惯，这可以通过党党合作以及国会政治团体体现出来，例如，埃塞俄比亚人民革命民主阵线，肯尼亚全国彩虹联盟，尼日利亚变革力量联盟以及赞比亚多党民主运动等。在我看来，这些联盟对于达成共识来说，是很重要的政治安排，而在没有一个政党赢得国会多数席位的情况下尤其如此。在非洲种族分裂极其严重的社会里，党党合作已经成为国家统一的重要工具。在这种情况下，党党合作使得不同政党可以通过对话、创建超越个人种族、文化和语言团体的"意识形态的亲缘关系"来连接他们的项目和利益。全国性的党党合作所起的团结作用对地区性的党党合作也意义非凡；它促进地区和谐，并使地区和亚地区的政治实体间相互依赖。

第二，国会议员个人代表其选区或地方团体的现象在非洲也很常见。此处的代表制已超越直接选区的利益，而为发展谈判，表达团体和个人的关切，也阐释国家政策对团体将会产生的潜在性影响。从我试图评判非洲农村地区的国会议员选区的几个案例中，我感受到国会议员们光顾他们的选区只为拉票的时代已经过去。在非洲早期的国会时期，国会议员缺席现象很是常见，但随着竞争的加剧，议员—选区的关系肯定得到了改善，他们间的联系也势必变得更加密切。

16

---

[1] 纽库里 1997：13. 欲了解更多关于国会在管控冲突方面角色的信息，参见《为非洲工作的欧洲国会议员们》，2001。

　　上文中描述的立法机关角色是与其他属性的职能，如监督、立法和行政述评，并存的。在克拉夫奇克和维纳①看来，如果我们将司法委员会作为实例，赞比亚和莫桑比克的宪法并不为司法委员会提供法律支持，而是将此项任务留给国会法令，对国会的重要性也认识不够。在非洲相当一部分的国家（马拉维、坦桑尼亚、博茨瓦纳、莱索托、乌干达和津巴布韦）里，以莱索托为例，受总统或首相任命的人员统领着委员会。然而，在任何情况下，审判长和副审判长都不能被指派担任司法委员会委员。维纳以相同的风格宣称，非洲很多国家的审计总长（如肯尼亚）是由总统任命的。② 大多数情况下，国会需同意此项任命，赞比亚就是如此。③ 非洲很多的宪法体制明确规定了审计总长可能被迫离职的特殊情况。通常，这些情况限于无能或失职，如肯尼亚、马拉维和纳米比亚的宪法体制。

　　然而，我意识到立法机关管理职能的实现更多地依赖于实践，而非理论。国会委员会赋予国会的技术特长不能被仅仅视为形式而不予理会（参见本书韦伯克·王所写章节）。为应对于公民而言的重大问题，需要的各种各样的专家意见和专业知识使得国会管理职能呈现多样化和复杂化。理想状况下，国会委员会不仅仅协助议员们采纳、修订或驳回法律或政策，也需

---

① 克拉夫奇克和维纳 1998：238.

② 维纳 2002：226.

③ 关于立法机关和行政机关关系和赞比亚国会改革日程的更全面叙述，参见 Burnell 2003。

准确知道采纳、修订、驳回的内容，以及内容为何和是否关乎公共利益。

非洲国会制度

一院制是非洲最重要的国会制度。如今，39 个非洲国会是一院制的，16 个是两院制的。[①] 无论是一院制还是两院制，国会制度都需在调控立法机关和行政机关的权力关系、维持立法机关和行政机关权力分开方面发挥重大作用。然而，很难辨别非洲的一院制和两院制国会制度究竟哪种制度更有能力实现政治稳定，更负责任以及更好地监督行政机关。探讨非洲两院制的章节中，作者们认为在绝对的多数主义下，两院制和一院制一样容易出现行政机关专权（本书中，贝尔哈努、梅尔伯、休斯持此观点）。

两院制的优点并不鲜见。例如，各国议会联盟认为：

就两院制的争论有如下两种：a）立足于在行政机关

———————————

① 非洲实行一院制国会的有阿尔及利亚、安哥拉、贝宁、博茨瓦纳、佛德角、乍得、科摩罗、科特迪瓦、吉布提、赤道几内亚、厄立特里亚、几内亚、冈比亚、几内亚比绍、肯尼亚、利比里亚、马拉维、马里、毛里求斯、莫桑比克、尼日尔、圣多美与普林西比、塞内加尔、塞舌尔、塞拉利昂、苏丹、突尼斯、乌干达、坦桑尼亚、赞比亚、津巴布韦。实行两院制国会的有布隆迪、刚果（布）、刚果（金）、埃及、埃塞俄比亚、加蓬、莱索托、马达加斯加、毛里塔尼亚、摩洛哥、纳米比亚、尼日利亚、卢旺达、南非和斯威士兰。

和立法机关之间维持更稳定的平衡，不受控制的一院制通过有不同立足点的另外一院制得以牵制；b）试图让国会运转更加顺畅，即便不是更加高效，手段就是建立一个所谓的"修正"议院，以认真审查"第一议院"在某些时候做出的仓促决定。[①]

国会民主党未提起注意的两个重要方面是：第一，第二议院的议员们是选举还是选定；第二，相较下议院而言，第二议院的相对权力有多大。据各国议会联盟[②]，反对派认为一院制更适合民主；两院制本质上为限制和缓和人民主权的高涨而设立，如果只有一院的话，人民主权高涨会导致残酷的行动。理想状况下，唯一一院通过直接普选选举而出，实际上，这是非洲两院制国会最常见的形式。

关于两院制，现今的观点呈现两级分化的态势。有些人认为两院制是自由宪政的核心部分，它使得在管理机构中代表强有力的政治、社会利益成为可能。而且，两院制在多中心主义的原则内运行，将立法权力分解，从而预防立法专断（一些强权利益），同时防止行政独裁。[③] 有些人持怀疑态度，就两院制的优缺点提出了更多的批判性观点（如 1992 年莱克，1997 年策伯里斯和莫尼）。在两院制的议会中，第二议院全面彻底地审查立法事宜，以确保收集可能出现的错误，并创造机

---

① 国会间联盟 1961：8.
② 国会间联盟 1961：8.
③ 海伍德 2002：320.

会进行更多的公共辩论。而两院制的缺点之一是可能出现长时间的拖延，民主原则执行放缓，社会力量（首领和强大的政治精英人士）被强化，相对第一议院等通过民主选举产生的机构而言，当第二议院的议员们并非通过选举或是通过间接选举而产生时，情况尤其如此。

人们不难发现，两院制议会和联邦之间的关系步履维艰，例如，在埃塞俄比亚、尼日利亚以及纳米比亚、毛里塔尼亚和南非等其他分裂极其严重的国家。然而，在两院制大行其道的非洲国家中，人们普遍认为两院制能够解决源自地区差异、种族内部分裂和/或严重的中心——周边冲突的社会冲突以及政治冲突。此处重要的是，两院制是否有利于政治稳定，或降低立法机关独断专权的几率。而非洲两院制国会制度的目标似乎是前者而非后者。然而，这并不代表已采用一院制立法形式的国家不存在这些问题。

无可否认的是，非洲并未采取重大尝试，引入新型的宪法制度（如两院制国会），而是沿袭殖民主义者遗留下来的制度，这说明了非洲国家惧怕任何一种可能被视为煽动民族情绪的发展，甚至将倡导两院制的人物视为分裂分子或部落分子。尽管两院制体制会向通常探讨的那样，可能会因为广泛听取民众意见而延误立法，但行政机关控制两院制立法的情况不太可能，甚至不会发生。

在博茨瓦纳、斯威士兰、莱索托和毛里塔尼亚，一院制国会体制和两院制国会体制为团结政治代表人和让更广泛的政治代表人发表意见提供更多的空间，首领起到的突出作用，说明了这些代表出自首领或其他类似的反映"国家"为多民族或

18

多国籍国家的地方实体。例如，在一院制的博茨瓦纳，酋长院是一个 15 人的咨询机构，由 8 名最高部落首领、4 名选举出来的下属部落首领以及 3 名由 12 名首领选举出来的成员。在莱索托，参议院有 33 名参议员（22 名最高部落领导人和由执政党任命的另外 11 名成员）。在斯威士兰，国会（也称"Libandla"）是一个咨询结构，由拥有 30 个席位的参议院（10 名成员由议院任命，20 名由君主任命）组成；议员任期五年。在毛里塔尼亚，参议院（也称"Majlis-al-Shuyukh"）拥有 56 个席位（每两年最多选举 17 名成员），市政领导选举出来的议员们任期六年。

纳米比亚和南非相对新的民主国会为"比例代表制"的选举制度，也是两院制的①（参见 2003 年威斯关于纳米比亚，1997 年奥布莱恩关于南非）。在纳米比亚，全国委员会有 26 个席位，每个地区委员会选举两名成员，任期六年。在南非，全国省级事务委员会有 90 个席位（由 9 个省级立法机关分别选举 10 名成员，任期五年），该委员会拥有专门的权力，用以保护地方权益，这包括在少数民族中维护文化和语言传统。非洲 3 个联邦制的国家（埃塞俄比亚、尼日利亚和科摩罗伊斯兰联邦共和国）也不一样。在埃塞俄比亚，众议院或下议院有 548 个席位；其成员由单一席位选区通过大众票选直接产生。

很难归纳是否两院制比一院制更能为政治稳定、代表团制和责任制打下更好的基础。然而，一般说来，两院制下保护立

---

① 纳米比亚参见威斯 2003；南非参见奥布莱恩 1997.

法机关免受行政专权的宪法结构比一院制下的更为适用。① 如果实践充分，两院制能够为地方代表制提供更好的机会，可以保护语言和文化差异，同时全面反映种族和地区多样性和差异性。

从管理的角度来讲，两院制预示着中央和地区政府之间更广泛的辅助性原则，从而有利于在政府的底层机构中，更多的民众参与其中。对于严重分化的社会，两院制通过有效审查行政权力、暴露政府无能的手段，也显得更为适用。两院制通过非常广泛的群众代表仔细检查，可以实现更为彻底的立法审查。在领导代表制下，两院制更具包容性，因而在代表种族分歧、宗教、语言和文化实体方面更为适合。正如这一部分的导言中所提到的那样，埃塞俄比亚、纳米比亚和南非的实例（分别由贝尔哈努、梅尔伯、休斯分析）将会阐明这些国家近期立法机关—行政机关在两院制立法制中调整和挣扎的情况。

然而，万·克兰恩鲍夫②认为非洲的国会（无论两院制还是一院制）都处在严酷的行政专权下。在仔细研究很多非洲国家之后，她称一些半总统制体制在严重地向纯粹的总统制倾斜，因此产生了很严重的行政专断。因而，万·克兰恩鲍夫认为，非洲的总统制（或者首相制也一样）并不以政府的行政和立法权力分立为特征。行政和立法通过它们之间的连接或融合分立开来：功能上来说，通过公众对立法保有信心；私下里，通过内阁成员和立法机关成员之间的不和谐来实现分立。

---

① 关于当今世界上的两院制，参见帕特森和穆根 1999.

② 万·克兰恩鲍夫 2003.

20　　　本书的章节反映出了一些非洲国会发展的总趋势，国会和
政府的关系，以及在管理辩论中就国会职能而引发的当今辩论
的含义。这些发展不能与大的经济和政治架构割裂来看，这些
结构显示了非洲国会的演变，以及它们和当前的民主发展之间
的融合。

提高了的非洲国会管理角色

　　本章"导言"及本书其余各章中的"管理"是指一种组
织架构，"包括基础的原则和实践、个体的目标与意图，涉及
各种框架，公民和官员在其中各行其是，从事政治事务，民间
组织的身份和制度得以塑造。"[①] 此外，"管理"一词还借鉴了
奥斯特罗姆[②]的理念，即民主管理关乎制度框架如何组建，以
便实现民主理想，以及制度在其定义的过程中如何构成和变
化。定义过程、制定规则、管控冲突和保证合规仅仅是民主管
理制度涉及的诸多功能和活动的一小部分。民主管理是历史环
境、社会经济环境以及政治环境共同作用的产物，这些环境要
素会在自身之中被构想和实践。关于这一点，我将在结论部分
进一步阐释。

　　显然，当组成社会民主管理的宪政布局得到广泛定义时，
国会或立法机关处于管理和国家统一体系的核心，公民会在宪
法的辅助下，将确保民主政权的沉重任务托付给国家统一体

---

① 玛奇和奥尔森 1995：6.
② 奥斯特罗姆 1990.

系，而国会或立法机关代表公民的利益行使职权。现今及将来，非洲国会主要从事的是管控宪政危机，这些危机源自一些领导人的突发奇想，他们试图拓展宪法以外的权力，或获得特权以保证他们高于所有其他政府分支的至高无上的权力。[①] 本章"导言"之前提到的国会职能构成了管理的重要工具，可供立法机关自行支配，旨在通过保证宪政条款不是空口白话，保护公民自由。国会作为政府机制的一部分，是重要的共同管理机构，而这在约翰逊和中村看来，是因为：

> 国会代表法律，决定法律，对行政机关实行一定程度的监督和控制。国会行使这些职能可以增加政府监控公众情绪与不满并作出回应的能力，可以在通过立法、能够经受住严格的审查方面发挥作用，还可以作为一种工具，在法律实施过程深化诚实、高效和随机应变程度，最终有助于实现政府运转良好。[②]

需要特别指出的是，这里提到的民主政体将 20 世纪 90 年代后期非洲的立法机关与一党政权和极权主义政权下的立法机关区分开来。国会除了其例行职能之外，还属于民主管理机制，代表公民利益，而公民期待国会发展政治认同，管理统一，控制冲突，以及构成一个竞技场，公民代表们可以建立、

---

① 关于这一点，更多信息参见欧克斯—欧根多 2000.
② 约翰逊和中村 1999：1.

扩散和调动实现民主期望的能力。[1] 正是在国会中，对履职或失职的政治解释应该与透明化的民主管理和公众开放化的诸多审议相一致；而且，辩论决议被公开化。不能要求或强迫公民遵守他们毫不知情或尚未公开的法律。这至少包括三层意思，本书通篇将清晰阐释：第一，狭义的政党层面的竞争性政治保证国会并不是执政党的一家之言，保证国会中被代表的反对派政党可以利用执政党的失败，取得上风。用约翰逊和中村的话来说，就是：

> 选民们更容易接触国会；他们更倾向于认为他们对某一个代表比对其他政府官员拥有要求的权利。通常，立法程序的组织会最大限度地将公民注意力转向某些争论，提供从联系某些代表到组织听证会等一系列的参政机会。[2]

公民对国会的支持（参见多仁斯普利特），反对政府以表达与国会团结一致的行为（参见杜拉尼和万·东热）都表明，在民主条件下，民间组织助力立法机关。第二，多元化政治，尤其是竞争党派的大行其道意味着，国会已经成为各种观点和"意识形态"态势之代表，利益集团以及诸如此类的团体代表着公民主权，乃至代表公民行使监督权。第三，国会网站的发展使得信息传播更加容易，这些网站涵盖了日间报道，立法总结，以及法律条文。借助信息与通信技术，公民，尤其是受过

---

① 玛奇和奥尔森 1995.

② 约翰逊和中村 1999：2.

教育、带有政治倾向的精英人士，可以将观点反映给国会议员和国会委员会。而对于国会议员来说，他们利用多元政治为其创造的空间，通报信息给公民，智胜反对派。

本书中的各个章节揭示出，非洲国会或其他国会在缺少支持或通力合作的情况下，难以行使其全部职能，扮演功能附带的管理角色。国会通过与一些其他管理机构（如审计总长、巡视官和司法部长）以及非政府机构，如关心倡议和廉政的非政府组织、民间组织，发展支持或合作。另外，国际金融组织、地区银行、双边及多边发展机构也属于非政府机构。通过直接或间接迫使国会和行政机关至少看起来代表人民的利益，内部压力和外部压力已成为二者沉重的负担。

本书结构

本书共 13 章，分为两大部分，探讨的是非洲国会、议会或立法机关处于变革中的管理作用以及它们与行政机关的关系。第一部分下设 5 章（作者分别为萨利赫、胡特、特里普、奥罗武和多仁斯普利特），介绍了一种更大范围的综合方法，意在解释非洲国会运行下的更为广义的社会经济环境和政治环境。首先，萨利赫揭示了非洲国会的特性及共性；接着，胡特通过多组数据集将非洲国会的表现与其他发展中国家的国会表现进行对比；特里普阐释了非洲妇女国会议员们越来越重要的作用，以及对比例代表制的态度；奥罗武阐明地区议会坚决努力自下植入管理的思想；而多仁斯普利特讲解了公众观点的形成，以及以马里为例，使用数据集，分析非洲人会在多大程度上支持自己的国会。

　　第二部分从政治历史的角度讨论国会的发展，一方面是从殖民统治走向独立自主，特别指出的是立法机关与行政机关斗争过程中的如今发展态势（作者是蒙巴、博夫—亚瑟和梅尔伯）；另一方面是从帝国制到多党民主制（贝尔哈努），分别考察了赞比亚、加纳、纳米比亚和埃塞俄比亚的情况。这些章节所展示出的历史深度专门是为了避免一些学术著作中阐释的某些错误的现行趋势，如它们认为宪法、国会、政党等非洲民主机构是最近的民主化进程的产物。这些章节也详细阐释了不同政党制度（一党制、执政党制和多党制）和意识形态（广义上是指军事社会、社会主义社会、民主/多元化社会以及多党民主社会）下，立法机关和行政机关之间不断演进的关系。

　　第二部分的第二大块进行了案例分析，直接解答的是非洲国会在确保行政机关负责地行使职权方面，是否真正有效（作者是王、杜拉尼和东热、休斯，他们阐释的对象分别是坦桑尼亚、马拉维、南非），这些章节也列举了立法机关在行使其珍视的问责制功能时，出现的成功与失败。

　　用如今主流讨论民主的语篇重新来措辞的话，非洲国会很可能未能全方位实现预期的管理责任，尤其是以发展政治报告的形式引入良好管理的精神和实践这一追寻历程。关于这一点，我将在第十三章"结语"部分重新说明这些观点。而且，这最后一章旨在为读者概括性分析本书中的突出特点，这些特点使得本书一气呵成，并试图挖掘出非洲立法机关和行政机关关系的最新发展进程以及抑制它们管理角色发挥的因素。

　　作为迄今为止唯一一部专门探讨非洲国会当今发展的研究

性论文集，我们希望这本书可以填补非洲立法机关研究上的一些重要空白，进而鼓励那些学习非洲以及世界其他发展中国家政治进程的学生们。我们知道非洲国会很可能未全方位实现它们预期的管理职能，所以如果非洲政治专业的学生们可以将我们的工作深入下去，并详尽阐释那些我们只是简要介绍的问题，我们将感到极为欣慰。然而，我们不应将注意力从如下事实上转移开：非洲国会构成了主要的管理支柱，担负着实现良好管理的精神和实践之任务。

2　国会、政治活动和管理：
非洲民主国家之比较研究

威尔·胡特①

（海牙社会科学研究院）

本章聚焦于全国政治体系与管理质量之间的关系，其中很多体系关乎全国国会的运行状况。全章，我使用了来自政治制度和管理方面的最新数据集的数据。

总体上来说，富裕国家更趋于拥有良好治理的料想已得到证实。非洲民主国家的管理水平普遍低于亚洲、拉丁美洲以及加勒比海地区。然而，非洲内部不同国家之间的管理水平也存在明显差异，最贫穷的国家管理水平最差。而且，国际间的依赖（对主要农产品的依赖）似乎对非洲民主国家的管理水平有负面影响。

第二组分析表明：只有某些与国会有关的制度化特征对民主的表现影响显著。特别是，国会相较于行政机关而言所具有

---

① 我想感谢雷内斯科·多仁斯普利特和非洲国会大会（内罗毕，2004 年 4 月 19 ~ 22 日）的各位与会人士，谢谢他们对本章的雏形作出的评论。

的作用、选举竞争性程度以及民主实践的时长都趋向于影响非洲民主国家朝积极方向运行。

引 言

在过去的十多年里，由于制度化在政治学和经济学领域的崛起，研究者们高度关注了（政治）制度在发展进程中所起的作用。大多数关于制度主义传统的经验主义研究关注的是全国政治体系的共性特征，如民主水平、政治稳定程度，而非具体的全国政治特征。此外，经济增长通常是政治体系运转情况的首要指标。

本章与制度和发展进程方面的经验主义研究不同，将采取另一种方法。此研究集中考虑的是政治特征与管理质量的关系。管理质量——主要反映在开放程度、决策者的负责程度、政府的工作效率、肃清腐败——也可以说是政治体系运转情况的重要指标，与经济发展的重要性相比不分伯仲。在地域方面，本章仅限于非洲国家，尽管本章试图将非洲民主的最低和最高程度同世界其他类似政治体系的发展中国家相对比（特别是亚洲、拉丁美洲、加勒比海地区）。

分析的焦点是发展中国家的民主经历，尤其是最低和最高程度民主国家的某些重要特征。国会在比较研究中居于核心地位，这是因为国会很显然是全世界范围最低和最高程度民主的关键制度。本章的研究对象不是发展中国家国会的日常事务，而是国会某些"结构性的"特征，如立法行政机关关系，选举制度种类，以及国会分化程度。

　　尽管研究管理质量本身是合理的，但将此变量纳入等式之中更为切题，这是因为关于管理对很多发展中国家，尤其是很多非洲的（欠缺）发展中国家所做出的贡献似乎是场不容忽视的论战。[①] 本章将注意力集中在非洲几个发展中国家组成的一个特定群组，考虑到这些国家之间的共性将其与其他国家区别开来，这一注意点是合理的。正如迈克·摩尔定义的政治欠发达那样，[②] 他——摩尔指出，政治欠发达是一个概括性的术语，指代那些在历史上融入全球资本主义体系的政权所存在的低效、专断、不负责任现象——将很多发展中国家的政治体系与工业化国家的政治体系区别开来。

27　　在这章内，我将分析非洲国家的政治制度与管理之间的关联。首先，我讨论与理解这种关联相关的几种方法，然后是本章研究设计和用到的数据，接下来的两部分展示了制度和管理相互关系的分析结果。结论部分探讨了本章的主要发现，以及这些发现对未来政治制度角色和管理质量方面的讨论所具有的意义。

理解制度和管理

　　自西摩·马丁·李普塞特关于民主之社会条件的研讨会文章发表以来，[③] 政治学家们接受了几乎任何一个国家的（经济）发展水平与其政治体系是相互关联的观点。虽然李普塞

---

① 奥罗武 2002：4~5.

② 摩尔 2001：386.

③ 李普塞特 1959.

特最初的发现已经在最近的一些分析中得以证实，^① 并且几乎认可了"政治学法律"的突出地位，很多分析还是局限于对国家发展水平在任意给定时期之于民主水平的评估。

最近，对管理问题和测算管理质量的关注^②引发了人们对某些制度布局对政治体系运转情况之影响更大的兴趣。很多研究，尤其是新兴制度化经济贯穿始终的研究，强调制度对经济增长的影响。^③ 政治学家们开始着手分析某些制度布局对管理质量有何意义。^④

大多数以制度特征与政治体系之间关系表现为研究对象的分析——不论这些分析关注的是经济状况还是事关管理质量——未能评估世界体系力量的影响，这些力量既决定国内制度也决定政治体系的输出。基克等人的研究^⑤发轫于世界体系传统，聚焦于国际政治经济对国家成就水平的决定性效果——尤其是依赖性。此项研究基于量化—经验主义研究设计，表明"核心以及半核心资本主义国家内的民主化和政治稳定收效相当可观……然而，多头政治无论对半周边和周边国家内的经济增长都毫无影响"。

迈克·摩尔拓宽了这一分析，^⑥ 他从政治欠发达的角度解

---

① 参见伯克哈特和刘易斯—贝克 1994：904～907；多仁斯普利特 2001：115～120.

② 考夫曼等 2003.

③ 诺斯 1987；1995.

④ 利普哈特 1999.

⑤ 基克等 2000.

⑥ 迈克·摩尔 2001.

28 　释了发展中国家"不良管理"的内涵。摩尔认为，政治欠发达对应这样一个事实，很多发展中国家的状态为：（a）相对无效，即国家不能以权威形式实施统治，不能代表集体利益；（b）相对专断、专制和不负责任。① 摩尔将政治欠发达归因于国际体系的结构：

> 这些（指前文提到两个原因）影响范围广大，富裕（或"大都会"）国家过去、一直、并将持续影响贫穷国家。"不良管理"既不是贫困国家人民的文化或传统所固有的，也并非贫穷的产物。相反，它源自南半球国家的政府当局通过与世界其他地方进行经济和政治交流而被构建——和正在被维持——的方式。②

通过观察政治体系更多具体特征，阿伦·利普哈特等比较学学者越来越关注国会所起的作用。③ 这些比较学学者分析了多数主义者和以舆论为导向的政治制度是如何与政治体系关联起来的。万·克兰恩鲍夫指出，集权和分权程度是解释政治表现的重要政治特征。④ 制度变量的纳入与政治体系的类型相关，可能加深对国家内政治权力分配的了解，有助于纠正政治研究中占统治地位的"选举谬误"（唯独关注选举过程；参见

―――――――――――

① 迈克·摩尔 2001：390.
② 迈克·摩尔 2001：386.
③ 阿伦·利普哈特 1999.
④ 万·克兰恩鲍夫 2003：188～189.

卡尔，引自万·克兰恩鲍夫)①。权力分配方面的特征包括从立法—行政机关关系的角度看政治体系的属性，选举制度的属性（"得票多者当选议员"选制与比例代表制），国会等重要政治制度的分裂或集中程度，以及联邦制政治体系中的基于领土的权力分散。

费尔和辛格关注一个具体的制度特征，即选举竞争性以及其与非洲政治体系表现的关系。② 他们认为，"竞争性多党选举制中当选的领导相比竞争性选举中未当选的领导更会选择好政策"。③ 所谓"好"政策是指为成长助力的政策，这些作者认为更富竞争性的政治体系一般说来会表现更好。

政治制度的最后一个维度是持久性。尽管人们可能假设民主持续的时间越长，既得利益越会降低表现水平，如奥尔森④，但普热沃尔斯基等人却表示"人们没有理由认为政局稳定的国家内出现的增长与政局动荡的国家的增长不同。"⑤

研究设计和数据

假说

前面部分探讨的要素是本章分析政治特征和管理关系的柱

① 万·克兰恩鲍夫 2003：188.
② 费尔和辛格 2002.
③ 费尔和辛格 2002：92.
④ 奥尔森 1982：65.
⑤ 普热沃尔斯基等 2000：156.

29

石。本章测试了五个假说。

第一个假说源自受李普塞特发展与民主的分析而激发的调研传统,[①] 将对两个变量之间的良性关系的普遍期待与摩尔对良性管理、不良管理的解释相连接。[②] 这个假说表明,经济发展程度越高的国家,一般说来,管理水平也趋向于越高。

第二个假说承接第一个假说,将发展中国家的管理质量与其在世界体系中的结构地位相连。摩尔和基克明确指出,[③] 依赖性是管理欠佳的重要因素。因此,第二个假说的意思是,在世界体系中处于更为依赖性地位的国家,一般说来,更趋于有更低的管理质量。

第三个假说关注的是权力的分配,关于利杰法特对政治制度不同类型的区别与万·克兰恩鲍夫将这些观点应用于非洲。人们普遍期望,政治权力分散将提升政治体系表现。也就是说,政治权力越分散的国家,一般说来,管理质量越高。

第四个假说借助好政策选择,源自费尔和辛格对选举竞争性和其与政治表现关系的分析。也就是说,选举竞争性越强的国家,一般说来,管理质量越高。

最后一个假说关乎民主统治持久性。它遵循普热沃尔斯基的观点,即一般认为新旧民主国家的表现无差异。[④] 因此,第六个假说是,就管理质量而言,长期存在并有新型民主政治体

30

---

① 李普塞特 1959.

② 摩尔 2001.

③ 摩尔 2001;基克等 2000.

④ 普热沃尔斯基等 2000.

系的国家不会展现出重大的区别。

数 据

本书利用一些数据集里的量化数据来测试以上那些假说。收集得到的数据将作为非洲、亚洲、拉丁美洲和加勒比海地区内中低收入国家①的样本，美国自由之家认定这些国家或为最低限度民主制国家，或为自由民主制国家。②样本中的国家已在附录中列出，并附有这些国家在某些主要变量上的得分。

美国自由之家的数据集将以下三种民主制做出了区分：

●最低限度的民主制：至 2002 年，已经实现独立或部分实现独立的时间为五年以下（分数为 0）；

●最低限度的民主制：至 2002 年，已经实现独立或部分实现独立的时间至少五年（分数为 1）；

●自由民主制：至 2002 年，自由民主制已经存在至少五年（分数为 2）。

民主类型变量可被视为民主体系稳定的一个指标，分数越高，稳定程度越高。

2002 年的管理质量数据来自管理三期数据库，由考夫曼等人汇编。③考夫曼等人应用所谓的"不可观测成分模型"，④划分了管理的六个维度，分数跨度为 + 2.5 至 - 2.5：

————————

① 世界银行于 2002 年作出的定义。

② 自由之家 2003.

③ 考夫曼等 2003.

④ 考夫曼等 2003：2 ~ 4.

● 发言权和责任性：国家公民在多大程度上可以参加政府选举；

● 政治稳定和无暴力活动：当权政府被包括国内暴力和恐怖事件等可能发生的非宪法和/或暴力手段动摇或颠覆的可能性有多大；

● 政府效率：公共服务供应质量，官僚制度的质量，公务员的称职与否，行政事务免受政治压力的独立性，政府实施政策的可靠性；

31 ● 调控质量：价格控制、银行监管不足或对外贸易和商业发展领域过渡监控引发的负担等市场不友好型政策的发生概率；

● 法治：领导者在多大程度上对社会规则保有信心，并遵守社会规则；

● 腐败管理：公共权力在多大程度上被限制用于谋私；

根据国家在六个维度上的得分，一个概括性变量（"管理质量"）产生。① 这个概括性变量（分值跨度为 +1.0 至 −1.0）在某些研究中代指六个维度。

关于非洲、亚洲、拉丁美洲和加勒比海地区取样国家政治体系的某些特定方面数据来自"政治制度"数据库，该数据

———————————

① 应用性主成分分析是一种数据约简的常见方法，它表明管理质量的六大维度可以通过一个主成分来概括，这个主成分包括数据总方差的71.6%。概括性管理质量变量的六大维度因子载荷是：0.86（发言权和责任性），0.85（政治稳定），0.91（政府效率），0.80（调控质量），0.87（法治），0.79（腐败管理）。

库是由世界银行的研究员组建的，发表于 2001 年。[①] 这些数据应用于对某些特定的政策特征、其对管理质量和经济增长的影响进行的分析。接下来进行的测验中包括的变量有：

●政治体系类型：总统制得分为 0，议会选举总统制为 1，国会制为 2；

●选举体系类型：得票多者当选议员的选举制度的多数代表制得分为 1，其他制度为 0（比例代表制的诸多变体）；

●立法细分：评定方式是，从立法机关中任意选定的两名议员来自不同政党的可能性（以四位分数来重新编码）；

●联邦制：自治地区或州如果不存在得分为 0，存在则为 1；

●选举竞争性的立法指数：以表示选举竞争性的三分法重新编码，1 代表无立法机关或立法机关未经选举或选举中只有一名候选人；2 代表众多选举人中，只有一个党派受允许参加选举或只有一个党派可以赢得席位；3 代表多党派相互竞争，并都能赢得席位；[②]

●民主体系的存在时间：一个国家保持民主体系的时长来计算（重新被分成四组：1～5 年，6～10 年，11～15 年，16 年及以上）。

经济成就数据来自世界发展指标。[③] 根据购买力平价，2000 年的人均国民总收入被视为国家相对富裕程度指标。

32

---

① 贝克等 2001.

② 贝克等 2001：165～166；参见 Ferree and Singh 2002：96.

③ 世界银行 2002.

发展中国家在世界体系中的地位与其依赖程度是通过主要农产品出口数据来测量的。农产品原材料、能源、矿石、金属出口在总出口产品中的最新数据[①]被用来指示发展中国家的结构地位的执行情况,这些数据是能得到的最新数据。

研究设计

以上形成的假说通过两种不同分析来验证。首先,运用一些多元回归分析来评估自变量组(以被解释的方差比例或 R2 来表示)相对阐释力量,以及其对解释一些个体变量(用标准回归系数或贝塔权重)的贡献程度。其次,画条形图来分析非洲、亚洲、拉丁美洲、加勒比海地区民主国家的某些政治特征与管理质量之间的关系,以及评估三组发展中国家诸多关系的差异。

制度和管理的回归分析

第一组多元回归分析与第一、二个假说相关,它们分别是经济发展水平和发展中国家在世界体系中的结构地位与管理质量的关系。表 2.1 显示了一组多元回归研究结果,此时,管理质量随民主类型、发展水平(通过人均国民总收入来表示)、发展中国家的结构地位(通过主要出口依赖来量化)而倒退。

---

① 世界银行 2002.

表 2.1　管理质量依赖性的回归分析

	所有国家 （1）	非洲 （2）	亚洲 （3）	拉丁美洲和加勒 比海地区（4）
民主类型	0.44 ***	0.41 **	0.54 **	0.51 ***
人均国民总收入	0.46 ***	0.39 **	0.33	0.65 ***
主要出口依赖	− 0.19 **	− 0.36 **	− 0.18	− 0.14
校正 R^2	0.65	0.71	0.48	0.64
F	35.2 ***	16.0 ***	5.3 **	13.6 ***
N	56	19	16	22

注意：＊＝显著水平 0.10；＊＊＝显著水平 0.05；＊＊＊＝显著水平 0.01。

表 2.1 反映出来的分析结果表明了一个相当有趣的样式，制造了三组发展中国家之间显著的差异。方程 1 中抓取的所有三组发展中国家的总样式总体说来，民主越稳固，管理质量越高。同样，管理质量——非洲国家的的管理质量平均分为负，拉丁美洲和加勒比海地区民主国家为正，亚洲国家居中（参见附录）——趋向于随国家财富水平的增长而显著增长；这一发现证实了"李普塞特法则"。最后，依赖程度似乎对管理质量有显著的负相关作用。第一个等式可以用于解释所有发展中国家民主管理质量的三分之二方差。

33

方程 2、3、4 表明，当对三组发展中国家分别分析时，三组自变量会产生不同的解释。方程 1 所反映的总趋势也适用于非洲。方程 2 表明，非洲国家主要出口对管理质量产生了负面影响，而这影响是所有其他最低限度民主制发展中国家和自由民主制发展中国家的两倍之多（−.36 对 −.19）。因此，非洲国家的结构在世界体系中的地位对管理质量的影响相较于其他发展中民主国家，尤其明显。此外，方程 3、4 清晰地表明，亚洲、拉丁美洲和加勒比海地区民主国家对主要农产品出口的依赖说明的问题跟非洲存有差异。方程 3、4 中与该变量相关的贝塔权重显现了一种相反的趋势——这一发现证实了总体分析的结论，但是系数似乎无关紧要，这使得对研究结果的可靠性存疑。而就民主类型中所言的民主稳固对管理质量的影响而言，亚洲、拉丁美洲和加勒比海地区数据明显强于非洲。相对

34

财富指标——人均国民总收入对西半球国家的管理质量呈现明显的正相关，对亚洲却影响甚微（虽然也是正相关）。

综上所述，或许可以得出如下结论：假说 1 中所牵涉的经济发展水平对管理质量的影响从除亚洲之外的大多数民主发展中国家中得以证实。有意思的是，普适性的"李普塞特法则"居然从非洲民主国家的分析中得到支持，而非从亚洲国家，不过考虑到亚洲在 20 世纪 90 年代所历经的最低限度民主和自由民主制，该地区的平均经济发展水平明显低于取样中的非洲国家（参见附录），这一研究结果也就不让人们过多惊讶。

如果对管理质量数据进行更进一步审查，不难发现非洲民主国家呈现负相关结果。数据显示，一般说来，非洲民主国家在多项标准的总分为负，该标准是以考夫曼等人的管理数据库（其分数为 -0.35，而总体数据库的分数跨度为 -1.0 至 +1.0）。亚洲民主国家得分为 0.02，拉丁美洲和加勒比海地区国家达到 0.38。

如果从验证假定国家平均财富和其管理质量正相关的"李普塞特法则"的角度来说，此项基于平均管理质量的研究结果很值得注意。而非洲国家人均国民总收入（＄2303）远

高于亚洲民主国家（＄1543），则说明平均管理水平不能仅仅归因于民主国家的财富水平。在这种情况下，不能仅看平均数。尽管非洲国家的人均国民收入高于亚洲民主国家，但非洲有五国（博茨瓦纳、加蓬、毛里求斯、纳米比亚和南非）收入超过＄5000，亚洲仅有一国（韩国）的情况使得研究结果受到明显影响。

而关于发展中国家结构在世界体系中地位的假说2虽趋于得到印证，但效果不够直接。尽管分析表明主要农产品依赖对管理质量总体呈抑制状态，但这一结果主要是非洲国家对此依赖过高造成的。

表2.2将通过表2.1呈现出的关于非洲管理质量的总体研究成果进行了分解，管理质量的六大要素分别在三个因变量（民主类型、财富水平、在世界体系中的结构地位）上得以回归计算。表2.2中的结果展现出，三个自变量的数据有低（方程6、7、10），有高（方程5、9）。而只有在调控质量维度上（方程8），方差低于三分之一。调控质量表明一个国家市场相对友好包容的程度。

表2.2中的贝塔权重从总体上反映出方程2中非洲的总趋势（表2.1）。民主管理的稳定性和经济财富水平对管理质量六大要素的影响为正相关，而这些国家在世界体系中的结构地位（它们对主要农产品出口的依赖）则呈现出负相关。并且，民主稳定性对发言权和责任性、调控质量方面尤其呈现正相关，而对其他要素的影响很弱或一般。

35

表 2.2　非洲六大依赖性管理要素的回归分析

	发言权和 责任性 （5）	政治 稳定 （6）	政府 效率 （7）	调控 质量 （8）	法治 （9）	腐败 管理 （10）
民主类型	0.61***	0.29	0.23	0.66***	0.27*	0.24
人均国民总收入	0.32*	0.32	0.38*	−0.03	0.43**	0.37
主要出口依赖	−0.03	−0.38***	0.44**	−0.02	−0.49***	−0.38***
校正 R^2	0.62	0.41	0.49	0.31	0.70	0.44
F	12.2***	5.4***	7.2***	3.8**	15.1***	5.7***
n	22	20	20	20	20	19

　　注意：* = 显著水平 0.10；** = 显著水平 0.05；*** = 显著水平 0.01。

　　经济发展对管理质量六大要素的影响在 0.32 和 0.43（表明影响一般）之间，对调控质量的影响例外。这意味着相对富裕的非洲民主国家总体说来，在大多数管理质量维度上的得分好于相对贫穷的国家。

　　而世界体系中国家的结构地位对管理六大要素的影响呈现出从很弱到非常明显的负相关（六大维度中有四个是明显的负相关）。两个影响很弱的例外是发言权和责任性及调控质量。因此，或许可以得出如下结论：对农产品和原材料的出口更为依赖的非洲民主国家对比依赖相对较弱的国家而言，管理质量更低。

政治制度的特征和管理

　　本部分接续前一部分的测试，将对非洲、亚洲、拉丁美洲

36

和加勒比海地区的最低民主国家和自由民主国家在管理质量的某些具体政治制度特征方面加以分析。

假说 3 是关于权力分配的,通过建立影响管理质量的四个不同变量来加以测试。这四个变量是政治制度类型(总统制对国会制),选举制度(多数制对非多数制),立法机关的分权,以及联邦制。测试结果如图 2.1 ~ 2.4 所示。

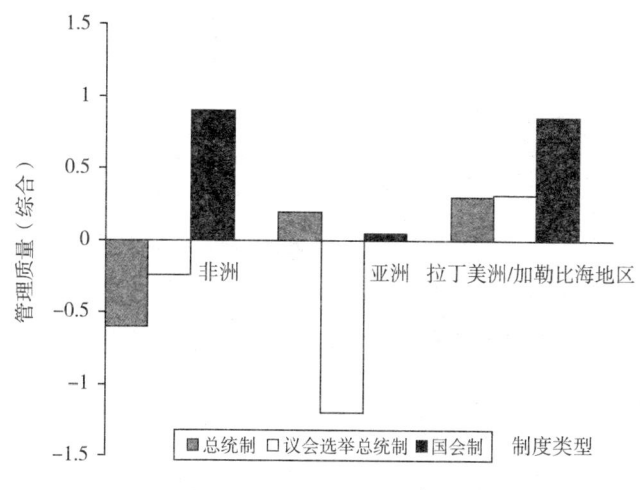

图 2.1　政治制度的类型与管理

图 2.1 表明,发展中国家的政治制度类型和其管理质量之间没有显著的关联。就管理质量而言,非洲、拉丁美洲和加勒比海地区的情况说明,行政机关和立法机关分权而治更有利于提高管理质量。而议会选举总统制的亚洲民主国家管理质量远低于总统选举制和国会制。

图 2.2 显示了某些有趣的不同点。非洲民主国家选举制度的类型(多数制和非多数制)对管理质量毫无影响,然而对

37

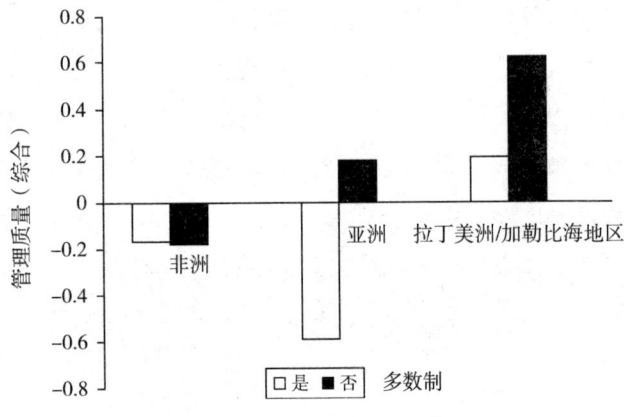

图 2.2 选举制度的类型与管理

亚洲、拉丁美洲和加勒比海地区有影响。亚洲多数制民主国家比非多数制民主国家的管理质量更低。拉丁美洲和加勒比海地区的非多数制比当地多数制的管理质量更高。

图 2.3 关于立法机关分权，再次说明很难类化发展中国家权力分散对政治制度表现的影响。

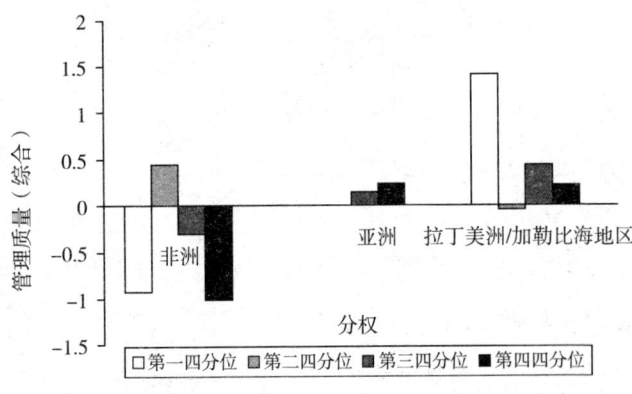

图 2.3 立法机关分权与管理

而拉丁美洲和加勒比海地区中立法机关最少分权的国家，
管理质量却最高；分权最高的国家管理质量最差，非洲和亚洲
的国家并未出现如此情况。在非洲，处于四分位第二、三位置
上的国家管理质量远高于处于四分位极端位置上的国家。亚洲
则几乎无模式可言。

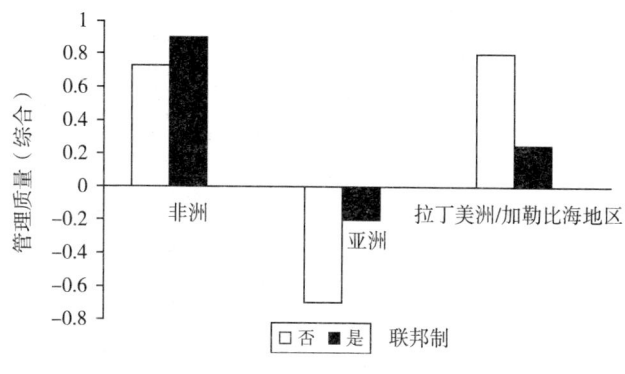

图 2.4 联邦制与管理

图 2.4 展现的是联邦制和政治制度表现情况之间的关系。
在非洲和亚洲的民主国家中，联邦制似乎对管理质量有影响。
相比之下，拉丁美洲和加勒比海地区的影响更少；这是因为非
联邦制国家的管理质量更高，尽管联邦制国家对管理质量的影
响得分为正。

第一组四种假说的总体结论为：尽管有数据显示分权对非
洲政治制度表现状况呈正相关（国会制对总统制和联邦制的
情况尤为明显），但是这并不能延及所有的可能性指标（尤其
是选举制度和立法机关分权）。几乎可以肯定的是，正像分析
中所呈现出的千差万别一样，分权的效果在所有的发展中国家

39

并不雷同。

40

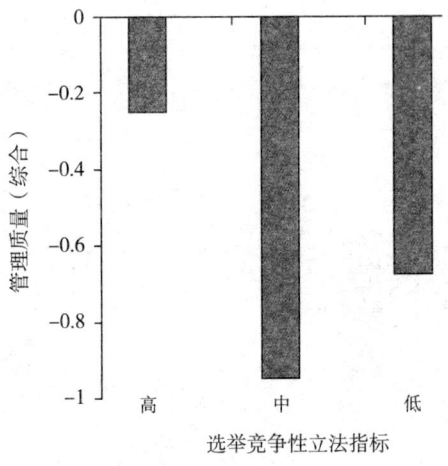

图 2.5　选举竞争力与管理（非洲）

　　图 2.5 表明了非洲民主国家选举竞争力和管理质量之间的关系。亚洲、拉丁美洲和加勒比海地区国家不在图内，其原因在于选举竞争力对这些地区所在国的影响甚微甚至毫无影响（这很可能是因为使用数据中所选择的国家所致）。图 2.5 显示，中类国家（立法机关中可竞争席位有限的国家）比无竞争力类和高竞争力类对管理质量的影响都差。因此，假说 5 并未通过数据得以验证。

　　图 2.6 记录了民主时长和管理质量的关系。该图很清晰地显示出，民主存在时间更大的国家从总体上来说管理质量也更好。这种关系似乎成线性分布，唯一例外的是民主长时间存在的拉丁美洲和加勒比海地区。这些研究结果是与假说 6 的预期相背离的，这似乎使得人们对曼库尔·奥尔森关于分散联盟的

41

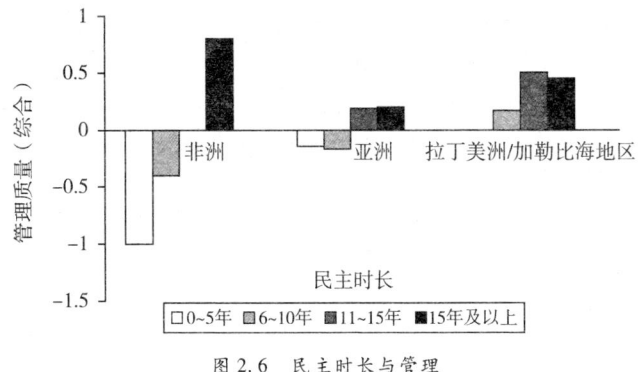

图 2.6　民主时长与管理

结果研究和对普热沃尔斯基等人关于民主时长和管理质量相关的研究结果产生了怀疑。[1]

结论和讨论

本章的分析聚焦于人们坚持认为的某些观念，即政治制度的特征对政权表现有影响，其中政治制度这个变量通过数据来考察其对管理质量的影响。分析的核心是非洲最低限度民主制国家和自由民主制国家，并将其与世界其他地区的类似民主国家加以比较，以便查看非洲国家在多大程度上与众不同。本章的研究结果表明，很多文献综述中提出的关于制度和发展的预期并未通过一些比较数据库的数据在本分析中得以证实。

总体上来说，"李普塞特法则"的研究分析证实了这样一种预期，即国家平均财富水平对管理质量呈正相关。然而，抛

42

---

[1]　奥尔森 1982；普热沃尔斯基等 2002.

开这些现成成果来看，很显然非洲和亚洲的民主国家在总体态势中显现出很重要的不同。尽管非洲国家的人均国民总收入明显高于亚洲国家，但其整体管理质量却远远低于亚洲。发展水平和管理质量的正相关似乎反映了这样一个事实：非洲最穷困的国家（如刚果、几内亚比绍、尼日尔、尼日利亚、塞拉利昂）管理质量也相对很差，而更为富裕的国家（如博茨瓦纳、毛里求斯和南非）管理质量也更好，甚至与亚洲和拉丁美洲管理有道的国家相比依然富有优势。这一研究结果支撑了这样一些项目，它们旨在将资金支持融入更普遍性的援助策略中，以便提升管理质量。现今存在于非洲最贫困的国家和最富裕的国家之间的管理差距很可能可以通过持续提高那些欠发达地区的经济状况来缩小，并同时配以管理领域方面的进步。

这些分析表明，发展中的民主国家（在世界体系内）所占有的结构地位总体上对管理质量的影响呈负相关。国际依赖性似乎对所有国家的管理质量都是负面的，只不过非洲民主国家的表现更为明显（其数据分析也更能说明问题）。这项研究结果证明了政治欠发达地区管理质量差这一解释，强化了这样一种立场：发展中国家管理质量的提升不能仅仅通过关注政治体系来实现。发展中国家，尤其是民主程度一般的国家，需要有更好的机会接触世界市场，更多的国家资金支持，从而实现经济结构多样化的目的，并以此为基础，实现民主政治制度可持续发展。

本章的一个要务是关于非西方国家内分权对管理质量的影响。非洲某些权力分散指标（尤其是国会的角色对比行政机关和联邦制的角色）表现出对政治制度的表现有积极作用。

同时，其中衡量分权的重要指标（如选举制度的性质和国会 43
的分权）不仅对非洲民主国家没有类似的影响，而且对其他
地区的发展中国家影响也呈现出不同。这些指标在发展中国家
表现出明显的差异性，这就要求更深入的研究，以便做出更为
真实可信的解释。

　　另外，分析还表明，政治制度选举竞争力的程度仅对非洲
民主国家的管理质量有不可忽视的影响。然而，研究结果还显
示，竞争力处于中等的非洲国家比竞争力极强或无竞争力的国
家管理质量都更差。这一结果让人困惑，并没有完全证实费尔
和辛格"制度竞争性越强，采取的政策会'越好'"[1] 的预
想，因此，需要进一步探索。

　　分析的另一结果关于发展中国家民主时长的影响。在几乎
所有的案例中，民主时间越长，政治制度的管理质量越好。这
一结果与奥尔森、普热沃尔斯基等人的设想是相互矛盾的。[2]
产生这一结果的原因很可能是本研究没有包括工业化民主国
家。本结果是鼓舞人心的，因为这意味着对于发展中民主国家
来说，民主化真正富有成效。同时，这一研究结果也促使人们
更深一步研究那些将发展中国家民主与世界其他地区民主国家
区分开来的因素。

　　本章的总体结论就是，政治制度特征作为管理质量的决定
性因素确确实实对管理质量发挥作用。另外，很重要的是，本
研究发现某些重要的结构性因素（尤其是发展水平和依赖度）

----

① 费尔和辛格 2002.
② 奥尔森 1982；普热沃尔斯基等 2000.

是发展中国家的民主制度表现情况的先决条件。借用曼德尔鲍姆的话来说,民主可被理所当然地视为"征服世界的想法"之一,① 但这并不意味着民主政权可以脱离开社会环境和经济环境而单靠政治制度就可以建立起来。发展中国家在实施政权民主化策略的同时,还应该解决国家的结构性问题(如经济欠发展,对外界过度依赖),这样才能实现民主秩序的可持续发展。尽管民主作为一种想法可以征服世界,但决策者们仍然需要牢记,如果发展中国家的民主政权要长存,就需要对经济秩序和国家秩序进行改革。

44

附录:本分析中涵盖的国家和地区

	民主类型	管理质量	平均每年经济增长	人均国民总收入(基于购买力平价)
非洲				
贝宁	2		4.8	980
博茨瓦纳	2	1.87	4.7	7170
布基纳法索	1	- 0.45	5.0	970
佛德角	2		5.8	4760
中非共和国	1		1.7	1160
科摩罗伊斯兰联邦共和国	1		0.2	1590
刚果(布)	0	- 1.76	0.4	570
科特迪瓦	0	- 1.07	2.7	1500
吉布提	0		- 0.9	

---

① 曼德尔鲍姆 2002.

	民主类型	管理质量	平均每年经济增长	人均国民总收入（基于购买力平价）
埃塞俄比亚	1	-0.86	4.0	660
加蓬	1	-0.43	2.4	5360
冈比亚	0	0.40	3.5	1620
加纳	1	0.24	4.3	1910
几内亚比绍	1	-1.58	2.1	710
莱索托	1		3.9	2590
利比里亚	1	-1.43		
马达加斯加	1	-0.33	1.8	820
马拉维	1	0.04	3.8	600
马里	2	-0.34	3.9	780
毛里塔尼亚	0	-0.99	4.1	1630
毛里求斯	2	1.89	5.3	9940
莫桑比克	1	0.13	5.7	800
纳米比亚	2	1.43	4.4	6410
尼日尔	0	-1.01	2.0	740
尼日利亚	0	-1.34	2.6	800
圣多美与普林希比共和国	2		1.9	
塞内加尔	1	-0.07	3.4	1480
塞舌尔	1		2.6	
塞拉利昂	0	-1.63	-3.8	480
南非	2	0.89	1.7	9160
坦桑尼亚	1	-0.17	2.9	520
多哥	0	-1.35	1.6	1140

	民主类型	管理质量	平均每年经济增长	人均国民总收入（基于购买力平价）
乌干达	1	- 0.96	6.6	1210
赞比亚	1	0.32	0.7	750
非洲平均分		- 0.35	2.9	2303
亚洲				
亚美尼亚	1	- 0.85	- 2.4	520
阿塞拜疆	1	- 1.02	- 4.4	600
孟加拉	1	- 0.52	4.8	370
东帝汶	1			
斐济	1	0.56	1.2	1820
格鲁吉亚	1	- 0.82	- 11.0	630
印度	1	0.36	5.5	450
印度尼西亚	0	- 1.14	4.4	570
基里巴斯	2		2.4	950
韩国	2	1.30	6.2	8910
马来西亚	1	0.76	7.2	3380
马绍尔群岛共和国	2		- 1.1	1970
密克罗尼西亚	2		2.1	2110
蒙古	2	1.01	0.1	390
瑙鲁	2			
尼泊尔	1	- 0.55	5.0	240
帕劳共和国	2		2.2	
巴布亚新几内亚	1	- 0.63	4.8	700
菲律宾	2	0.18	2.9	1040

45

	民主类型	管理质量	平均每年经济增长	人均国民总收入(基于购买力平价)
萨摩亚独立国	2		2.6	1450
所罗门群岛	1		1.5	620
斯里兰卡	1	-0.33	5.2	850
台湾	2	1.72		
泰国	1	0.72	4.5	2000
汤加	1		3.2	1660
土耳其	1	0.29	3.6	3100
图瓦卢	2			
瓦努阿图共和国			2.6	1150
亚洲平均分		0.03	2.2	1543
拉丁美洲和加勒比海地区				
安提瓜和巴布达	1		3.4	10 000
阿根廷	1	0.75	4.7	12 050
伯利兹	2	1.30	4.6	5240
玻利维亚	2	-0.05	3.8	2360
巴西	0	0.48	2.7	7300
智利	2	2.32	6.7	9100
哥伦比亚	1	-0.68	2.8	6060
哥斯达黎加	2	2.04	5.2	7980
多米尼加	2		1.7	
多米尼加共和国	1	0.64	5.9	5710
厄瓜多尔	1	-0.80	1.8	2910
萨尔瓦多	2	0.48	4.6	4410

	民主类型	管理质量	平均每年经济增长	人均国民总收入（基于购买力平价）
格林纳达	2		3.6	6960
危地马拉	1	−0.69	4.1	3770
圭亚那	2	0.34	5.0	3670
洪都拉斯	1	−0.41	3.2	2400
牙买加	2	0.56	1.0	3440
墨西哥	1	0.43	3.6	8790
尼加拉瓜	1	−0.40	3.3	2080
巴拿马	2	0.81	4.5	5680
巴拉圭	1	−1.24	2.0	4450
秘鲁	1	0.12	4.1	4660
圣基茨和尼维斯	2		3.9	10 960
圣卢西亚	2		2.7	5400
圣文森特和格林纳丁斯	2		3.3	5210
苏里南	1	0.15	2.4	3480
特立尼达和多巴哥	1	1.35	3.0	8220
乌拉圭	2	1.89	3.1	8880
委内瑞拉	1	−0.69	2.1	5740
拉丁美洲和加勒比海地区平均分		0.38	3.5	5961

46

3 妇女立法席位限额：
非洲管理的含义

艾利·马利·特里普①
（美国西北大学妇女研究中心国际学方向）

引　言

　　今天，一些非洲国家的妇女在立法机关中拥有全世界最高的代表率。例如，卢旺达在 2003 年时以 48.8% 的国会席位占有率成为世界上女性立法代表率最高的国家，甚至超越了北欧国家。而其他非洲国家，如纳米比亚、乌干达、塞舌尔、南非、莫桑比克和斯威士兰（独上议院就有 30% 是妇女），女性

---

①　本章大部分是从下面的文章中修改而来，艾利·马利·特里普，"非洲立法机关不断变化的面貌：女性和限额制"，出自巴灵顿，J（主编），《限额制的实行：非洲经历》，民主和选举援助学会，斯德哥尔摩，2004（Aili Mari Tripp，"The Changing Face of Africa's Legislatures：Women and Quotas" in Ballington，J［ed.］，The Implementation of Quotas：African Experiences，International IDEA：Stockholm，2004）。

立法机关代表率为 25%，或超过 25%。这代表着这些国家的女性参政情况巨幅增长，20 世纪 90 年代到 2005 年之间尤其明显，这段时间中，女性从平均 8% 的代表率上升至 14.5%。这一现象可部分地归因于不断增长的妇女立法席位限额。在很多国家，倡导着妇女权力的人们正在就引入限额进行辩论，有些人意欲将女性的代表率提升至 50%。

妇女在立法机关中席位的扩大对非洲政府提升管理质量有诸多意义。它使得政府机构的人才储备库得以充实。妇女会以其独特视角参与到讨论当中，能反映更广大社会人民的不同利益，从而影响立法进程。女性代表率的提高能够促进一个社会群体在代表制中实现平等、公平和和公正，这个社会群体长期以来被政府边缘化，她们作为一个群体共有的利益被忽视。尽管在非洲很多国家有很活跃的妇女运动，但不能因此就说，妇女作为一个全体总是和男性享有同样的关注。然而如今，妇女利益，包括妇女群体内部互相矛盾的利益得以代表；由此，性别代表制直到如今得以严肃认真地对待，从而实现了与男性公平竞争。所以，通过表达这一半选民的心声，限额政策可以扩展整个群体的合法性。

就提高女性议员有效地参与立法机关及提升管理质量的能力来讲，限额制的使用更为复杂、棘手。总体上来讲，限额似乎在很大程度上依赖：（1）被讨论的政府在多大程度上是民主的；（2）政府提高女性地位的承诺在多大程度上是真诚的；（3）女性运动在多大程度上积极与女性议员们一道就核心关注的问题共同合作，这些问题既围绕性别相关的法案，也围绕更大众化的立法。这一点在本章中通过乌干达和南非之间的比较可以明显表现出来。因此，限额制在提升女性有效参与政府核心机构的能力方面能产生多大影响受限于或受益于女性所处的更广泛的政治框架。

选举限额扩展的原因

非洲妇女选举限额得到扩展的原因是什么？这一结果一部分是因为非洲国家妇女运动所制造的压力，一部分是因为国际妇女运动的声势。它是国际上关于女性代表制不断变革的标准的产物，通过联合国各种各样的大会和决议，以及非洲联盟、南部非洲发展共同体、西非国家经济共同体等非洲主要地方性组织所设定的立法目标中可窥见一斑。随着多党制的兴起，以及维系于一党制的群体性女性组织的衰退，有必要寻找新型的代表方式去吸引女性选民，同时也为惠民网络构建新基础。在某些穆斯林占主体的国家，女性限额制演变成将伊斯兰教主义者日渐强大的影响囊括进来的努力的一部分。非洲的限额制分为两大类。非洲大概半数限额制国家从属于第一类，它包括那些意在选举中决定女性席位数的保留席或行政机关任命方面的宪法条文或法律规定。女性可以在她们所在的选区为获得保留席位参与竞选，通过一个兼有男性和女性的选举人团（乌干达）或每个地区/省份的女性（卢旺达）选举而当选。保留席位制度的另一变体是，只有女性可以参与竞争保留席位，参选的女性可以来自全国各地，不受党派和地区的局限。在坦桑尼亚，女性保留席位限额按政党在选举中所赢得了国会席位比例被分配给各个政党。

50

　　另外一半拥有限额制的国家属于第二类，它涉及政党自愿采取的各项措施，这些措施旨在影响女性选民的数量（如把女性提到政党任命名单的更高级别，或将女性和男性交替安排职位）。

表 3.1　宪法规定的妇女国会席位限额

国家	立法机关中女性席位占有率%	女性限额方面的宪法条文[a]	引入的限额率%	限额制年份
吉布提[b]	10.8	所有政党席位的 10% 分配给女性	10	2002
厄立特里亚	22.0	为女性保留席位；一院制	30	1995
肯尼亚	7.1	行政任命；一院制	3	1997
摩洛哥	10.8	国民党员唯独女性[c]	10	2002
卢旺达	48.8	●上下议院中均为女性保留席位	30	2003
		●女性委员会组成的选举人团	~ 20	
坦桑尼亚	22.3	专有席位；一院制	20[d]	2000
乌干达	24.7	保留席位；一院制	18.4	1989

　　来源：基于诸国会议同盟数据，www.ipu.org/wmn-e/classif.htm。如为一院制立法机关，数据则指的是下议院或单院。

　　a. 基于巴林数据库，参见诸国国会同盟网站 www.ipu.org；全球妇女限额数据库数据；国际民主和选举援助学会和斯德哥尔摩大学共管项目，参见网站 www.quotaproject.org。未明确表示则为两院制。

　　b. 女性专有席位限额按政党在选举中所赢得了国会席位比例被分配给各个政党。

　　c. 只有女性可以参与竞争保留席位，参选的女性可以来自全国各地，不受党派和选区的局限。

　　d. 女性专有席位限额按政党在选举中所赢得了国会席位比例被分配给各个政党。每个政党自行决定填补席位机制，有些政党提名女性，有些则允许女性党员选举候选人。

到目前为止，女性代表制的跨国研究在很大程度上忽略了这样的立法限额所具有的影响。[1] 这种忽视出现的一个可能性原因是，限额制在大多数非洲和拉丁美洲的国家中是新现象。在拉丁美洲，限额制越来越多地被采用是自20世纪90年代之后，在非洲是1995年之后。这些早期的研究成果需要在同时考虑限额制和那些倡导国内外标准中发生限额制变化的女性运动之上，加以修正。

51

表3.2　法律规定的妇女席位限额

国家	立法机关中女性席位占有率%	女性限额方面的法律规定[a]	限额率%	限额制年份
尼日尔	11.5	选举	10	
		提名；一院制	25	2000
索马里(过渡政府)	10.0	仅有女性名单[b]	10	2001
苏丹	09.7	保留席位	9.7	2000
斯威士兰	10.8	上议院：行政任命[c]	28	2003

来源：基于诸国会议同盟数据，www.ipu.org/wmn-e/classif.htm。如为一院制立法机关，数据则指的是下议院或单院，斯威士兰的数据除外，该数据指上议院数据。

a. 基于巴林数据库，参见诸国国会同盟网站 www.ipu.org 及全球妇女限额数据库数据。

b. 只有女性可以参与竞争保留席位，参选的女性可以来自全国各地，不受党派和选区的局限。

c. 只针对上议院。

---

[1]　帕克斯顿1997；肯沃斯和马拉维1999；雷诺兹1999；诺里斯和英格莱哈特2001.

实行限额制国家的特征

到 2005 年为止，大约有 23 个非洲国家（半数非洲国家）已经实行了某种形式的女性立法机关配额制；其他一些，如安哥拉，计划实行限额制；而冈比亚、肯尼亚和尼日利亚等国在进行关于限额制的辩论。大多数国家实现限额制是在 1995 年后，这一年联合国妇女大会在北京举行，也有一些例外。引入限额制的国家和政党经常援引消除对妇女歧视委员会、联合国北京妇女大会和北京行动纲要，这些组织或纲要规定了提高女性政治代表制的方针。这些明确表明国际妇女运动对非洲采取限额制的影响。2003 年，只有三个限额制的非洲国家实现限额制是在 1995 年前。这并不包括 1960 年加纳人民大会党采取十位女性限额制以及埃及在 1979 年到 1986 年间引入 8% 限额制。

52

表3.3　政党规定的妇女议会席位限额

国家	立法机关中女性席位占有率%	女性限额方面的政党规定[a]	限额率%	政党拥有的席位数	引入限额制的年份
博茨瓦纳	7.0	● 博茨瓦纳大会党	30	21%	1999
		● 博茨瓦纳民族阵线	30	2%	1999
布基纳法索[b]	11.7	● 民主联盟和联合会	25	13%	2002
		● 民主与进步大会	25	50%	1996
喀麦隆	8.9	● 喀麦隆人民自由运动	25~30	83%	
		● 社会民主阵线	25	12%	

国家	立法机关中女性席位占有率%	女性限额方面的政党规定[a]	限额率%	政党拥有的席位数	引入限额制的年份
科特迪瓦	8.5	●科特迪瓦人民阵线	30	43%	
赤道几内亚	18.0	●社会民主联盟		5.8%	
埃塞俄比亚	7.7	●埃塞俄比亚人民革命民主阵线	30	85%	2004
马里	10.2	●民主联盟	30	40%	
莫桑比克	30.0	●莫桑比克解放阵线（简称Frelimo）	30	49%	1994
尼日尔	11.5	●全国社会发展运动	5个席位	42%	
塞内加尔[c]	19.2	●塞内加尔自由党	33	74%	2001
		●社会党	25	8%	
南非	32.8	●非洲全国大会	33	70%	1994
突尼斯	22.8	●民主宪法联盟	20	80%	

来源：基于诸国会议同盟数据，www.ipu.org/wmn-e/classif.htm。如为一院制立法机关，数据则指的是下议院或单院。

a. 基于巴林数据库，参见诸国国会同盟网站www.ipu.org；全球妇女限额数据库数据；国际民主和选举援助学会和斯德哥尔摩大学共管项目，参见网站www.quotaproject.org。未明确表示则为两院制。

b. 在新的限额制下，并未进行的选举。

c. 1982年，社会党在党内为女性保留25%的席位。2001年，塞内加尔的14个政党敦促党内至少为女性候选人保留30%的席位。

一般说来，实行限额制的非洲国家中有17%的立法职位由女性任职，而非限额制国家仅有9%。如果国家为女性保留至少20%的席位，或执政党、最大两政党志在实行20%的限额制，这些国家就能够在立法机关中将女性代表率提升至23%。

53

很多实行限额制的国家刚刚从内战（厄立特里亚、莫桑比克、卢旺达、索马里和乌干达）或解放战争（纳米比亚和南非）中解放出来，在这些战争之后，它们草拟了新宪法，重建了国会。同样，非洲实行限额制的国家更容易是刚刚独立的国家：从那时起，这些国家的女性刚刚获得选举权，并且参加竞选。在非洲，冲突的结束和独立的延迟并未产生太大影响，这是非洲国家和世界其他地区国家相异的地方。重要动乱和冲突的结束意味着国家具有更大的开放度，可以创建新法则，也包括女性拥有领导权。此外，当非洲女性谋求政治职位时，她们并不是在跟任职已久的男性在任者竞争。当女性限额制意味着拉男性任职者卸任时，一般会很难引入，尤其大量现任者通过重新选举而当选的地方。因此，如果女性为空缺职位参与竞选时，比较容易引入限额制——（内战后）新创建的国会提供了这样一个舞台。

一些实行限额制的国家中，左倾政党当权，如厄立特里亚、莫桑比克、纳米比亚和南非。1991 年，塞舌尔的女性代表率为 46%，此时左倾政党当政，这代表党内就候选人选择上，实行了某种非正式的偏好选择。然而，总体上，非洲限额制的实行和左倾政党之间没有特别的关联。

在非洲，很多实行限额制的国家女性运动十分活跃（博茨瓦纳、马里、莫桑比克、纳米比亚、南非、坦桑尼亚和乌干达），也有近三分之一的国家女性运动相对较弱（布基纳法索、喀麦隆、科特迪瓦、吉布提），或不断增多（厄立特里亚），或镇压妇女运动（苏丹）。如果 1995 年参加北京妇女大会的女性组织数量可被视为女性力量的一个粗略标志，那会上实行限额制的国家拥有更多这样的组织。

在世界上的很多地方，人们认为选举制影响女性获得立法代表机会的能力。在非洲那八个（卢旺达、莫桑比克、南非、纳米比亚、乌干达、坦桑尼亚、塞舌尔和厄立特里亚）女性代表率超过20%的国家中，只有两个实行了限额制，四个国家是政党名单比例代表制，五个国家是比例代表制。在非洲，大约33%的国家实行政党名单比例代表制；31%的国家是得票多者当选议员多数制；18%实行两轮多数选举制；10%实行得票多者当选议员半比例制。

就政权类型来说，实行限额制的国家可以平均分为三种类型：民主类、半独裁类和独裁类。这说明，非洲国家的政权类型并不决定国家是否更愿意实行限额制，尽管实行限额制的民主国家在国会女性代表率上，平均比实行民主制的半独裁国家和独裁国家高四个百分点。根据自由之家的数据，撒哈拉以南非洲国家中有二十五个属于半独裁国家，其中九个有某种形式的女性立法限额（布基纳法索、科特迪瓦、埃塞俄比亚、肯尼亚、乌干达、坦桑尼亚、塞内加尔、莫桑比克和尼日尔）。在另外九个被自由之家视为民主的国家中，三个国家有限额制（博茨瓦纳、南非、马里），纳米比亚有地方级别的限额制。最后，在撒哈拉以南的十个独裁制非洲国家中，四个实行限额制（卢旺达、赤道几内亚、厄立特里亚和喀麦隆）。换言之，每一种政权类型下实行某种形式的限额制的国家都不足一半。如果要比较有无限额制的两种类型的国家，关于民主状态、内部自由以及政治自由方面的区别甚微。然而，非洲国家中民主倾向更为显著的（博茨瓦纳、马里、莫桑比克、纳米比亚、塞内加尔和南非）更偏爱限额制，或者本国政党自行将此设置成目标，而不会采取保留席位制，或被立法机关和宪法强制实行限额制。

实行限额制的国家有非洲极为富裕的国家，如博茨瓦纳、纳米比亚、南非，也有非洲非常贫困的国家，如喀麦隆、厄立特里亚、马里、莫桑比克和坦桑尼亚。不过，总体上看，实行限额制的国家人均国民生产总值大约为 2646 美元，相比于非限额制国家的 3361 美元而言，不够富裕，此数据来自于联合国开发计划处发布的《2003 年人类发展报告》。然而一般说来，国会中女性代表率最高的那些国家（超过 20%）人均国民生产总值（4433 美元）比妇女代表率低的国家之人均国民生产总值（3315 美元）更高。

实行限额制的国家中，大约有一半国家有 50% 或超过50% 的人口自认为是穆斯林，尽管在某些穆斯林占主导地位的国家，如吉布提、索马里和苏丹，女性限额率相对较低（10%）。然而，总体上讲，跟非限额制国家相比，实行限额制的国家不太可能是穆斯林、天主教徒高比例的国家，而是新教徒人数更多。在主要的穆斯林国家，女性代表率仍然趋向于低于非洲其他国家。

限额制兴起的要素

国内妇女运动

在大多数国家中，妇女运动跟限额制的实行是紧密相关的。其中，南部非洲最完整地记录了妇女运动对限额制所施加的压力。在南非，非洲国民大会妇女联盟首先发起了提高妇女在国会中的代表率的创举，并实现限额制增长至 30% 的成绩。① 在纳米比亚，1999 年国民大会大选前，妇女组织、其他非政府组织以及纳米比亚妇女宣言网游说某些政党通过决议，规定政党候选名单中有 50% 为女性候选人，最终在 1999 年将国会中的女性代表率提升至 26.4%，比 1994 年飞升 12.5%。② （如果政党严格执行决议，更多女性很可能当选。例如，执政党中 72 名候选人里只有 20 位女性。）2000 年 9 月，纳米比亚妇女宣言网开展 50/50 运动，力争在立法机关中，女性代表率为 50%。国会妇女会议和纳米比亚当选妇女论坛（包括地方、区域和全国三个层面上当选的女性）也被卷入此项运动中。

国际妇女运动

实行限额制的另一诱发因素是来自国际组织的压力。这不仅仅指 1995 年于北京召开的联合国妇女大会等国际会议，也指遍布地区的运动。女权倡导者们施压于非洲大陆上的地区组织，迫使其强制成员国提高妇女代表率。非洲联盟在 2003 年达成的女权协定中呼吁对等的两性代表率，南部非洲发展共同体曾在 1997 年的性别与发展宣言、西非国家经济共同体在 2001 年的民主与善治协定中都有过同样的诉求。类似地，这些地方性组织也曾努力实现三分之一的女性代表率。东非立法

---

① 盖斯勒 2000.

② 鲍尔 2003.

56   大会规定女性代表率为三分之一，西非国家经济共同体妇女国会协会致力于在该组织内提高女议员人数。

扩散因子

实行限额制的另外一个相关解释就是扩散因子，既包括国与国之间的，也包括各国国内的。[①] 对于非洲来说，国家内部的情况尤为明显。如果一个政党实行了限额制，其他政党可能因担心失去女性选民的投票，而感觉不得不依样照做。2001年，塞内加尔的国会选举中，一批女性组织鼓动民众运动，以解决国会中女性代表率低的问题。他们试图扭转 140 个立法委员中仅有 19 名女性（13.5%）的局面。[②] 在前所未有的事态发展下，塞内加尔 25 个政党的绝大多数政党顺利实现 2001 年国会竞选的全国名单中，女性超过 20% 的诉求，而塞内加尔民主党的党内选举名单中，更是超过 33%。[③] 最终，女性代表率以 19.2% 告终，增长了约 6%。

象征性诉求

有时，限额制对于女性选民来说，是一种象征性的姿态。在多党制的背景下，一党制结束和与之相伴的群众性妇女组织消亡，一些国家寻求新的方法，来赢得女性选民对其保有政治忠诚。随着独立性的妇女组织大批繁衍，限额制的运用成为一

---

① 马特兰德和斯多德勒 1996.

② 迪奥普 2001.

③ 贝克 2003.

种支持女性的方式，以及女性借以感兴趣于政治代表制的方式。

限额制的影响

限额制能否提升妇女在国会和管理中的作用取决于政府维护女权的政治决心，以及妇女运动推动妇女地位变革的力量。然而，它最主要取决于政权类型建立的更广泛条件，以及政权在多大程度上致力于民主管理。

南非是民主国家，乌干达是半独裁国家，两个国家妇女经历的差异表明了限额制的影响受到政权类型制约的一些方面。两个国家的妇女运动都很活跃，尤其同是 20 世纪 90 年代开始就国会中妇女角色问题开展的风起云涌。随着时间的推移，两个国家的女议员都提高了自身参与立法的能力，变得更为有效。

正如女性议员研究学者汉娜·布里顿就南非的例子指出的那样，"从 1991 年到 1994 年四年的选举中，南非妇女从这个国家沉默的后盾演变成一股政治影响力和公众影响力都不容小觑的力量。"[1] 通过提高生活质量和妇女地位联合委员会，她指出，女议员在关乎女性的法律等很多核心立法条文方面如何产生积极的影响，如 1996 年的"自由选择中止妊娠法令"允许女性流产；1996 年的"电影和出版法令"保护妇女和儿童免于腐化、堕落；1998 年的"家庭暴力法令"针对家暴受害

57

---

[1] 汉娜·布里顿 2002.

者在法律和制度上都做了更好的防护。此外，布里顿还列举了女议员在"维护法""就业公平法""技能提高法""劳动关系法"方面做出的重大贡献。尤其是，女议员们确保"劳动关系法"承认产妇权利，保护女性免于工作中的性骚扰的权利；为"就业公平法"游说，要求雇主在雇用员工时，超越种族、性别和身体状况。而且，女权倡导者们和议员们一道致力于1996年的"性别平等法令委员会"，成功建立了"性别平等委员会"，以确保以上法律得以彻底实施。此外，她们还力争参与预算过程，使得预算能更好地反映女性利益。

相比之下，虽然乌干达的妇女在国会辩论中滔滔不绝，非常活跃，她们却很难推动那些可以为女性提供重要支持的立法通过。例如，尽管高级女议员们和社会活动家们成功在1998年的"土地法"中嵌入性别方面的条款，但她们却没能在2000年的"土地法修正案"中将核心的共同所有权条款包括进去。为此，乌干达妇女网和乌干达土地联盟联手做了不懈努力，一直致力于此。他们之所以坚持实现共同所有权条款，源于在现有的立法框架下，所有惯例都限制女性拥有土地。因此，根据乌干达现有惯例，女性可以和丈夫共同获得土地，可能终其一生耕种土地，却不能享有土地所有权。如果丈夫去世，土地一般归儿子所有，也可能归女儿。然而，丈夫不会为妻子留下土地，女性便没有生活来源。

就这一矛盾，妇女运动曾经非常欢迎总统穆塞韦尼和他的妇女友好型政策，这包括为妇女在立法机关、当地委员会中保留席位，任命妇女担任政府要职，实行女性大学准入平权法案等。2000年2月，当土地国务部长将"土地法修正案"摆到内阁前时，正是总统本人决定拿掉共同所有权条文，采取忽略政策，并竟然在国会投票同意修正案之后，使用某些国会程序术语去为他们的忽略打圆场。① 这一行为让支持修正案的女权倡导者和议员们失望至极。他们认为，政府不支持修正案的行为明确地暗示出，政府不支持那些核心女权的获得。不过，如果程序透明化，国会投票支持修正案，这些非正常现象也就不会发生了。

非民主管理对女性影响的另一方面是政府扶持的网站运营的方式。在某些国家，限额制的引入是和创建政府扶持的新网站的尝试相关联的。乌干达为应对蓬勃的妇女运动施加的增加女性政治领袖人数的压力，而实现女性立法限额制。到2003年，女性在国会中拥有25%的（77个）席位。保留席位的使用——在乌干达的56个区内，每个区内的都有一个席位只有女性能参与竞选——对政治文化的变化贡献不小。今天，大多数人口承认女性的公民身份。

然而，很多女议员的职位是拜总统约韦里·穆塞韦尼和现存的任免制度所赐。尽管国会中数量相对很大的女性代表率说明女性更大代表率的努力获得成功，但很多当选的女性官员受到限制，不能维护女性问题。正如一个社会活动家在2002年对我说的那样，"我们的声音被最高机关——国会绑架了。我们的心声被扼杀了。"一些人认为，在国会席位方面的平权法案造就了一批更关注其对政权忠诚度的立法委员，而非致力于

---

① 特莱普 2004b.

女性解放运动的立法委员。①

一个因素可以解释国会极为稳定的忠诚度，即国会中的地区妇女代表是由 200 人左右的选举团选举，团内人员可能存在被贿赂和贿选操纵的可能。其他利益集团（青年人、残疾人、工人）在国会中拥有特殊席位，他们通过各自的组织直接选举他们的候选人。然而，地区妇女代表并不是妇女的代表，而是地区的妇女代表，对于妇女代表而言，这已经被阐释成多种不同的选举模式。将选举变为普选的努力以失败而告终，原因是总统施加的压力，总统认为女性很难在整个区内获得选票。② 很多获得保留席位的女议员一直以来被利用，为反民主立法投票（如 2002 年 "政党和组织法案"），或投票反对提高妇女权益的立法（如 1998 年 "土地法修正案" 中的共同所有权）。

因此，乌干达引入的限额制服务于很多目的。它向广大普通妇女发出信号，显示了政府实现女性领导力的承诺，为妇女提供新型竞技场，借此可以成为政治领袖。同时，它也创造了一批女性拥护派，能够在女性运动和民主党派人士提出与政府意志相左的各种需求时，利用这些女性拥护派压制这些需求。

因此，限额制被引入的更广泛背景对于女权倡导者和国会议员施影响于立法的能力有很大作用，这通过上面对比南非和乌干达在有利于女性的立法方面的努力上显而易见。

---

① 塔马利 1999.
② 伽瓦亚—特古勒 2001.

结 论

在非洲大约半数的国家中，立法限额的引入对于不同的利益方有不同的目的。非洲国内以及国际上的妇女运动一直在寻求通过立法限额增加女性代表率。有时，政党会在其他政党压力的情况实行限额制，以和其竞争者保持同步。而政府往往因为象征性原因实行限额制，以吸引女性选民，表示其对女权和女性心声的关注。就女性代表制而言，尽管政府可能应对不断变化的国家标准，但它们也可能力求为自身塑造一个现代化的形象，去挑战更为保守的社会力量，这包括穆斯林占主导地位的国家中发生的伊斯兰教主义者运动（例如，摩洛哥、突尼斯）。而其他国家的领导人考虑到旧有网络存在问题或变糟，可能在寻求新的支持方，确保政治忠诚度。

60

如果性别限额制的引入与其他的方法并用，以提高女性地位和女性领导力为目的，很可能会促进政府合法化。如果在一个民主的框架下，限额制可以被当成一种机制，改善平等，促进社会正义。从南非的事例中可以看出，如果限额制的引入配以妇女运动的积极介入，并将女性利益置于核心位置，制定女性可接受的条款，限额制显然能够提升女性地位。然而，如果像乌干达那样，在一个非民主的背景下，无视支持方的政治诉求会使限额制受控于政治目的，而非女性发展和民主管理提升。在一个非民主的环境中，限额制的使用被极大地削弱了。未来的研究应该探讨的是，国家采取女性立法限额的不同原因，以及它们如何在不同的背景下利用限额制。

4 撒哈拉以南非洲的
地方议会和地方民主

（尼日利亚）德勒·奥罗武

（非洲发展银行，突尼斯共和国突尼斯市）

引 言

本章的内容为地方议会和地方民主，主要目的在于将给予比较地方民主研究的少量关注注入进非洲民主复兴的语篇当中。阐述这一问题的需求源自这样一个事实：尽管地方政府在很多地区内的有效管理和经济发展方面发挥重大作用，但是在非洲大陆上的第二波民主浪潮到来之前，它们并非非洲管理或发展的主力军。例如，就人力资源和支出情况来讲，非洲的地方政府是世界上地区政府最弱的。① 更为有力的地方政府以下列几方面的条件为基础。第一，通常认为，如果民主没有逐级推进至地方，中央级别的民主也没有得到加强。第二，一些人

---

① 夏沃—坎普 1998；联合国开发计划处 1993.

认为，地方民主机关是招募国家级领导人的训练场，是公民参与民主实践和践行民主标准的场所，因而，地方政府的振兴极为关键。在这样的一种观点下，某些分析家指出，到 20 世纪 80 年代为止，非洲发展管理过程中出现的很多重要经济错误都可以归因于权力的过分集中。[①] 埃塞俄比亚、乌干达、马里、卢旺达和南非等风格各异的国家正逐渐抛弃中央集权的方法，转为分权法。第三，因为联合国千年发展目标等大多数全球性公共政策实际上是由地方政府分解实现的（基础健康、教育、水和卫生），所以发展地方政府能力对于完成国家政府的努力至关重要。正是在地方政府阶段，于国内外发展民主化、对抗贫穷和调度资源的进程才能成为获得基础服务的保证。[②]

62

在本章中，我将挑选非洲不断增多的地方议会中的一些，就其表现提出批判性意见。地方议会数量之所以不断增长，是因为非洲很多国家开始新一轮的去中央化，这跟它们全国性的民主复兴计划密不可分。这些改革在某些重要方面区别于之前去中央化尝试，原因在于权力（或分发具体服务的责任感）和资源（人力和财力）在实实在在地推进至地方社区——这和过去的类似努力形成了鲜明对比。非洲超过三分之二的国家开始了一些新一轮的民主去中央化举措，在此，责任、资源（人力和财力）和问责机制在从中央转向地方。[③]

---

① 文施和奥罗武 1990；曼达尼 1996.

② 世界卫生组织 2003；世界银行 2004.

③ 奥罗武和文施 2004.

新的去中央化举措的另一原因是，这些国家的地方政府委员们实际上是由人民选举的，而非像旧时那样，由政府任命。此后，这些新产生的地方议会要像国家议会那样行使职权，问题是，它们如何发挥它们在法律、政策变革、监督和代表方面的作用？我有幸能够从不同的数据源获得信息，其中还有两个非常新的研究。第一项是，当地管理和民主去集中化的七国研究①；第二项是，2004 年民主和选举援助学会就东部非洲城市和南部非洲城市的地方民主质量作出的评估。②

首先，我将探讨地方民主管理的类型；其次，列出我关注的实例，并作出评估；再次，将主要经验教训进行深化分析；最后，总结全章。

地方民主政府的类型

不同类型的地方政府之核心在于，试图在地方议会或立法机关与行政机关之间以某种方式建立一种有效的关系，此种方式能够确保决策表述和决策制定（大多数通过行政机关）最大限度有效且有力；同时，能够保证统治者对被统治者负责。而我很高兴后者主要是靠地方立法机关实现的。

和国家级别的政治布局相比，很多国家的地方议会将行政机关的职责和立法机关的职责相结合。不过，由于国家差异、历史差异和政治意识形态的差异，这种结合有很多的变体。

①　奥罗武和文施 2004.
②　民主和选举援助学会 2004.

比如，主要由于被殖民的历史，非洲最主要的政治形式是英国和法国式的政治布局。尽管英法两国对其地方政府的体系进行了很大的变革，但这些曾经的殖民地还是守着殖民历史的"遗产"不放，而不是把握住现在。

在英国的国会选举中，委员会委员由选区选举，代表其所在的地方政府。然后，委员会来选举市长和副市长。实际上，在这种比较弱的市长模式下，市长办公室更多是一种仪式性的。委员会的工作主要是由委员会委员们来执行，他们与专职管理人在镇议员制定的总方针下，紧密合作（传统来说，他们的合作不具备有效协调性）。自 20 世纪 60 年代后期以来，英国政府一直在政治方面和行政方面寻求委员会更为协调地工作，但大多数非洲国家仍沿用镇议员和弱市长的原始概念。对于委员会的立法职能而言，如此的政治布局有两层含义。首先，委员会通过委员们的工作提供政策方向。委员会也有责任决定由谁来担任市长（和副市长），而且至少在理论上来讲，委员会拥有广泛的权力来把控委员会的预算和行政管理。市长的任职不仅严重依赖于委员会委员，后者还可以召集民众随时罢免市长。另外，市长的职权被削弱还在于这样一个事实：作为一个象征性的领袖，而非委员会的行政领袖，市长对委员会没有行政上的统治权。上文已然提到，很多英联邦的非洲国家采用的是这一英国体系——不过，下文也会提到，有一些国家对这一模式做了调整。通过地方法律（这些法律的生效需征得国家政府的同意）、形成政策和预算以及述评等立法的功能实际上是由专职部长通过委员会来行使的，这些委员会将这些事宜提请全体议会批准。①

很多美国的大城市，对这一弱化的市长体系做了很大的调整。它们称之为强有力的市长模式，市长就像委员们一样，是由全体选民直接选举的，因此，市长在处理委员会事务时，拥有强有力的手腕。此外，委员会内不同部门的部长由市长任命，当选人来自委员会内或并非属于委员会成员，他们与市长一起组成某种形式的内阁，并行使职责。为实现国家和州政府的完全分权，市长可以实行否决权，阻止委员会立法提案或提出的举措。因此，委员会立法、监督和代表的职责就与行政工作分开来。很多国家对这种布局都做了调整。比如，一些南非的大城市——开普敦、德班和约翰内斯堡——就是在这种模式下运行的，市长能够雇用私人市执行长，而后者又可以雇用委员会中的高级领导人提供职业领导服务。在那些政党政治居于主导、阶级分化非常明显的美国大城市中，强有力的市长体系运转良好。② 在 1998 年，津巴布韦政府也采用此种模式，来管理其城市。

非洲很多讲法语的国家使用的是法国模式，它不同于纯粹的英国模式和美国模式。法国地方行政区的市长有权独立任命官员，制定地方法律，同时也代表国家行使职权。不过，市长是在典型弱化的市长体系中由委员会间接选举的。在非洲那些实行法国模式变体的国家中，市长无论是在全国还是地方都拥有不可忽视的政治影响力；然而，中央政府任命的省长享受和

---

① 斯蒂芬森和特罗利贾德 2000；奥罗武 2004.

② 史密斯 1985.

市长同样的、甚至更大的立法权和行政权，行使着市长的大部分权力。

市执行长制和委员会计划制是较少用到的模式。很多国家也试图在当地政府现代的体系中，为传统统治体系寻找一席之地。[①] 本章并不讨论这种形式，因为这与地方委员会的工作不相关。

市执行长制的主要元素是，它遵循私营企业的公司计划。委员会雇用市执行长来掌管委员会。一旦经委员会选举后当选，市执行长将拥有任免大权，可以决定资源分配。在美国，有研究表明市执行长在小城市而非大城市作用最为明显。在小城市里，人们很难就好的管理有哪些要素达成共识。纳米比亚的温得和克市即采取这种模式。因为温得和克得到很好的管理，所以它的模式值得研究。20世纪60年代后期，尼日利亚有一个地方政府也采用了市执行长制；然而，委员会无权任免市执行长，他们是公务员——因此，几年以后，这种制度被弃之不用也就不足为奇。需要特别注意的是，就其在地方政府体系中的行政和立法分支来说，市执行长并不代替市长或委员会。

在委员会计划制中，全体选民为城市选举一个执行董事会。这个董事会监督各个部门的工作，直接向公众报告。本质上，董事们兼任地方议会的行政和立法工作。任用有职无责的委员们（如1976年地方政府处于原始变革时期的尼日利亚）是这种模式的变体。委员会计划制的问题是协调。

65

---

① 曼达尼 1996.

在非洲居于主导地位的方式是弱化的市长制和省长制。后者实际上并非权力下放的去中心化,而是一种去中心化或行政去中心化的形式,尽管有委员会为省长做顾问。直到 20 世纪 90 年,这种模式在讲英语和讲法语的非洲国家中都居于主导;当时,很多国家拥护国家一级上实行民主制,它们也做了新的努力,将民主推进至地方一级。关于省长制的重要一点是,它不将立法权(或其他任何形式的重要职权)赋予议会。省长兼有行政属性和立法属性。省长被视为国家政府在省一级和地方一级的代表,接收委员会或地方议会的建议。本章将要讲到的加纳近乎此种模式。

地方议会是否有效的最好试金石是,它能否提升地方委员会两种类型的职责——地方官僚机构对当选官员的职责,以及当选官员对官僚机构的职责。①

既然本研究是关于地方议会的,我们主要就地方议会的核心角色——制定法律,监督和代表人民——关注其规模和效率。我们尤其将就影响委员会决策和对行政部门的监督,提出不同布局的有效性问题,究竟是市长制(强有力的市长制)、省长制,还是部长制(弱化的市长制)更为有效。

城市个案研究

非洲最高级别的地方政府是市政府。它们应对的问题来自快速增长的人口、经济管理、以及那些使它们成为重要的政治

----

① 布莱尔 2000.

和经济参与者的全球性和国家级影响。在评述国家个案之前，我们先关注城市个案。

赞比亚卢萨卡市议会

卢萨卡市共有人口 1 084 703。作为赞比亚的首都，卢萨卡的管理自肯尼思·卡翁达卸任之后，历经了重要的变革。肯尼思·卡翁达是赞比亚一位任期很长的总统，因为 1992 年该国首次进行的多党选举而落选。此后，该国经历了弗雷德里克·奇卢巴和利维·姆瓦纳瓦萨两位平民总统，前者如今因腐败方面的多项指控，被备案审查；后者在任①。经济上，赞比亚已经成为非洲最穷困的国家之一（在 1991 年到 1998 年间，贫困人口数从 71% 涨到 73%），已达到申请重债穷国设施的程度。在卢萨卡，只有一小部分人口（9%）受聘于正式机构，其余则工作在庞大的非正式部门。同时，大多数人口（70%）被评估为贫困人口。1990 年到 2000 年间，人均寿命从 55 岁下降到 50 岁。

卢萨卡有 30 个选区，地方政府议员通过得票多者当选议员选制从各个选区中产生。国家政党制度控制着地方选举活动，在 1992 年、1998 年、2001 年，占主导地位的多党民主运动正式成为反对党，掌管地方议会。然而，去年，卢萨卡市议会分为两个反对党：国家发展联合党和民主与发展论坛。地方选举选取候选人的程序和全国选举的程序如出一辙——当地委

———————

① 2008 年 8 月 19 日，利维·姆瓦纳瓦萨去世后，赞比亚总统已换两届，现任为迈克尔·萨塔。

员会提名，全国委员会认可。左右选举运动的议题应该是那些事关饮用水、市场摊位、寮屋区改造、道路建设与养护以及选票分配中的反腐败问题而提出的对策，这至关重要。

这些都是地方问题，但赞比亚地方政府没有足够的资源解决。政府的去中心化项目依据"1991 年地方政府法令"制定，承诺将权力和资源下放到地方政府。另一方面，为处理基本医疗问题，很多新的国家机关得以创建，大城市的住房得以私有化。卢萨卡每年的预算为 465 亿克瓦查，完全依赖自身资源筹措。①

与该地区其他国家不同的是，赞比亚没有实行妇女限额制，该议题仍处于公开探讨阶段。尽管妇女选民人数占总选民人数的 52%，但最近的三次选举中，只有 6.3% 的议员为女性。同时，人们普遍感到，议员中受教育的人数不够，不过这很可能是因为这些机关可掌控的资源少这一认知。地方选民参与度约为 10%，而国家选举则为 75%。

除了 30 名当选的议员外，卢萨卡市议会还有 7 名国会议员。议会由议会委员和增补委员来掌管。市内主要有四个委员会——财政委员会、人事委员会、公共设施委员会以及住房和社会服务委员会。市委书记是首席执行官，下设 8 个主任，2200 名员工。市执行长向议会委员会提名，然后由全体议会推荐（或拒绝或推迟），全体议会每月召开一次。

像赞比亚其他市议会一样，卢萨卡市议会采用的是弱化的市长模式。市长由议员而非全体选民来选举，是象征性的，没

① 1 美元等于 4769 克瓦查（2005 年）。

有行政实权。然而，就该市与中央政府的关系，地方政府一级不断增长的非政府组织和国际组织合作伙伴的数量来讲，市长一职又是不可或缺的。议员缺乏资源去解决其所应对的很多困难。它得不到国家的补助资金，只能被迫依靠向公民征税。公民抱怨，这些税收很少能转化为服务。据估计，全部花销的约80%用于服务管理部门。

重要的是，议会委员会能够十分高效，曾将七名委员以出售土地过程中有不正当行为为由停职。议会会议纪要、预算和供出售土地的信息在公众花费一点儿象征性的费用之后，也对公众开放。议会还有一个网站（www. lcc. gov. zm），邀请公众参与其预算讨论。在招标程序中，地方招标委员会除本机构内的成员外，还必须从基督教会协会和卢萨卡商务部这两个外部机构中吸纳代表。议会有任免议员的权力。

博茨瓦纳哈博罗内市议会

1963 年，哈博罗内成为博茨瓦纳的首都，人口由当时的3800 迅速增长至 186 007（2001）。博茨瓦纳全国 36% 的城市人口居住在哈博罗内——不过，大片土地和大量人口在该市的正式边界之外。哈博罗内是博茨瓦纳的首都，博茨瓦纳因此成为非洲大陆上管理相对较好的国家之一。需要注意的重要事实是，即便哈博罗内在很大程度上依赖于中央政府为其大部分花销买单，为总预算的 72%（在 1999～2000 年间，为 9900 万普拉①），而反对党在位已经多年。

①　1 美元等于 45 普拉（2005 年）。

　　哈博罗内有 13 个选区，采用的是英国体系下，得票多者当选议员选制选区为基础的当地议会选举体系。地方政府的结构属于上文中提到的英国弱化市长体系。在认识到城市人口大规模增长的同时，1994 年城市重组为 25 个选区之后，议员们的人数也几乎翻了一番。

　　哈博罗内市议会面对的最为严峻的问题是，市内大多数职责实际上是由中央政府机构来承担的，而在南部非洲其他地区则由地方政府承担。住房、土地、城市规划和饮用水等活动也削弱了议会潜在的收入。尽管那样，哈博罗内市内的贫困区还是配备着条件很差的卫生设施、娱乐设施和安全设施，这归因于这些地区在议会中的代表人数少。

　　市议会通过议员委员会管理。自 1984 年以来，博茨瓦纳国民阵线这一反对党一直在选举中操纵着议会。像该地区的其他国家一样，党员在选举之后，可以改换所属党派。而且，因为政党是围绕国家问题而非地方问题而组建的，因此地方民主容易在选举中被边缘化，在议会选举中也是如此。

　　人们对地方议会选举鲜有兴趣，部分原因是人们所了解到的地方政府之弱化，所有地方政府的高级官员一律由全国统一地方政府委员会任命，也因为地方政府弱势的宪法地位。它们受法律限制，而管理大权、解散地方政府大权统归地方政府部长。哈博罗内市议会的以往财政和资金预算都要受到地方政府、住房和财政部的密切监督。

　　另一方面，哈博罗内市议会的议员们对自身职责表现得十分机警。他们和内政机关联系密切。1995 年，哈博罗内市议会获许为小型内政机关提供资金支持，大多数议员了解他们的第一要务是要会见他们的下属单位，寻求他们的反馈，将其需要反映给议会，并且在下属单位面前捍卫议会的决定，与地区委员会见面，鼓励自主创业。然而，议员属于业余时间工作者，大多数议员的会面时间开始于晚上，此时很多内政官员已经结束了一天的工作。此外，他们很难时时关注全职工作人员和他们无任免权的、能力普遍很强的官员呈给他们的问题。依据职责，市长出席所有议会委员会，而每个议会委员会都有自己的主席。迄今为止，哈博罗内市议会当选的 11 位市长中只有两位是女性。而且，市长的职位在很大程度上是象征性的，没有实权。

69

肯尼亚内罗毕市议会

在肯尼亚独立之初，中央政府施压，并收回其大部分职权和资源职权，在那之前，内罗毕市议会曾有一段美好的时光，甚至曾经一度有一个专门任命的委员会来管理市议会。再次在全国范围内重申民主为内罗毕市议会带来了新生。

据最新人口普查（1999 年），内罗毕的人口大约有 210万。而近 100 万人口不满 20 岁，这使得整个国家十分年轻，也要求国家在教育、卫生和娱乐方面提供很多服务。因为内罗毕是城镇正式就业的主要城市，几乎所有的肯尼亚民族团体都位于内罗毕，这涉及全部活跃人口的 30%，但人口的绝大多数还是工作在非正式部门。不足为奇的是，内罗毕市议会大多数人口十分年轻，社会结构种族性明显，社会中白人社团掌握着大多数经济资源，其次是亚洲人，非洲人是城市的主要贫困人口。

与其他城市相比，内罗毕市议会的投票率让人印象更为深刻——2002 年，市议会投票率为 44%，而全国选举率为 57%。市议会有 74 名议员，55 名议员来自单一选区，19 名为提名当选，1977 年前，是由地方政府部长提名，但 1977 年之后，是由每一个政党提名，以显示它们的选举实力。像其他讲英语的国家一样，内罗毕市议会采取委员选区的得票多者当选议员体系。委员们在委员会工作，选举出市长，结果产生一个弱化的市长体系。这种弱化不仅体现在市长—市民—议会之间的关系恶劣，也体现在议会无力留住称职的部门官员。这是因为地方政府部而非地方政府管理的一个统一委员会管理着地方政府的资深人资。此外，资深执行长指控委员们想要实行微观管理，并且确保议会服务为自身及其党员谋福利。议会每五年选举一次。

全国政府的新去中心化政策要求地方政府与内政部门进行协商，草拟战略发展计划（地方政府服务发展计划）。同时，它也要求在实施过程中，地方政府必须将去中心化贯彻到选区。中央政府为扶持这项举措，将投入全国收入的 10%。

值得注意的是，这三个城市都有一个地方民主的职能体系——委员通过选举当选，代表社区履行职责。另一方面，我们发现三个城市都严重受限，不能解决它们所面对的一些重要问题——它们的权力极大地受限于全国政府立法和自身能力。特别是，三个城市的立法体系都是基于英式体系，它以选区为基础，当选的委员们在内部选举一人担任市长。议会通过委员会行使职权，但他们这些委员是业余时间工作者，与全职的内政官员时间碰不上。只有一个城市的议会中，职员和执行长是全职工作者。

下面三个例子是以国家为例，讲述地方议会的职能。

国家个案研究

加纳

加纳地区议会被称为"最高级别的政治、行政、计划、发展、预算和评级的权威机构。"① 在 1988 年，该议会作为加纳去中心化和民主化项目的一部分，被赋予了 86 项功能。1992 年，该议会被完全囊括进新宪法中。它是所在地区唯一可以征税的权威机构，有权制定地方法规（需征得地方政府和农业发展部的同意）；它是法人团体。

然而，委员会下放权力受到诸多严格限制。首先，加纳地区议会受到区域协调委员会的监管，而后者是由国家政府指派的区域部长掌管。中央政府保留调查该议会表现的权力，可以解散该议会。阿耶认为，得到下放权力的地区议会几乎不能影响国家政策。他们说服政府修订政策的能力受到严格限制。

尽管国家一级存在着竞争性强的政党选举，但地区议会的代表是通过非政党选举的形式当选的。对此，政府的说辞是，地方政府处理的是关系到面包和黄油的最基本问题，不应该受到党派政治的影响，而有些观察员却将此看成是政府的障眼法，以此来避免有异见的政党占据地方政府最高反对党的

71

---

① 阿依 2004：129.

位置。

　　尽管地区议会自行选举包括议长在内的官员，但受政府任命的地区委员会执行官主管地区执行委员会。对这一安排，政府的说法是有利于在地方政府层面减少腐败。有传闻和其他证据指出这样一个事实，这一安排并未能预防腐败，实际上在1997年，有25位地区委员会执行官因为腐败指控而被罢免。另一方面，政府通常要求地区议会支持任何一个受推举成地区委员会执行官的人在正式任命前任职。而议长根本就不是握有实权的地区执行委员会的一员——这只是表面上促进了权力的分散。不幸的是，议会成员不能罢免犯了错的地区委员会执行官。此外，共和国的总统任命的地区议员中的30%代表特殊群体的利益和领导人，而这本质上又被用来进一步深化执政党的政治地位。

　　加纳地区议会的成员应该与其选区保持紧密联系，但这受到两大制度因素的威胁。第一，通常选区关系需要经济来维系，而地区议会议员与选区每次见面只能得到10美分。第二，他们经常被政府议员所遮挡，后者为维护选区关系，占有比前者多得多的制度赏金。对于表现不佳的地区议会议员，据有关规定，四分之一的登记在册选民可以将其废除。可由于缓慢而繁琐的程序，这一规定至今仍未得以应用。地区选举委员会必须提出申请，并就此申请组织全民投票，需有至少40%的选民参与投票，其中60%的人支持废除申请。而使议会议员停职的理由只能是连续三次会议无代表参会，随着议员们意识到自身地位受到地区委员会执行官的削弱，这一事实正逐渐显露出来。

地区议会也应该和民间社会组织在社区发展方面紧密合作，但两种制度的成员之间根本无关爱可言。地区议会议员认为，民间社会组织对捐赠者极其依赖，因此将其视为议会用于发展项目上的资源竞争者。另一方面，民间社会组织认为他们比地区议会议员有更好的业绩记录，因而绕过地区议会议员，这使得法律进一步缺失。所以，很多的国际性非政府组织在发展上正成为主力，其重要性日益显现。

总之，加纳议会混合了新旧两种去中心化的力量。虽然地区得到法律赋予的权力，去从事其管辖权之内的发展工作，但受到一些中央政府机构的牵制，这些机构直接控制执掌中心权力的人员。因为两大平行委员会——议长领导下的地区议会以及地区委员会执行官领导的地区执行委员会，其中地区委员会执行官受中央政府任命，权力不容小觑——的存在，地区议会不能留住自己的要人。

尼日利亚

尼日利亚民主去中心化项目是非洲地区最早的项目之一。1976 年，全国性的民主去中心化启动，后来的政府无论是平民政府还是军事政府都予以保留和支持。尼日利亚的改变将经济资源和人力资源等重大责任都移交给了地方团体。每一个团体都自行选择地方政治领袖。就公共消费的总数而言，尼日利亚当地政府仅次于乌干达，前者 12%，后者 21%。尽管如此，尼日利亚的地方政府比乌干达政府的可支配资源还要多一个百分点（前者 5%，后者 4%）。①

在撒哈拉以南的非洲国家中，尼日利亚是唯一一个实行强硬的市长制度的国家。每个委员会都通过全体选民选举市长和六位督察委员等当职人员，六位委员各管理一个部门。1988年的改革后，所有委员会都有六大部——四个行业部和两个主管行政（即人力资源管理）与金融的普通部。

尼日利亚实行强硬的市长制度是因为人们普遍感到，该制度可以确保政治代表人能够为稳定的行政管理提供方向。它也代表了对美国总统制在地方政府一级上的复制，行政机关和立法机关完全分离。不过问题在于，委员会主席在地方政府制度中更居主导地位，往往不服从地方委员的管控。而就地方政府一级做出的定期和广泛腐败报告来讲，毋庸置疑，委员们也不遵照市民的意见，其他各级别的政府也是一样。

另一方面，部和执行长一级的有效领导力和地方政府领导力的相契合之处，地方民主体系的结果就很好。社区通过提供比规定多得多的资源（捐赠和特别的资金募集工程）来做出回应。社区成员也有效地利用他们的社交网络来确使联邦政府和州政府大力支持。

尽管尼日利亚制定详细的宪法条款来提高责任制、委员会全职工作制、委员召回制以及将权力下放到地方政府委员会以下的选区制，但是地方政府的主席们却操纵着委员会的审议工作。该问题的部分原因源自这样一个事实：委员们会为争取拥护者和个人约定来游说行政机关，而非作为一个整体来接受行

① 奥罗武和文施 2004：54.

政机关的预算和政策审查。另外还有两个原因，其一，是地方政府对联邦收入转移的严重依赖（多达96%），而在自身收入上努力甚微；其二，是联邦政府和州政府都没有给予有效的支持，来帮助地方政府应对人力、结构和地方政府间的合作方面的诸多问题。

乌干达

去中心化在穆塞韦尼政府的早期就开始实行了。对此，政府的原因是过度中心化是乌干达管理问题的一部分。实际上，执政的全国反抗运动在民兵反抗斗争中，以乡村为单位的反抗委员会为基础，将领地从政府处拿过来并进行建制。自1986年，该结构已经得以系统化实施和优化。此外，因为政府对党派竞争极为反感，当地政府成为了政治活动的主要中心。而且，政府把大量的责任、经济资源和人力资源移交给地方政府。

乌干达存在五个级别的地方政府，不过实际上只有三个级别是作为多功能地方政府委员会来运转的，分别为地方委员会（一级地方委员会），亚城镇委员会（三级地方委员会）和地区委员会（五级地方委员会）。通过宪法，基础教育和健康、水和卫生、经济发展、司法和安全等重大责任都被移交给地方政府。政府还将新的经济资源分配给地方政府。每个地区委员会也自行管理人员。然而，在一级地方委员会这一层面，最基层的委员会被视为在两个领域（司法和安全功能）最成功的委员会。保证和平与安全（36%）和解决问题（22%）也是该委员会的职责所在，两者的比例综合起来也可以是57%。　74

一级地方委员会是最初审理所有小的犯罪案件和非死罪型犯罪案件的法庭。这往往不包括正式的法律程序，正式的法律程序基于完全不同的一套原则，实行的语言环境非大众所能听懂。而由更高级别的地方政府执行的其他功能则存在严重的问题。例如，为四项主要服务所做的计划和预算并没有有效地融合起来，经常缺少任何需求评估和战略性思考，而且花费充其量总是最基础的。委员会人员产生的预算并不能由经济资源来涵盖，而且地方委员们也未能利用这一机会来约束行政人员进行决策。

即便如此，乌干达像尼日利亚一样，实行带有内阁的强硬市长制度。内阁成员和委员会委员一道工作；不足为奇的是，地方委员会的市长问题是委员会的软肋。在抽样的六个地区中，只有一个委员会的委员们定期开会，并基于行政机关提供的信息进行自主决策。而其他委员会开会的时间很不固定，有时甚至都不是月度会议，而是季度会议。该种委员会主要有五大缺点，即委员们的受教育程度低、会议密级程度不够、委员们对角色的理解差、委员会可利用的资源贫乏（全国政府提供的 60% 以上的资金支持都是无条件资金）、内部分裂，以及在为选民项目与提高人员于内阁中的地位而进行的竞争之中出现的党派之争。乌干达实行妇女委员限额制，委员会中必须有 30% 的女性。

乌干达的城市委员会之表现呈现复杂性。级别最低的委员会表现最好。一级地方委员会的公众有效率更高。而它所获得的资源相较于更高级别的地方政府（三级地方委员会、五级地方委员会或地区委员会）而言更为有限。后者有更多可利

用的资源，但公民有效率却更低。出现这种现象的原因在于高
级别的委员会问责制度的结构不够合理。

最后，乌干达地方政府体系较改革前来讲，提高显著，主
要体现在决策能力（尽管受到中央方针和委员会效率低下的
限制）、可利用资源、地方政府和民间组织间的参与程度。另
一方面，多层委员会制的表现各不相同。与乡村社区（一级
地方委员会）更为接近的委员会比与其远离的表现要好得多。
对于乌干达地方民主来说，高低级别的地方政府之间、行政机
关和立法机关之间的融合是极为严峻的挑战。

乍得 75

最后，我们来研究一个没有全国性去中心化项目的国家。
在地方政府缺乏正式结构的情况下，乍得重新发现了其地方管
理中根深蒂固或生而俱有的结构，并通过这些结构为其提供去
中心化的健康、供水和其他公共服务体系。其中，教育服务是
最可圈可点，也是记载最丰富的。在过去的 25 年中，全国政
府提供了 45 000 个教育机会，而其他社区经济支持的教育机
会增长了 835 000 个。通过开展社区学校，地方社区实现了这
一巨变。目前，社区学校的数量比全国小学的四分之一还多。
这是怎么实现的？

在每一个乡村，家族的男性领导会遴选或选举出一个男性
团体小组，以代表社区监督基础教育。不同的功能会产生不同
的结构。这个监督小组的成员——主席、秘书和出纳——各司
其职。这一小组会组织资金募集活动，并将资金用于学校校舍
的兴建与其他具体的需要，也负责解释资源的使用。资源分为

两个部分——会费，也叫学费，区别于面向社区每个成员征收的基础社会费，每个成员的概念是不管有无在校子女。征收标准是每个家庭的可感知收入。这一安排的要素是，因为社区直接介入教育服务，因此学生的好表现和教师队伍的高质量便有所保证。此种社区学校的通过率远远高于官办学校。同样重要的一点是，这些社区学校实际上采用的是政府设定的指南，从而确保招收到最能胜任的教师。

正如前文所指出的，这些一样的指南被用于组织其他服务，政府开始将这些社区结构作为管理的基本制度而进行试验。这一体系的优点让人震惊，并挑战了其他国家目前极大依赖于舶来结构的实践。经费开支很小，人员高度负责，资源得到了合理整合和经济支持。

乍得的例子可能包含了地方政府体系在区域如实运转的种子，它融合了过去旧有的结构和当今时代面对的挑战。随着时间的推移，这种过渡结构已经发展成为大量的社区政府、国家政府以及非政府组织之间的桥梁。

76

经　验

从以上的案例中，有不少重要的经验。此处，我们只取其中五点。

第一，跟世界其他地区相比，非洲国家的地方政府就权威性、资源自治以及能力而言仍然处于初级阶段。然而，自从20世纪90年代初期以来，很多非洲国家开始努力提高地方政府体系的权威性、合法性，拓展资源以及提升能力。地方政府委员会中有一个不容小觑的弱点。奇怪的是，这一问题并未在当地政府和去中心化政策讨论中占有一席之地，而该问题在实现地方政府有效性和负责任方面举足轻重。

第二，并非所有国家都允许地方政府介入党派政治，加纳和乌干达就不允许，但是允许地方政党选举的大城市里，反对党就占据着委员会的主导地位。目前，这一情况对本章中研究的所有城市——内罗毕、哈博罗内、卢萨卡——都适用，而且也同样适用于本章中并未涉及的哈拉雷和其他城市。①

第三，就这一主题的可用信息进行的对比性分析非常之少。例如，奇怪的是，东部非洲和南部非洲国家的政治活动家和分析家们要求国家转而实行强硬的市长制度，却不费心考虑已实行这一制度的其他国家——尼日利亚、乌干达、南非和津巴布韦——所经历的经验教训。

第四，地方政府委员会未能成功地与民间社会组织一起合作。这两个机构共同削弱了彼此，而非互相支持。另外一个难点是委员和委员会行政人员之间的关系——委员会行政人员的存在之处，就会与委员结成强有力的团体，力争赢得各自选区的支持，而非作为一个整体，来保证有效监督和/或推进重要的地方法规。事实上，与地方政府官僚和委员会中的政治代表相比，具有专业知识，任期更长，对每一种功能的相关数据很是熟悉，所以居于主导地位。这就解释了投资建立英才管理的地方官僚机构为何比监理第二等级的官僚机构更为重要，前者对地方社区的需求积极回应，后者对中央政府忠心耿耿，某些

---

① 拉克迪 1998.

城市（如内罗毕）和国家（如加纳）的例子恰恰如此。

最后，地方政府委员仍然相对较弱，需要支持。这种弱化一方面归因于地方政府的总体属性，一方面也受限于每个国家在地方政府结构选择和政府内委员质量等方面的具体条件。它们之所以需要支持是因为全球化和民主化使得去中心化成为必须，有时甚至是更为有效，因为它们有助于协调过度中心化的政治体系和高度去中心化的经济体系之间的关系。该地区的很多国家因为内外压力，被迫实行去中心化，但它们开始注意到这种性质的改变具有必要性。更多去中心化管理的地方拥护者涌现出来。

地方委员会也需要支持是因为摆在面前的巨大挑战，尤其是该地区的城市化和其他社会变革速度在加快。目前，非洲在世界的各个区域中，有着最大的城市化率。这势必对地方管理和城市管理产生重要影响。更重要的是，人们需要重新考虑需要何种地方政府类型，何种政治和行政结构最能提高民主去中心化的价值。乍得的事例似乎暗示出，内外结构相结合效果更好。最为重要的是，当地委员会需要内部解决资源问题，来为基础设施发展和维护提供资金。社区间的巨大差异意味着这是可能的，但是非常困难，因为考虑到某些人会运用经济力量阻止这些举措。然而，该区域很多国家的经历说明，社区非常稳固，地区政府代表可以利用社会资本这一巨大的银行。

结　论

本章提出，地方政府和地方议会在非洲大陆上的重要性正日益增长，但在应对它们所面临的挑战时，有必要在提出政策之前，进行更为系统化的调研和思考。地方政府和城市研究中被严重忽略的一个领域是地方政府管理结构。尤其是，立法机关、行政机关以及有利于地方一级直接民主的运动之间的关系应该在政策提出之前，被置于这一更广泛的调研、思考和考虑的框架之中，三者之间的关系通过参与式预算来表示，目前在某些选定的城市中得以实行，并受到支持。这些提出的政策应该不断就其有效性予以评估。在这方面，本章提出了一些有趣的研究线索。

5 民众对立法和民主稳固的支持：
以马里为例之比较研究

雷内斯科·多仁斯普利特

（荷兰莱顿大学政治学系）

引　言

在当今的民主化国家中，立法机关扮演着什么样的角色呢？理论上来讲，立法机关被认为对民主国家的稳固具有潜在的或象征性的功能。稳固可以很明显，如（1）立法机关等新体系的基本原则和制度稳定化，且运行良好；（2）对提升新民主制度稳定和有效运行的行为和态度进行改变。[①] 在一个稳固的民主国家中，立法机关是稳定的，并且以民主化的方式来运行，民主原则作为"唯一可行性方案"被接受下来。[②] 大多数政治学家将民众对民主的普遍支持或对民主制度的特别支持

[①]　德雷和拓升 2000.
[②]　林茨 1990.

视为稳固过程中的关键变量。①

　　然而事实上，立法机关在新的民主国家中所起到的作用是很有争议的。很多学者一直在争论，非洲新型民主国家是否在忍受"民主赤字"之苦。很少有立法机关真正立法，很多立法机关一直在限制权力。大多数则很显然受行政权力支配。非洲国会的缺点只允许有限的问责制和反应机制，进而导致民主赤字的产生。此外，政治学家利用这个赤字去解释非洲民主国家对民主制度缺乏支持。迄今为止，就这些问题进行的经验研究一直非常少见。新型民主国家的民众在多大程度上支持他们的制度，如立法制度，以及如何解释这种支持都不甚明了。

80

　　本章以非洲刚刚民主化的国家——马里为例，集中关注在该国稳固过程中，立法机关的作用。因为马里对非洲大陆上刚刚经历民主转变的国家来说很有代表性，或者说具有典型性，所以马里这个有趣的案例可以普遍为非洲大陆就民主稳定，提供有益洞见。就像贝宁和南非等其他非洲国家一样，马里经历的转变极其显著，以至于在 20 世纪 90 年代时，政治制度出现了由独裁制度到新民主制度的转变。然而，尽管马里很成功地过渡到民主制，但民主还是很脆弱，不稳定，处于初期阶段。

　　第一，本章简要地梳理了马里国会的政治发展和权力，从而看出马里向民主制的过渡和民主制度的创建发生得都极为迅

----

①　相比之下，普热沃尔斯基于 1991 年的著作和迪·帕尔玛于 1990 年的著作中反对民众对民主的支持度对民主巩固有决定性影响。不过，持此种观点的学者为数不多；大多数学者认为民众支持对民主制度有效运行至关重要。

速。第二，本章描述了选举制度的构成决定国会的构成，以及国会是否受制于行政机构。第三，本章还试图表明，尽管马里的立法机关权力很弱，但民主对立法机关的支持很是广泛，引人注意。最后，诸多分析说明对立法机关的支持因经济绩效感知、人际信任程度以及民主普遍支持度而异。随着我们对民众支持和国会在非洲新型民主国家的理解进一步加深，我们对这些新型民主国家的稳固质量会有更好的认识。

马里的政治发展：简述

向民主的过渡过程

在 20 世纪 90 年代早期，马里很快对政体做出变革，过渡为民主国家，但相当长的一段时间内，它仍被视为一个稳固的独裁制国家。自 1960 年马里脱离法国殖民、获得独立之后，军事独裁者，也可以说是一党独裁者统治马里长达 30 多年的时间。莫迪博·凯塔是马里这个年轻的共和国的首任总统，此时共和国向马克思主义政策倾斜，不与军事领袖站统一战线，凯塔政权最终在 1968 年 11 月被推翻。穆萨·特拉奥雷的独裁统治结束于 1991 年，当时，忠于他的士兵杀害了 100 多名要求实行多党政治的示威者；特拉奥雷是被自己的军事力量赶下台的。

而后，陆军上校阿马杜·图马尼·特拉奥雷执掌政权，并签署了一项和平协定，意在为国家的首个自由式多党选举做准备。1999 年 1 月，特拉奥雷和妻子玛利亚姆因挪用公款罪被

81

判处死刑。特拉奥雷也曾在 1993 年被判死刑，罪名是他在 1991 年命令军队向示威者开枪。然而，对特拉奥雷和妻子的死刑宣判后被改为终身监禁。

1991 年政变后，马里人民于 1992 年首次相对自由和公正地在总统选举和立法选举中选举了自己的政府。阿尔法·乌马尔·科纳雷及其所在的马里民主联盟政党赢得了选举。1997 年，四分之一稍多的登记在册的选民参与了选举。前总统阿尔法·乌马尔·科纳雷以绝对优势再次当选，战胜了一个独自打破总统竞选中无反对党现状的、实力比较弱的候选人。马里民主联盟再一次成为立法机关中占绝对主导地位的政党。

2001 年，科纳雷领导的马里民主联盟出现分裂，这使得即将到来的 2002 年总统竞选竞争更加激烈，24 名候选人参与了选举。第一轮投票后，立宪法院将 500 000 张投票作废。一些总统候选人曾向法院申请取消全部结果，宣称投票过程中存在诈骗和操纵选票的现象。法院通过未登记在册的选民来通报投票情况，并将第一轮中的某些非常规、未通告的现象重新通告。国际观察员称，此次选票得到了很好的管理，并以透明化精神执行。独立候选人阿马杜·图马尼·特拉奥雷和马里民主联盟的苏迈拉·西塞进入第二轮投票。特拉奥雷赢得 64% 的选票，西塞为 36%。因为特拉奥雷在 20 世纪 90 年代初曾在多党政治过渡时期领导马里，所以拥有良好的国际形象，并作为联合国特使活跃于区域和平事业和人道主义援助事业之中。①

---

① 就职后不久，他就同意公务员的工资上涨 30%，原因在于，自 1992 年 3 月以来，人们不断抱怨食物、水电价格上涨。

2002 年 7 月的立法选举以低投票率为标志。当时,希望联盟 2002 控制了全国议会选举投票,获得 66 个席位。马里民主联盟在国会中的主导地位被打破了:它领导的联盟只获得了 51 个席位。规模更小的政党赢得了余下的席位(参见表 5.1)。

82   表 5.1   马里全国议会选举结果 (2002 年 7 月 14 日)

全国大会	席位数 (共 160 个席位)	
希望联盟 2002 —马里集会、全国民主倡议大会 —复兴爱国运动 —工党民主集会	66	马里集会 46 全国民主倡议大会 13 其他 7
共和民主联盟 —马里民主联盟、泛非洲自由、团结正义党	51	马里民主联盟 45 其他 6
改变和变革	10	
非洲民主独立团结工会	6	
无党派	6	
无效选举	8	
国际马里籍人士	13	

资料来源:2002 年 7 月 14 日法国新闻社。

选举制度和立法机关的构成

在马里,不仅真实的过渡过程——选举的举行和政党的建立——发展迅速,新型的民主制度也进展飞快。例如,选举制度的设计就是其中一项,带有各种不同的结果。这个选择并非中性:它决定了选票以何种方式转化为席位,以及由此而来的在多大程度上，一些社会团体在国会中有代表出席，而其他一些则被排除在外。

马里的选举体系变化迅猛。1991 年的政变之后，129 个席位的全国议会得以建立，其中 116 个席位由国内选民选出，13 个席位由国际马里籍人士担任。国内的 116 个席位基于 55 个选区的人口进行分配（每 60 000 人一个席位），55 个选区中，有 49 个为行政区域划分（区）和首都巴马科的 6 个公社。由于各选区人口差异，每选区的席位从 1 到 6 个席位不等。

尽管独立候选人可以参选，政党还是需要提供与空缺席位同等数量的封闭式政党名单。选举人只能投票给一位独立候选人或是一位政党名单上的候选人。如果在第一轮中没有独立候选人或政党名单上的人员以绝大多数票胜出，竞选就要实行两轮大多数决胜投票制；第一轮的两位票数最高者将参与第二轮的角逐，由获得绝大多数投票的人当选。而如果是在多席位的地区，第一轮中得票最高的两位政党名单人员将进入第二轮竞争，由最终获胜者所在政党赢得地区内所有席位。总统选举实行类似的两轮大多数胜出选举模式。据说，立法选举中实行两轮大多数决胜投票制将鼓励更小和更大的政党之间在第二轮选举中结成同盟。

这种选举制度的影响很是重要，不容小觑。[1] 马里新的制度中融合进了大量的、选举支持力有限的小型政党（此种现象对建立在经历漫长极权主义统治之后的新型民主国家中来说，很典型），这就对选票——席位比例失调和多党竞选制产

[1] 了解更多信息，请参见莫扎法 1997.

生了预期的政治影响。因此，两轮大多数决胜制使得出现
（选票——席位）更大比例的不协调，多党选举制的程度比较
温和（3.3 个为有效选举政党），立法选举多党制的程度很低
（2.2 个有效选举政党）。此种选举制度的另一个弊端是，政党
名单的使用弱化了当选代表和选区之间的联系。而且，部分因
为此种选举模式，当权政党马里民主联盟赢得了多得不成比例
（66%）的席位。

这些后果致使反对党要求选举改革。进而，反对党和马里
民主联盟之间形成了政治协商，它们在 1997 年 4 月立法选举
之前就三个议题达成了一致意见。它们运用比例代表制分配全
国议会席位，接着，此举被国家法官宣布为违宪行为。全国议
会的规模从 116 个席位变为 147 个，上涨 27%，这使得单一
席位选区数量减少，多席位选区数量相应增加，反对党在选举
中占有一定优势，并创立了广义上的代表选举委员会。

2002 年的立法选举结果确实打破了马里民主联盟在国会
中的主导地位（参见表 5.1）。马里民主联盟在全国议会中失
去大多数民众支持。多数党希望联盟 2002 只是一个正当的松
散联盟，这跟马里民主联盟先前的主导地位相反。

简言之，马里的选举制度在 20 世纪 90 年的民主化过程中
变化巨大，速度惊人。而且，选举制度的类型对国会中政党的
数量影响颇深，进而也影响到立法权力的属性。

84   马里的立法权

马里宪法规定政府的三个分支——行政机关、立法机关和
司法机关——权力分开。然而，实际上，行政机关行使着更有

效的权力。①

　　一方面，很难说，马里的司法机关独立于行政机关之外。另一方面，司法机关在制定反行政管理的决定方面表现出很大的自主权，政府也会予以尊重，改革也在进行当中。通常来说，马里的人权记录良好，不过马里存在警察施暴现象。监狱很是拥挤，医疗不足，食物有限。政府允许人权监察员参观监狱，独立的人权组织公开、自由运行。

　　尽管诽谤性文字是一种刑事犯罪，新闻法规定刑罚性质的有罪推定原则，但马里的媒体是非洲最开放的媒体之一。40多家独立报纸自由发行，100多个独立广播电台在全国范围内播报，其中包括使用区域语言的社区电台。政府管理着一个电视台和很多广播电台，但所有的媒体各抒己见，连批判政府的意见也可以自由发表。

　　司法机关和立法机关都受到行政机关的影响。总统有权力组织政府，任命首相，尽管宪法规定它们同时对立法机关负责。立法机关每年集会两次，总时长近5个月。全国议会在审查行政权力时能力有限，因为制度上来讲，其权力跟强硬的行政总统相比相对较弱。2002年时，总统作为中立派，组建了一个所有政党协商议事的竞争政府，各政党在立法机关中的席位也近乎平分，共同合作。

---

① 了解更多信息，请参见下面网站和网页：www.cidcm.umd.edu/inscr/polity/Mlil.htm；www.freedomhouse.org.关于司法机关，请注意在农村，当地首领会咨询长者，解决大多数争端。

马里对立法机关的信任程度

前一部分表明，马里向民主化过渡的过程十分迅速。短短的几年内，相当自由和公平的选举、选举制度、新政党、发挥作用的国会（尽管权力较弱）、公开的媒体等民主制度建立起来。正如我们从其他新型民主国家的经历中了解的那样，我们知道这些民主制度很可能成为一种民主的表象，缺乏民众的支持，而恰恰是这份支持对维持新的制度十分必要。在马里，民众支持和民主信念很有可能还没有足够的时间变得成熟化。因此，研究马里等新型民主国家中，公众对立法机关的支持程度很重要。

对民主的高度支持，尤其是对民主制度的高度支持，对于新政权的巩固来说，必不可少。迪亚蒙德（1999）认为，民主稳定的概念可以通过两个维度——信念和表现——和至少三个阶层来衡量。其中国家精英、高级决策者和政治活动家处于较高级别。在迪亚蒙德看来，如果精英们接受民主合法化，互相尊重彼此为权力和平竞争的权利，遵守民主法律，并且接受政治行为的标准，那么可视这种民主为稳固的民主。就中间阶层而言，如果所有的重要政党、利益集团和社会运动支持民主、国家具体的宪法规定和制度合法化，那么这种政权就是稳固的民主政权。而在较低阶层，即民众阶层，如果绝大多数民众认为，民主是理论上来讲最好的政府形式，而且是其国家政府最适合的形式，那么可以认定该政权是稳固的。

本章余下的部分关注的是信念维度、民众层面以及民众对某种民主制度（立法机关）的支持，旨在就马里的民主稳固情况做出分析。换言之，本章将调查民众支持立法机关的程度和原因。马里国内对制度信任的平均程度可以通过非洲公共调查机构"非洲晴雨表"的数据予以分析。第一轮后（2001年7月），"非洲晴雨表"的调查是在如下国家中进行的：博茨瓦纳、加纳、莱索托、纳米比亚、尼日利亚、马拉维、马里、南非、坦桑尼亚、乌干达、赞比亚和津巴布韦。[①] 在任意给定的国家中，被取样的人士设定的是所有年龄的选民中最具代表性的人物。除了很多其他的问题之外，被调查者要回答他们对其国家国会信任的程度有多高。[②]

我们首先就非洲大陆上的民众对几个国会的信任程度做个比较。表5.2呈现了11个非洲国家中民众对国会支持程度的更具体的描述性数据。在这项跨国的比较中，非洲人民做出了显著的不同评价。例如，在津巴布韦，对国会的信任水平远远低于其他受调查国家。这反映出津巴布韦的几个政治危机。在过去的几年里，政府采取大量政策限制公民自由和政治权利，如通过设定严厉的法律限制新闻自由。由于政府抑制政敌，政治竞争的舞台被极大地缩小了。在2002年选举前国会通过的

---

① 参见：www.afrobarometer.org/roundlc.html. 第二轮数据（至2004年为止）未发布。

② 不同国家的问题多少有些差异。在加纳、马里、尼日利亚和坦桑尼亚，问题是"你对全国议会等制度的信任度有多少？"选项有四个：1."毫不信任"；2."有些不信任"；3."有些信任"；4."非常信任"。在博茨瓦纳、莱索托、马拉维、纳米比亚、南非、赞比亚和津巴布韦，问题稍有不同："对于国会可以做正确之事，你信任的频度是？"选项是：1.从不；2.只是偶尔；3.大多时候；4.总是。而在乌干达没有问类似的问题。

86 立法中，有一项是公共秩序与安全条例，它严禁批判总统，限制公共集会，允许警察任意实行宵禁。津巴布韦人民对国会的信任度明显有限。

表5.2　对国会信任的人口比例

国　　家	百分比
博茨瓦纳	54.4%
加纳	74.1%
莱索托	44.6%
马拉维	35.0%
马里	63.6%
纳米比亚	61.3%
尼日利亚	59.3%
南非	35.3%
坦桑尼亚	90.7%
赞比亚	25.2%
津巴布韦	19.5%
非洲国家的平均水平	51.2%

资料来源："非洲晴雨表" 1999～2001。

相反，马里的人民对国会的支持度高达63%，明显高于非洲的平均水平51.2%。数据表明，马里民众对立法机关的支持度极为广泛，尤其是跟其他非洲国家相比更为明显。这就从正面显示出，马里的民主很稳固，但为何会如此以及何种条件下会如此都不甚明了。因此，现在有必要研究马里立法机关合法性的原始资料。

解释马里对立法机关的信任

社会—经济发展

现代化的中心原则是，社会—经济发展正面影响人们对民主制度的支持，因而，影响对民主稳固的支持。[1] 李普塞特认为，一个国家的人民越富裕，越容易认同民主价值观，支持民主体系及制度。只有富裕的社会中，才存在这样的情况："大多数的民众能够明智地参政，并为避免屈服于不负责任的政客之蛊惑，而发展自我克制的能力。一个大量人口极为贫穷、少数人口为精英人士的国家不是沦为寡头政治……就是陷于暴君统治。"[2] 社会变革会使国家更加民主化，原因在于"大量的中间阶层在调和矛盾方面发挥着缓和作用，因为这能奖励温和政党和民主政党，惩罚极端组织。"[3] 据现代化研究员认为，"某些'基本'的社会—经济发展水平似乎对提升国家政体至某一水平大有裨益，在该水平时，国家开始支持复杂的、全国范围内的政治交流形式，而民主就是其中之一。"[4]

某些指标可被用于衡量人们实际的社会—经济状况。其一是教育水平，范围为未受正规教育（得分为1）至研究生学历

87

---

[1] 参见李普塞特 1959；萝丝托 1960；纽鲍尔 1967；达尔 1971；多仁斯普利特 2005.

[2] 李普塞特 1959：75.

[3] 李普塞特 1959：83.

[4] 纽鲍尔 1967：1007.

（得分为9）。通过问受访者"在过去的一年里，你多长时间忍受无现金收入的状况，如果有的话？"这一问题，可以衡量人们的贫困程度。答案为"从未"（得分为0）至"总是"（得分为3）。

除了人们实际的社会—经济状况对其支持民主制度有影响外，人们的经济评价和观点也影响很大。同时，在已确立的民主国家中，大多数民主对立法机关的职责不甚明了。然而，因为立法机关是可视性极高的制度，人们很可能基于公共政策来判断。对经济的评价可以有好几种。一个一直以来的争议就是民众是基于个人及家庭的经济情况对经济做出的自我为中心的评价，还是基于普遍的经济状况做出的社会取向的评价、判断。[①]"非洲晴雨表"调查机构在意识到这些差异之后，将同时衡量宏观经济条件和受访者家庭经济条件满意度的问题纳入进来。

在马里，自我为中心的经济评价通过如下三个方面的问题来衡量：他们对自身生活条件的满意度、对过去一年内经济状况的满意度以及对新的一年生活前景的预期满意度。而社会取向的评价是请受访者评价马里整体情况及经济现状来衡量。结果显示，马里人民对马里的整体情况和经济情况持不同态度，但他们都很乐观地认为，他们自身的生活条件在来年将有所改善。

---

① 参见米什勒和萝丝 1993：17.

人际信任

有一方面的研究强调，国家之间对政权及制度信任度的差异如何与对政治制度和民主制度的支持和满意度相互联系。后物质主义理论以及更近一些的的后现代化理论认为，深刻的价值观变革过程正逐步地改变人们与政府的关系。[①] 就这一点而言，个人信任和对人生乐观的态度是一种个人化的特征，可以使个人对社区和政治制度产生积极的态度。而这有助于人们乐观地参与到政治体系之中，并对其产生影响。[②] 这些价值观通过人们在家庭中、学校里、社区中的社会交往逐步扩展，是和民主制度下的人民息息相关，这些人虽对政府持批判态度，但对制度的运转方式感到满意。[③]

在 1958 年，班菲尔德强调，人际信任对民主的加强起关键作用。他发现南部意大利社会的信任程度低于北部意大利，这就限制了陌生人之间大规模的合作，而这对经济发展和民主制度的成功都至关重要。阿尔蒙德和韦尔巴[④]也认为人际信任很重要。他们发现，在受访的意大利与西德人民和英美人民中，前者在人际信任度、乐于参与度以及其他有益于民主的态度之良性程度上低于后者。德国和意大利的国内文化相对较弱是因为第二次世界大战前民主在两国内都未能实行。英格莱哈

88

[①] 英格莱哈特 1997；英格莱哈特 1990；英格莱哈特 1997；道尔顿 1996.

[②] 参见阿尔蒙德和韦尔巴 1963；英格莱哈特 1990；1997.

[③] 达尔 1994.

[④] 阿尔蒙德和韦尔巴 1963.

特①以一个广泛的跨国研究背景验证了这些观点，得出如下结论：人际信任确实和经济发展和民主发展紧密相关。他指出，这个因素是一个变量，而非常量：尽管人际信任变化缓慢，但它可以改变，而且确实在改变。在阿尔蒙德和韦尔达 1950 年的研究中，仅有 8％ 的意大利人相信"大多数都值得信任"，该数字低得难以置信，但 1981 年时，人数上涨至 27％，1986 年时为 30％。不过 1990 年时，意大利的人际信任度仍然远远低于英美两国，但是它表现出逐渐的上涨趋势。②

在马里，"非洲晴雨表"调查机构通过问这样一个问题来考量该国的人际信任度："通常，你会认为大多数人都值得信任，还是会认为在与人打交道时要格外小心？"结果显示，马里的人际信任度并不高，87％ 的受访者表示不信任他人。

组织网络

艾利克斯·德·托克维尔重点指出志愿团体网络的重要性，认为美国的民主之所以出现并兴盛是因为美国人民参与到了大量的、多方面的志愿团体之中。这种参与热情促进了合作和信任，两者对民主制度的成功运行必不可少。托克维尔认为，经济发展通过活跃的团体活动，即强有力的民间组织使得民主政权愈加可能。对此，李普塞特③表示认同。

---

① 英格莱哈特 1990.
② 参见英格莱哈特 1997：173.
③ 李普塞特 1959.

（民间组织）是一种对抗力量，可以防止政府或任何单一的私有权力的主要所有者控制所有的社会资源；是新思想的一块发源地；是和民众主体交流思想，尤其是交流对立思想的途径；可以锻炼人们的参政能力；有助于增加人们对政治的兴趣，提高参与度。[①]

普特曼[②]也强调了志愿组织的影响，认为"社会资本"对政治协作和经济合作都至关重要。他认为，社会资本"是指信任、规范和网络等社会组织观念的诸项特征，这些观念能够通过促进协调一致的行为来提高社会资源分配的效率。"社会资本包涵信任和包容的文化，各种各样的志愿团体网络从中产生。这些网络增进联系，促进信息流通，而这些对培养一种兼有信任和合作的文化来说，可以起到很好的支持作用。参与各种团体可以发展人们的协作能力，加强共同承担公共活动的责任感，以及开辟更广泛的参政途径。因此，"一个高度密集的从属团体网络既说明社会合作的有效性，也有助于合作的高效性。"[③] 在社会资本程度较高的国家中，人们应该能够让他们的政府反应更加灵敏，态度更加诚实，民主制度的表现更为良好。

英格莱哈特的研究结果[④]证实了这样一种假说，即志愿团

---

① 李普塞特 1959：84.
② 普特曼 1993：167.
③ 普特曼 1993：90.
④ 英格莱哈特 1997：188～194.

体会员制跟民主稳定密切相关。利用"世界价值观调查"机构的数据，英格莱哈特分析了世界上 35 个主要高收入国家的团体会员制比例。结果显示，阿根廷的会员比率最低，荷兰的比率最高。英格莱哈特发现，高会员比率的国家比低比率的国家民主要稳固得多。

　　而"非洲晴雨表"调查机构为衡量马里志愿团体会员比率提供了有用数据。调查机构会列出一份不同类型志愿团体的清单，会问受访者"在每一个志愿团体内，你可否告知，你是正式领导，是活跃成员，是非活跃成员，甚或不是该团体成员？"这份清单囊括了下列类型的团体：宗教团体（教堂或清真寺），运动或娱乐团体，教育团体，贸易联盟，农民团体，专业或商业团体，社区发展团体，亲民主或人权促进团体，以及环境团体。[①] 结果显示，多于四分之一的马里受访者（26%）并不是任何团体的会员，27% 的受访者是一个团体的会员，18% 的人是两个团体的会员，余下 29% 的受访者至少是三个团体的会员。

　　政治热情

　　李普塞特[②]等人认为，民间团体可以锻炼人们参政的能力，有助于提高人们的政治热情，而两者都于民主有利。因此，政治热情应该和国会等民主制度成正相关。

　　问这样一个问题可以考量政治热情："你对政治和政府有

---

① 因素分析结果不包含女性团体和其他组织两类。

② 李普塞特 1959.

多大兴趣?""非洲晴雨表"的调查显示,超过 65% 的马里人民对政治不感冒,24% 的人有点儿兴趣,只有 11% 的人极为感兴趣。

政治知识储备

基于认知动员理论,政治知识储备应该和民主制度支持率成正相关。政治知识越多的人们可能会觉得马里国会的存在具有的威胁性越小(参见英格莱哈特的研究)。然而,反过来讲,知识储备和民主制度支持度也可能是负相关。政治消息越灵通的马里人士可能越了解虽然国会相对自由,选举相对公平,但国会并不能左右马里国内的决策,而且从属于行政权力。而那些缺少政治知识的人可能不能看见国会的这种民主赤字。而且,政治知识储备丰富的马里人可能对问责制的程度、国家民主制度的灵敏程度等问题更为关注。

简言之,政治知识储备可能使人们更能意识到民主赤字,或者全国议会等民主政治制度的成本与收益。另一方面,政治知识储备也可能使人们对新型民主制度更为支持。根据这种理论,尽管马里人民的知识储备普遍不足,但知识多者会比较满意于国会等民主制度的运行方式。

本章聚焦于马里人民的实际政治知识储备。两个问题考察人们对财务部长和国会主席这两个国家公众人物的了解程度。三个问题是关于次国家级政治领导人的,分别是认出受访者所在地区的委员会市长,说出最小地方行政区划二把手的名字,说出州长的名字。这五个因素组成了一个相当可信的指标($\alpha = 0.60$)。因此,一个政治知识准备指标在五个问题的基础

91

上构建的起来，数值为 0（没有知识）到 5（很多知识）。结果显示，近三分之一的马里人毫无政治知识，即他们未能给出任何一个问题的答案（他们可能回答的是"不知道"，也可能给出了错误答案）。三分之一的人回答上来一个问题，三分之一的人回答对了不止一个问题。

民主支持度

对民主的普遍支持可能也是解释国会支持度的一个重要因素。尽管立法机关的支持度和民主政权的支持度是相互作用的，但米什勒和萝丝[①]发现，对立法机关的支持更多的是对民主政权支持的结果，而非原因。为何会如此呢？米什勒和萝丝认为，对政权的支持是整体性的。公众认为政府并不是各种制度部分的组装，可以一些是好的，另外一些是不好的，而是一个无差异的整体。尽管对国会等具体制度的评估可能会对评估政权有些许影响，但对政权的认识却对民众评估具体的制度有深远的影响。"至少对于新型民主国家来说，立法机关的真正价值并非是其所作所为，而是其本质属性。通过为民众提供参与选举的机会，立法机关是民主的重要象征。"[②] 因此，可以料想到，对民主制度普遍支持的马里人很可能会支持国会等具体的民主制度。

"民主支持度"这个变量可以通过"非洲晴雨表"调查机构设计的马里调查问卷中的问题 34 来得以考察："这三个陈

---

① 米什勒和萝丝 1993.

② 米什勒和萝丝 1993：2.

述中的哪一个陈述更接近你的观点？"选项是"民主对任何政
府形态都适宜"（得分为 3），"非民主国家略胜一筹"（得分
为 1），"无所谓"（得分为 2）。

此外，该调查还用问题 22 来衡量"民主支持度"："在你 92
看来，今天的马里有多民主？"分数和对应的选项是：0 = 非
民主国家、1 = 尽管存在重大问题、但仍是民主国家、2 = 问题
不多、仍是民主国家、3 = 完全民主的国家。

分析

基于上述讨论，可以形成如下 13 种假说：

A. 民众实际的社会—经济状况的影响

1. 在马里，高教育程度于立法机关的支持度有积极影响。

2. 在马里，贫困程度越严重，对立法机关的支持度越低。

B. 自我为中心的经济评估模式的影响

3. 在马里，对自身生活条件的高满意度于立法机关的支
持度有积极影响。

4. 在马里，对自身生活条件的预期高满意度于立法机关
的支持度有积极影响。

5. 在马里，对自身生活条件的满意度高于一年前对立法
机关的支持度有积极影响。

C. 对经济进行社会取向的评估的影响

6. 在马里，对整体情况的满意度越高，对立法机关的支
持度就越高。

7. 在马里，对经济现状的满意度越高，对立法机关的支
持度就越高。

D. 人际信任的影响

8. 在马里，人际信任度越高，对立法机关的支持度就越高。

E. 团体会员制的影响

9. 在马里，志愿团体高会员率于立法机关的支持度有积极影响。

F. 政治热情的影响

10. 在马里，政治热情越高涨，对立法机关的支持度越高。

G. 政治知识储备

11. 在马里，政治知识储备越丰富，对立法机关的支持度越高。

H. 民主支持度

12. 在马里，对民主的普遍支持于立法机关的支持度有积极影响。

13. 在马里，认为马里完全是民主国家的人们比认为马里是非民主国家的人们更容易支持立法机关。

为了证实以上假说，采用了回归分析法，结果如表 5.3 所示。通过计算贝塔点，可以考察出影响的强弱度。贝塔点将关系的强弱度做了标准化的指示，并且指出是正相关还是负相关。而且，间接影响和直接影响的强弱度也可以衡量。表 5.3 的最后一栏显示，自变量的影响是否重要。下文将对马里立法机关支持度的重要影响因子加以描述。

表 5.3　马里立法机关支持度的影响因子

	非标准化系数		标准化系数	
	B	标准方差	贝塔点	显著水平
（常量）	1.07	0.23		0.00
1. 受教育程度	0.02	0.02	0.03	0.41
2. 贫苦程度：无现金收入	−0.09	0.03	−0.08	0.003
3. 自身生活条件满意度	0.03	0.04	0.02	0.44
4. 自身生活条件的预期满意度	0.13	0.03	0.14	0.00
5. 自身生活条件与一年前相比的满意度	0.03	0.03	0.03	0.28
6. 马里经济满意度	0.01	0.04	0.01	0.78
7. 马里整体状况的满意度	0.01	0.04	0.01	0.76
8. 人际信任度	0.32	0.09	0.10	0.00
9. 团体会员率	0.004	0.02	0.01	0.79
10. 政治热情	0.13	0.04	0.09	0.002
11. 政治知识储备	−0.10	0.03	−0.12	0.00
12. 民主支持度	0.09	0.04	0.07	0.02
13. 民主认可度	0.27	0.03	0.23	0.00
14. 年龄	−7.5E−06	0.002	0.00	0.99
15. 性别	0.05	0.06	0.02	0.47
N = 1251				

　　恰如现代化方法论所预期的那样，马里的深度贫困导致对　　94
立法机关的支持率更低。因此，富人比穷人更支持立法机关。
不仅人们的实际社会—经济状况影响其对民主制度的支持，他
们对经济的评估和认识也是重要的影响因素。在马里，对自身

生活条件的预期高满意度于立法机关的支持度有积极影响。

分析证实了普特曼的社会资本论题。人际信任度越高，对立法机关的支持度越高。民间组织可以锻炼人们的参政能力，有助于增加人们对政治的兴趣，因而对民主大有裨益。因此，政治热情和对国会等民主制度的支持之间成正相关。实证分析为这样一个理论设想提供了支持：在马里，政治热情越高涨，对立法机关的支持度越高（尽管影响强度很弱；参见贝塔系数 0.09）。

认知动员理论关于政治知识储备和对民主制度的支持度之间成正相关的预想并未得以证实。相反，在马里，两者之间呈现显著的负相关。政治消息灵通的马里人士可能了解国会并不能左右马里国内的决策，而且从属于行政权力。而那些缺少政治知识的人可能看不见国会的民主赤字。而且，政治知识储备丰富的马里人可能对问责制的程度、国家民主制度的灵敏程度等问题更为关注。简言之，政治知识储备可能使人们更能意识到民主赤字，或者全国议会等民主政治制度的成本与收益。

尽管对民主的普遍支持度于立法机关的支持度有积极作用，但第 13 项变量（民主认可度）对马里国会支持度的影响最强烈。认为马里完全是民主国家的人们比认为马里是非民主国家的人们更容易支持立法机关。

95 结　论

我们学到了什么？结果显示，马里的民主化转变过程极其迅速。短短的几年内，相当自由和公平的选举、新政党、发挥作用的国会（尽管权力较弱）、公开的媒体等民主制度建立起来。正如我们从其他新型民主国家的经历中了解的那样，我们知道这些民主制度很可能成为一种民主的表象，缺乏民众的支持，而恰恰是这份支持对维持新的制度十分必要。在马里，民众支持和民主信念很有可能（还）没有足够的时间变得成熟化。因此，研究马里等新型民主国家中，公众对立法机关的支持程度很重要。

本章中的诸多分析表明，马里民众对立法机关的支持度极为广泛。而且，马里人民支持新制度的条件也千差万别。对立法机关的支持度随贫困程度和人们对经济状况的认知而呈现出不同。穷困人口与富裕人口相比，不太会支持立法机关等民主制度。不仅人们的实际社会—经济状况影响其对民主制度的支持，他们对经济的评估和认识也是重要的影响因素。结果还显示，民间组织可以锻炼人们的参政能力，有助于增加人们对政治的兴趣，因而对民主大有裨益。人际信任度、人们的政治热情、政治知识储备和对民主的普遍支持度对民主制度的支持度都很重要。因此，马里的民众支持是有重大意义的，立法机关合法化的途径是多种多样，数目众多的。

结论就是，马里基本上是一个稳固的民主国家。国内由独裁主义政权到民主政权的过渡很是突兀，应该强调的是，民主制度的建立速度极快。新的制度在民主的土壤中并没有深深扎下根来。例如，为巩固民主政权，有必要加大马里立法机关的权力。另一方面，民众对国会等民主制度的支持度是重要的，显著的。民众对立法机关的支持多种多样，这一事实表明，立法制度在马里新的民主制度下有坚实的基础。

96   对于可以和马里相类比的其他新型民主国家来讲，这是好消息。基于对马里的分析，加纳、塞内加尔等这些同类国家可以期望民众对其新型民主制度支持度很高，这些国家刚刚经历向民主制度转变的巨大变革。而且，支持是多方面的，从而为新型民主制度的巩固提供多样、广阔的基础。

非洲政治研究学者应该对新型民主国家立法机关的实权持批判性眼光。本章清晰地表明，民主制度有效运行和民众支持一样，都对民主稳固至关重要。加强民主制度的实权对这些非洲民主国家的未来来讲仍是一个巨大的挑战。

第二部分

6 赞比亚议会—行政机关关系之演变

乔萨姆·C. 蒙巴

（赞比亚大学政治与行政学，赞比亚卢萨卡）

引　言

国会在民主管理中发挥着最重要的作用，这种重要性应置于为全面实现民主而需要分权的背景之下去看待。对于一个像赞比亚这样的国家来说，考虑到该国脱胎于极权主义、单一政党制，政府各部门的运行力极大受限于执政党和总统的广泛性权力，分权之需更显迫切。

引入一党制之前，宪法规定设置总统。此外，宪法还将立法权赋予国会，宪法规定，该国会由全国议会和总统组成，这表现为总统的权力比全国议会的权力更为广泛。这种布局下的立法机关跟行政机关相比，未能享有总统制下的立法机关那样相对的自主权，也未能享有国会制下的立法主体那样的权力。

在 1991 年和 1995 年的宪法审核委员会之后，引入了一些变革来强化全国议会。在现今的宪法中，全国议会被赋予权

力，可正式批准大量宪法规定部门的任命，国会委员会制也得
以加强，以便加大全国议会的监督作用。然而，尽管有这样那
样的改革，行政机关和全国议会的关系，尤其是总统和全国议
会的关系仍然没有发生改变。

102

考虑到经历政治变革之痛、处于过渡期的国家脱胎于极权
主义、单一政党制，政府各部门的运行力极大受限于执政党和
总统的广泛性权力，这种权力分散尤为必要。这种观点受到约
翰·M. 姆瓦纳卡特韦主持的宪法审查委员会的认同，该委员
会在其报告中评论：

> 大多数请愿者认为，权力集中到任何个人或机构会对
> 民主产生危害。民主管理预先假定的分权理论会得到普遍
> 欢迎。赞比亚人民尤其渴望的是，设立多种机制来确保政
> 治过分热衷者和干涉主义者这些人无权干涉立法机关和司
> 法机关。这说明请愿者明确要求权力完全分开。①

赞比亚在 1964 年独立宪法实行之时，就正式确立了分权
原则。本章旨在考查赞比亚国会在多大程度上于民主政治环境
中，有效地发挥上述作用以及人们期望它发挥的其他作用。为
实现这一目的，我们将考查从 1964 年赞比亚成为主权国家到
经历三个共和国之后的今天全国议会角色的演变，三个共和国
的时间分别为：1964～1973 年为第一共和国，1973～1991 年
为第二共和国，1991 年至今为第三共和国。

---

① 赞比亚共和国政府报告，1995b。

"混合"体系及其对国会角色的
影响：独立宪法

独立宪法规定设立一个行政总统。此外，宪法还将立法权赋予国会，宪法规定，该国会由全国议会和总统组成。[①] 该宪法不仅含有英国威斯敏斯特式国会体系的一些元素，也有总统制的某些因素。该体系规定总统通过直接选举产生[②]，其任期不依赖于其持续享有全国议会支持的能力。

全国议会被赋予了几项正式权力。通过立法是其中之一。任何一项立法要想成为全国议会通过的正式法律，都需得到总统同意。倘若总统未批准某一法案，全国议会有权在 6 个月之内将该项法案重新提请总统审议，前提是该法案得到三分之二的国会议员认可。一旦法案被重新提交，总统要么在 21 天内同意该法案，要么解散国会，而如果采取后一种方式，总统也就自行结束了任期。

如果当选总统在选举投票结束之后、新总统宣誓就职仪式

---

① 关于正式被赋予的权力和职能，详见赞比亚共和国政府报告 1972。尽管国会的法律定义是指国会和总统，但实际上多数文献都将全国议会指称为国会，这是共识。在赞比亚，官方将全国议会的成员指称为国会议员，这正说明了上述一点。因此，本章中提到的国会指全国议会。两个词语可互换使用。

② 尽管总统由直接选举产生，但选举程序规定：在选举过程中，每位选举人需表明其支持的总统。因此，一位国会议员候选人所获得的全部选票也是总统在每个选区获得的选票。通过这种方式，总统选举就和国会选举结合在一起。

之前去世，全国议会也有权选举总统，因为此时没有副总统来接替当选总统。此外，全国议会在以全体代表的三分之二多数通过的情况下，还有权力修订宪法；而宪法的第三、第七章和第72（2）、72节的修订属于例外，这几项是基本人权法案，1969年前，只有全民公投才能进行修订。[1] 如果总统违宪或存在严重不端行为，全国议会有权罢免总统。

　　尽管这项政治体系具有总统制的特征，但全国议会是严格延循威斯敏斯特式国会制运行。美国总统制下国会议员在立法构成中享有的相对自由是赞比亚立法过程中缺少的。全国议会无权批准总统作出的宪法部门任命。比如，赞比亚全国议会无权批准部长、法官、司法部长任命。另一方面，因为该制度设定一位行政总统，该总统不属于全国议会成员，所以全国议会不享有其他国家国会享受的那种影响力，即所有影响国家的重大声明都是立法机关作出的。而赞比亚的情形是，所有影响国家的重大声明都非国会作出。各种各样的经济改革由联合民族独立党全国委员会或联合民族独立党论坛发布。尽管总统有权决定召集全国议会，向其发表演讲、传递信息，但他从未利用这个可用的机会，借此特权向全国议会发出重要声明。[2]

　　由于很多原因，第一共和国期间，全国议会未能将以上正式功能发挥至极致。在第一、二届国会中，联合民族独立党占 104

----

[1]　这是赞比亚1972版宪法。在1969年的全民公投（修正）法案中，政府要求以一种公民公投结束所有与该款规定相关的所有公民公投。此后，全国议会可以修改该条内任何一款规定。

[2]　关于赞比亚总统制和国会制的这种奇特融合以及该融合是如何提升总统权力的，参见辛比·穆巴克1970；佩特曼1974。

有国会三分之二的多数席位，因此立法过程基本上只是走过场而已。另一方面，执政党内的国会议员很少为全国议会的立法程序提供建议。行政机关严格控制着国会议员。联合民族独立党的国会成员应该在联合民族独立党决策会议中就任何一项提案，提出个人见解。1968年，联合民族独立党党鞭在一次激烈的国会辩论中，表现出了这一点，他告诉国会，"我们面对的这些问题都有各自的解决阶段和讨论阶段。而从我们到这里的那一刻起，我们就要以我方的观点来解决这些差异。"① 这就意味着，联合民族独立党的后座议员在全国议会上不应与部长意见相矛盾。

全国议会还应该对政府的行为与表现进行监督。这就意味着国会成员应该"将行政机关的权力控制在一定范围之内。"这一职能由反对党在一定限度内行使。在立法过程中，联合民族独立党的后座议员基本上无法行使这项职能。正如托尔多夫和莫尔蒂诺总结的那样，在第一共和国的大多数时期，联合民族独立党国会议员"几乎未能"发挥作用。"他们明显倾向于不参会，甚至是不参政。"②

因此，联合民族独立党后座议员不能积极参与全国议会基本上是因为，卡翁达敦促联合民族独立党国会议员要积极参与全国议会，这包括行使"无势力反对党"应该行使的职能。③

---

① 《辩论13期》，2月14日，1968，269.

② 对第一共和国时期国会的更多讨论，可参见托尔多夫和莫尔泰诺1974：235.

③ 例如，可参见卡翁达在《赞比亚时报》上于1969年3月22日发表的评论。

同时，卡翁达所在政党对在全国议会中批评政府的国会议员感到不满。这种不满可以通过这样一个事例看出，一位资历尚浅的部长在国会上攻击政府之后，被迫让出国会席位，辞去部长职务。① 就像前文所说，国会议员应该趁政党国会决策会议之机，提出他们想要对政府的任何批判性意见。由于联合民族独立党所持态度，该党国会议员参会是很不规律的，很多人从未在全国议院中做出经常性贡献。而其中的一个原因就是这些贡献基本上是支持和赞扬政府部长的。

通过党鞭制度和总统拥有的广泛任命权，联合民族独立党的领导人能够确使其成员在全国议会中墨守成规。政党对国会成员的控制又因为 1966 年的宪法修正案得以强化，该修正案的第 65 (4) 条款规定，如果一位国会议员退出政党，他就要退出国会，让出席位，这是因为他是靠政党的选票当选的议员。这项修正案的引入导致两位国会议员的辞职，其中一位去了非洲国民大会党，另一位从执政党去了另一个政党——联合政党。

105

尽管在第一届全国议会中，议会并未发挥重要作用，但它对于整个国家来说却不然。古普塔指出，多场辩论极大地激发了公众的政治热情，由于日报对会议的公开报道，人们有机会

---

① 利文斯顿国会议员热特罗·穆蒂先生在其首次演讲中声称，赞比亚的部长们所得工资是非洲最高的，应该放弃他们的奔驰车。联合民族独立党国会议员们严厉谴责了他，随后，他提出辞职——既让出国会席位，也辞掉部长一职。卡翁达曾劝说他打消辞职的决定。关于此事的更多详情，可参见托尔多夫和莫尔泰诺 1974：240。

了解全国管理高层在做什么。① 更重要的是，因为国会议员在一个论坛可以表达其选民的心声，所以全国议会发挥了代表作用。古普塔在其文章《赞比亚全国议会：非洲立法机关之研究》（写于 1965～1966 年间）中指出，国会议员将所代表选民的问题和疾苦通过提出问题和使用动议的方式提请政府注意。② 然而，尽管有这样一种途径，很多国会议员，尤其是执政党的国会议员，并未最大限度地行使职能。不过占据保留席位的白种国会议员除外，他们在全国议会上表达选民的心声，以及白种人的普遍诉求。

执政党的态度决定了联合民族独立党国会议员在多大程度上能够表达选民的疾苦。首先，尽管总统会偶尔敦促该党国会议员们更加积极地参与全国议会辩论，但是人们指望这些议员们利用其他途径解决选民们的问题，如通过地区州长、其他政党官员、其他地区政府官员，而非在全国议会中提出此类问题。更为重要的是，他们得到授意，代表人们利益的责任基本在于政党，而且他们代表的选区从属于政党。在 1967 年的全体大会上，卡翁达在致代表的发言中，明确表明了这个观点：

> 正如已经指出的那样，我们强调选区从属于政党……联合民族独立党国会议员是整体中的主体，因此不能在选区内实施个人政策。只有独立国会议员能够这样做，因为这是选民们会选择的……我们认为人们有权利通过其政党

106

---

① 古普塔 1965～1966.
② 古普塔 1965～1966.

对政府提出要求。他们很自然地通过各级政党领袖享有该项权利，这就是为什么国会议员听从政党调配的原因。[①]

尽管如此，有些独立党国会议员会在全国议会上，利用总统演讲结束后鼓掌致谢之时等类似场合。

通过探讨独立宪法被解读的方式，被行政机关尤其是卡翁达总统本人利用的途径，可以明显看出，第一共和国时期的行政机关—立法机关之关系极不平衡，偏向于行政机关，尤其是总统。1969 年宪法修正案进一步强化了总统对全国议会的控制，规定总统有权延长紧急状态的时间，而无需全国议会延长。

一党制下的国会作用：联合民族独立党凌驾于国家机构之上

一党宪法融合了独立宪法之中的所有宪法条款，致使总统权力强大，全国议会权力弱小。1972 年，由时任副总统的迈因扎·乔纳主持的宪法审查委员会提出了很多具有弱化总统权力、提升全国议会权力和影响力的建议。乔纳设立了一党宪法。这些试图弱化总统权力，提升其他宪法机构、尤其是全国议会权力的尝试似乎是请愿者们意见的反映。[②]

委员们建议设立首相，该职位由总统任命，需得到全国议

① 联合民族独立党，1967 年穆隆古希会议纪要。
② 赞比亚共和国政府报告 1992：10 ~ 14.

会的同意。他们还建议，内阁部长和初级部长的任命权应该归于首相，他和总统协商处理。政府虽然同意设立首相一职，但反对首相任命需得到全国议会同意，也反对首相有权任命部长。而受驳回的两项提议的重要意义在于，它们能极大地加强首相对全国议会、内阁部长、初级部长负责，因为这些职位由首相任命。

委员会也建议，尽管总统对法案有否决权，而一旦这项被否决的法案重新提请全国议会考虑，并得到三分之二多数人同意，那么总统就不得不同意该项法案。政府驳回了这项提议，并且不同意所有已得到全国议会通过的法案需要总统在 21 天内认可。

委员会提出的会使行政机关和立法机关之间权力出现一些再分配的诸项提议均遭政府驳回，这说明，实际上，权力还会继续集中在总统手中，全国议会的权力还是弱小。1973 年，这被宪法规定下来，是一党制的显著特征之一。由于政党机构凌驾于第二共和国设立的国家机构之上这一原则，全国议会的权力和影响力遭到削弱。

政党具有优势这一原则使得政党中心委员会强于内阁。尽管共和国宪法赋予全国议会至高无上的立法权，但全国议员被迫从属于政党全国委员会，而所有地方政党官员、地方以上政党官员及所有国会议员都是政党全国委员会委员。

全国委员会的权力大于全国议会的权力本质上说明，全国议会有责任执行全国委员会的决议。这就给国会议员造成了严重的困扰，因为共和国宪法将立法权赋予了全国议会。全国议会才是赞比亚国土上至高无上的立法主体，然而根据政党宪法，它却应该对全国委员会负责。从政党领导的角度来看，全国议会应该通过全国委员会的决定，使之成为法律，借此形式确定下来。

理论上来讲，第二共和国时期的国会议员可以在全国议会中畅所欲言，自由表决，政府已经同意乔纳委员会的建议，即一党制下，"国会议员在全国议会上就任何议题畅所欲言，自主表决。"① 然而，实际并非如此。国会议员不应批判行政机关或政府政策，因为这些被视为政党政策。卡翁达曾明确指出全国议会的预设角色，当时他斥责在全国议会上持独立立场的国会议员。他将批判政党政策的国会议员说成是破坏分子。卡翁达解释全国议会未经适当考虑便机械赞同的角色，通过以下规定勾勒出国会议员应有的角色：

> 作为政党党员，国会议员应时时刻刻遵守党的规定。他们也应该在议院中捍卫政党政策，而非加以攻击。全国委员会制定的政策、作出的决议表达的是人民意愿……是大多数人的愿望，因此应受到尊重。倘若委员会的任何一位委员对委员会讨论的任一主题持反对意见，他可以……给出自己的理由。但全国委员会一旦就该议题做出决议，我们每一个人都有义务尊重这项决策，捍卫它或执行它……我们必须接受多数人的观点……即便我们并不同意。如果我们还是不同意……我们应该让出自己的席位，辞去职位……倘若全国委员会决定必须采取某项措施，那

① 赞比亚共和国政府报告 1992：8~9.

么这项措施必须予以实施……倘若为实现全国委员会的某
项政策决议，需要采取法律行动，那么全国议会作为政党
的左膀右臂，毫无疑问必须照此行事。①

此时，尤其是第一共和国时期，国会议员更多的是行政机
关和政党的代理人，因为政党领导人认为国会议员本质上旨在
向人们阐释政府政策。

政党领导人试图控制全国议会及其作为立法机关所具有的
宪法权力，此种企图深受国会议员和公众诟病。国会议员自认
为是人民的真实代表，因为人们普遍认为国会议员是唯一经民
主选举产生的代表。因此，在某些场合下，个别国会议员在国
会辩论中会忽略政党路线。然而，在某些场合下，中央委员会
利用其否决权阻止那些老找麻烦的国会议员赢得随后的选举。
曾经有一位前财政部长于 1973 ~ 1978 年任利文斯顿县国会议
员，他是一位批判性的国会议员。中央委员会曾禁止他在
1978 年连任。

就国会选举程序而言，1973 年宪法规定选举国会议员的
两个阶段方法。第一阶段为初选，此时，地区、区和地方级别
的政党领导人组成选举人团，在所有竞争者中提名三位称职的
候选人，进入第二轮即最后一轮选举。第二轮为国会选举，国
内所有合法选民都参加。根据 1973 年宪法，政党的每一名正
式党员都有资格参与国会选举，唯有中央委员会否决的情况除
外。1978 年，宪法被修正，它规定只有在提名前至少有五年

①　赞比亚共和国政府报告 1975：23.

党龄的人才有资格参加国会选举。随后，初选被废除，1978年是最后实行初选的一年。因此，该体系较多党制的一个显著优势就是，国会选举竞选比第一或第三共和国时期都更为开放。①

结果此时，大量的人们参与选举，这比以往任何时候都多。而且，更多的人在此时走向政治舞台。国会选举竞争激烈。尽管候选人受制于政党官员组织的正式竞选会议，但是实际上的选举在官方竞选会议之外进行着，会讨论每位候选人合适与否等与选民有关的议题；此种活动耗费大量金钱。否决程序结束后，政党对国会议员人选的控制严格受限。因此，很多党员输给了新人。实际上，很多政治观察家注意到一党选举制在这方面所起到的作用。例如，伯恩维尔·齐库鲁就做出了如此评论："一党选举制对政治录用的性质有何影响？首先，初选的引入增大了更广范围代表制的可能性，这是因为选举人资格对所有联合民族独立党党员开放。"②

1978年后，选举过程中去除了初选，使得齐库鲁提到的可能性加大。人们敢说，一党制时期的国会选举无论以哪种标准来看都足够民主。

在这一时期，不同利益集团也会利用全国议会表达自己的

---

① 政党呈现给党内官方候选人的原则会在选举中制约选举人数，约束地方人民在选择地方国会议员时所发挥的作用。在罗伯特·穆肖塔的政党研究中发现，1996年国会选举中的很多政党将国会候选人强插进地方政党结构中。参见穆肖塔1997.

② 齐库鲁1970：107.

利益要求。① 商业团体尤其会利用该机会攻击政府的"社会主义"政策，特别是试图影响政府对罗得西亚地区和南部非洲的政策。第一共和国前财政部长亚瑟·维纳似乎于1978年时曾任如此一个商业团体的领袖，他对政党政策做过如下批判：

110

> 尊敬的工业部长阁下宣布，赞比亚欢迎外来投资，此乃正确决策，需得以贯彻……我担心国内某些其他领域的人士作出的相反言论会破坏这一努力……经常从报纸上读到，某些国家领导人在对某些访问的要人致辞时，占用四分之三的时间恭喜这些要人所在国家的制度所取得的成就。②

雪莉·耶策尔和凯伦·埃里克森曾以实例记录国会议员批判政府"社会主义"政策及其对罗得西亚和南部非洲的总政策。③

多半由于商人利用全国议会表达其所在阶层的要求，很多商人想要赢得全国议会选举。实际上，此时成功参加国会选举的最主要人群是商人。卡洛琳·贝里斯和莫里斯·塞弗特尔在其对赞比亚资本主义崛起的分析中表明，20世纪70年代有这样一种趋势，商业部门试图积极参政。他们发现，1973年国会选举中大约44%的当选者带有某种商业目的，1978年时该

---

① 参见蒙巴1993：201~203.

② 《辩论》。

③ 参见耶策尔1984；埃里克森1978.

数字超过 30%。① 齐库鲁则认为 1978 年国会选举中带有商业目的的当选人数比例为 41%。②

1990～1995 年间，加强全国议会立法
功能和监督功能的改革尝试

多党民主运动在执政以前，曾郑重承诺国会对行政机关进行掌控。在提交给姆温伽委员会的建议中，该党派提了一些很重要的建议，意在对行政机关加强法律监管，减少赋予总统的权力。其中一条提议是，总统应该由全国议会选举，对议院负责。该党派还建议全国议会应该有权彻查政府官员的行为。③

由于多党民主运动在对抗一党制度时所持态度，尤其是它对 1991 年宪法的极端不满态度，人们在该党赢得 1991 年选举后，对其寄予厚望，认为宪法将被加以重大修订，以改变之前大多数的"独裁"条款。赞比亚法律协会是呼吁对宪法尽快评述的团体之一，它认为"现行宪法含有瑕疵，因为它是在受胁迫下草拟的"④，而谴责政府"不积极修订宪法"的民主进程论坛认为现行宪法是"民主走向成熟的障碍"。⑤ 赞比亚人的普遍期待可以通过赞比亚大学一位讲师写给《每周邮报》

111

---

① 贝里斯和塞弗特尔 1982：201～202.

② 齐库鲁 1970：108.

③ 关于多党民主运动提案的总结，参见 1994：107～109。也可参见《全国镜报》，1991 年 2 月 11 日。

④ 《赞比亚时报》，1992 年 3 月 1 日。

⑤ 《赞比亚时报》，1993 年 7 月 9 日。

的文章得到最好体现：

> 执政前，多党民主运动表达出它意欲以一个更为民主的宪法替换掉现行的民主党人宪法。这是因为多党民主运动认为更为民主的宪法是一种方便的表达，中和了联合民族独立党对行政机关（总统）权力强大和自己旨在防止第二共和国时期经历的极权主义复辟提议两种观点。①

然而，多党民主运动执政之后，却不愿意对宪法做出任何重大改变。尽管它们在"抗议"1990 年宪法下同意参加 1991 年选举，但它们行动迟缓，不愿做出重大的宪法变革。实际上，多党民主运动的领导人在一年内就开始为保留总统强大权力而游说。在相当一段时期的犹疑之后，政府最终在 1993 年成立了宪法述评委员会②，在其对委员会提议中，该执政党呼吁建立强有力的行政机关，认为：

> 从现在开始，我们有幸在三年内管理政府。我们认为现行宪法的很多条款已经证实是令人满意的……我们希望重申我们的观点：政府最好的制度是总统民主制。③

1972 年和 1991 年的情况是，请愿者们普遍认为宪法赋予

---

① 纳塔拉萨 1992.
② 《赞比亚时报》，1992 年 11 月 16 日。
③ 《邮报》，1994 年 10 月 7 日。

总统过多职权。很多重大建议很可能可以强化全国议会，委员会都深受该事实的影响。请愿者包括全国性的政党，它是当时国会中第三大政党，它建议，全国议会选举总统，以便总统的权力限定在行政范围内；"只有该团体选举当任总统，总统对全国议会负责，深度的三权分立才有可能。"①

正是在整个国内弥漫着请愿者这样那样的提议，1993 年宪法评述委员会向政府就改组国家不同部门方面提出了很多重大建议。值得注意的是，在撰写报告时，委员们称，他们的指导原则是：政治体系中，保证有效的三权分立；促进政府各部门的相对自主，并保持其各自独立性。②

因此，为应"三权分立"之需，委员们在其强化全国议会的尝试中，有一些建议。首先，他们提议，依据宪法设立的全国议会委员会应该"使全国议会恢复生机，使其成为审查和监督行政机关的主要机构"。③ 其次，委员会建议，全国议会应该有权通过对个别部长的不信任票，而且当如此的不信任票通过时，总统应该罢免受影响的部长。④ 委员会还建议，应该废除总统任命另外 8 名国会议员的条款，因为"受到提名的成员会对行政部门施压，以影响立法机关的构成，会难以在新的特权下公正行事"。⑤ 政府驳回了以上所有提议。尽管意见相左，多党民主运动曾在 1991 年反对受到提名的成员之条

112

---

① 《邮报》，1994 年 11 月 8 日。

② 赞比亚共和国政府报告 1995a：115.

③ 赞比亚共和国政府报告 1995a：141.

④ 赞比亚共和国政府报告 1995a：117 ~ 118.

⑤ 赞比亚共和国政府报告 1995a：131.

款；而当该政党执政后，它驳回了委员会废除这项条款的提议。①

委员们还想增加宪法办公室的数量，它们将对全国议会负责，并对旨在加强这种问责制的诸多措施作出解释。其中一项即是创建国会特派员职位，替换掉现行的总检察官。委员们建议，该官员应该在全国议会与司法服务委员会协商之后，由其任命并受其管理，原因在于：

> 如最初设想的，总检察官扮演着特派员的角色，主要职责是保护公民免受不当管理，请愿者认为不能指望任何由行政机关任命并对其负责的官员能够有效地审查和控制行政机关。而因为总检察官背离了权权相平衡的理念，因此是自相矛盾的。②

政府拒绝此项建议。

第三共和国时期国会和行政机关之间的关系

1991 年和 1995 年的努力使得宪法朝着强化全国议会地位的方向做出了一些改变，尽管行政机关和立法机关之间的关系没有发生重大变革，关于后一点，我们很快会谈到。相较于第三共和国之前的局面，现行宪法赋予全国议会以权力，可以批

---

① 赞比亚共和国政府报告 1995a：69.
② 赞比亚共和国政府报告 1995a：194~195.

准总统对审判长、司法部长、主席和选举委员会委员等宪法成员的任命。尽管只要执政党要求全国议会需得到全体人数的大多数同意，这些权力就基本是一种形式，仍然会有因为全国议会的某种抵抗，一些任命被延迟的情况。而任命同一人兼任司法部长和副司法部长就是这样一个例子。

第三共和国实现的另一项改革是基于条款 51："宪法规定，内阁应该集体对全国议会负责。"1991 年之前，该条款被理解为与英国国会传统相类似，而之后，就以宪法形式被规定下来。

现行宪法中还引入了其他条款。据宪法条款 88（6）（b），全国议会可以自行解散。通过此举，它们也能终止总统任期。该条款的意义更多是一种象征性的，而非实际的，因为至少解散全国议会的条款不是总统的专属特权。然而，全国议会采取如此举措的可能性十分之渺茫。

相较于第一共和国时期的全国议会而言，第三共和国时期的全国议会更为活跃，更为成功地在一些场合运用某些宪法权力。政府也会在有些情况下，因为国会议员的反对，被迫在二次解读中或之前撤回法案。如此情况的法案有：1994 年的土地法，① 它不得不在删除一些条款之后重新提交②；1995 年宪法官员（薪资）法案，它力求通过法律文件赋予总统将宪法

---

① 《赞比亚时报》，1994 年 11 月 18 日。
② 例如，规定土地使用权自由保有的条款就被废除了。参见《赞比亚时报》，1995 年 6 月 16 日。

官员工资具体化的权力①；以及 1999 年的国家安全（修正）法案。②

2001 年，在对多党民主运动反斥过程中，22 名国会议员被从党内除名，议员们做了一次极为严肃的尝试，想要控诉总统奇卢巴。大约有 65 名国会议员向全国议会发言人请求召开全国议会，据宪法条款 37 控诉总统。③ 然而，尽管有超过规定的三分之一的国会议员发出申请，请求发言人召集全国议会，该发言人并未如此行事。④

在审查行政机关行为和表现方面的监督职能上，全国议会发挥着相对积极的作用，尤其是在过去的五年内。这主要归因于两个方面。首先，执政党内部斗争的结果；奇卢巴最初意欲改变宪法，使得他能够寻求三连任，以及制造现任总统和继任之间的矛盾。2001 年后，反对党国会议员的人数增多，素质相对很高，这是另外一些因素。

通过创建围绕部门的委员会，有些改革意欲加强全国议会的监督职能。引入这些委员会的目的在于，加强全国议会常设委员会、公共账目委员会、授权立法委员会、政府担保委员会

----

① 《赞比亚时报》，1995 年 3 月 18 日。对该法案的主要反对意见是，惧怕该条款会削弱法官的自治权。

② 《辩论 113》，8 月 24 ~ 31 日，1999：栏 424.

③ 《赞比亚时报》，1996 年 9 月 9 日。

④ 根据宪法条款 37（b），"如果全国议会发言人收到不少于三分之一全国议会成员签署的动议通知书，其声称总统有违宪行为或严重不端行为，详述主张中的一条一款，并提议在该条下建立法庭审理这些控诉，发言人应听从；……如果并未召开国会会议（且不能延期），需在通知书到达的 21 天内召开全国议会，以使动议在会议期间得以审议。"

以及预算委员会。围绕部门创建的委员会囊括政府所有部委，即农业和土地部，经济事务和劳工部，交通和供应部，能源、环境和旅游部，健康、社区发展和社会保障部，信息和广播服务部，全国安全和外交部，教育、科学和技术部，地方政府、住房和领导事务部，法律、管理、人权和性别部，运动、青年和儿童部。这些委员会一直相对比较活跃。它们的职能是：就行政命令、管理和运行，进行研究、作报告、提供合理化建议；对政府组织的某些活动做细致的审查；如果有必要的话，应评述某些政策和/或某些现行立法之需，提供建议。①

委员会使公众意识到其报告中提出的问题，以及它们呈给全国议会的问题。

尽管现行宪法中，这些机构明显区别于第一共和国时期立法机关相对停步不前的状态，但对行政机关之间，尤其对自1964年就存在的总统职位而言，不平衡的权力分配仍然没有质的改变。总统自1964年以来一直享有特权，尽管之前三个宪法评估委员会评估宪法时，出现了对如此特权的普遍反感，但总统的权力在本质上并没有改变。在任内阁部长、当时反对党国会议员的路德维格·松达希博士曾呈给位于卢萨卡的世界和平教授学会一份报告，其中详细列举了总统之于全国议会，享有的权力限度。他将这些权力总结如下：

115

就国会事务而言，总统的权力表现在否决法案以及同意法案成为正式立法上，他在立法机关面前决定日期、场

---

① 参见伯内尔 2003：50.

所、项目和即将实行的法案。他在遵守立法机关通过的某些法案中赋予的某些权力时，有权任免选举委员会、常设人权委员会和反腐败委员会委员……在管理公共费用和公共财产方面，总统享有重大权力。①

尽管执政党党员有时会批判该党的某些立法条目，但是在绝大多数情况下，他们对政府的立法事宜给予支持。实际上，几乎所有被驳回的法案都得以被重新推出，包括颇具争议性的土地法案，它成功在下一年被重新提交。无论如何，国会议员制造的更为严峻的挑战只可能发生在特殊情况下，如已引用的试图弹劾总统的案例，这曾在奇卢巴寻求第三次连任时出现的危机中发生过；或是现任总统和其继任之间存在差异时，此种情况已指出。

在第一、第二共和国时期，执政党对待在全国议会中持独立立场的国会议员态度可不友好。执政党和来自该党的总统能够使用驱逐出议会来威胁一贯藐视政党的国会议员，使其转而服从党的领导，实际上他们一直以来也是这样做的。在这一点上，行政机关的地位通过宪法条款 65（4）得以巩固，其规定国会议员的驱逐可以是主动离开，可以是由选举该议员的政党实施。② 此外，通过政党的地方决策委员会，政党甚至可以使愤愤不平的国会议员支持政府。面对人们对 1998 年财政预算某些方面的批判，时任财政部长的反应就是这种威胁的例证，

---

① 松达希 1998：1~2.
② 赞比亚共和国政府报告 1995：130~131.

表明领导人对执政党后座议员的行为存有何种期待。这位已故的部长在责备这些国会议员时说："我们不能让多党民主运动内部分裂。这份文件你们也曾参与，也是你们的文件。如果你们对这份预算不满意，那就退党吧。"①

在 1999 年，那些立场不得政党领导人欢心的多党民主运动国会议员被要求辞职。卢阿普拉省奇皮里区的国会议员就曾遭遇如此对待，1999 年该议员因将奇卢巴于同年在全国议会的开幕仪式讲话评价为"空洞"无物而受到攻击。继而，因为要将该议员逐出政党的提议，他被暂时停职。② 逐出行为并未实施。

尽管国会议员在监督政府方面发挥着相对积极的作用，但全国议员的作用却相对薄弱。2001 年选举之前，这种薄弱显现在如下几方面。国会对行政机关行为的审查并未达到应有的严格程度。全国议会对审计总长的报告和其他国会的报告干预甚少，而这些报告对政府至关重要。此外，全国议会的软弱还通过它无力以果断方式应对国家面临的一系列危机表现出来。在立法机关权力强大的国家，1999 年对某些行政机关人员走私军火的指控本应该要求并获得满意回答，这种行为威胁了国家安全。同样，立法机关强大的国家不会允许多党民主运动许可"贿赂基金"等打破行政常规的行为。

内阁对全国议会负责是旨在加强全国议会监督作用的改革之一。虽然宪法规定"内阁有责任就政府政策向总统提出建

---

① 《赞比亚时报》，1998 年 2 月 12 日。

② 《赞比亚时报》，1999 年 2 月 12 日。

议"，但鉴于事实上，总统在宪法上并不受限于部长们的建议，应该按"其深思熟虑的判断"行事①，这项改革便失去了其效用。既然总统对全国议会就政策问题不负有解释责任，那么部长们可能就不会将其集体视为对全国议会负有责任。因此，这就弱化了立法机关使内阁对全国议会就政府政策方面负起责任的职能。

结　论

综合上述讨论，很明显，赞比亚全国议会就其角色而言，经历了几次重大危机。这样一种现象似乎涌现出来：尽管行政机关的人们似乎有点儿意识到立法的重要性，但他们一旦掌权，就会试图控制立法机关。在三届共和国中，此种企图都曾显现，只是程度不同。实际上，就第三共和国时期出现的辩论之性质而言，此时的国会议员们比第一、第二共和国时期的同仁们在审查行政机关行为和表现、代表其所在社会选区和地域选区方面，都扮演着关键角色。尽管制度布局使得全国议会只是政党全国委员会的一个"人云亦云"的机构，但情况还是如此。此时的国会议员比以往任何时候提出的问题都多。②

然而总体上说来，赞比亚的实例表明，相比全国议会等其他政府机关和办公室而言，总统的权力是巨大的。用宪法术语来讲，赞比亚于1964年采用的这一混合体系在很大程度上将

① 关于这种矛盾的讨论，参见伯内尔 2003。
② 关于这种矛盾的讨论，参见伯内尔 2003。

总统权力和全国议会权力区别开来，该体系至今仍受到偏爱。本质上，这一混合体系图谋赋予总统在总统制下的所有权力，而不实行"纯粹的"总统制下相关联的立法机关相对独立。同样，赞比亚采用了威斯敏斯特式国会传统中国会制下的强大党鞭，但未赋予立法机关以废除政府的权力。

尽管全国议会曾成功迫使政府撤销某些法案，并通过弹劾尝试严重威胁过总统，上述报告还是说明了这样一点：在合适的条件下，全国议会也可以有效行使其宪法职能。反对党不断增长的国会议员人数可能暗示了这一点。而且，全国议会中通过纸质传媒和电子传媒传播的辩论有助于将影响国家发展的很多关键性的管理议题高亮化、突出化；而如若没有这些辩论，这些议题可能不为人知，不被公开探讨。

7 加纳国会实践的纵向研究

（加纳）夸梅·博夫—亚瑟

（加纳阿克拉大学政治科学系）

引 言

　　本章讨论加纳国会实践的发展及因目前加纳民主统治中显现的桎梏而可能产生的阻碍。自加纳签订 1844 年契约将芳蒂联邦变成英国的保护国以来，至今已有 150 余年。这一雄心勃勃的计划绝不能声称可以对这 150 余年间累积的事件提供一份详尽的研究。我只是浅尝辄止，阐述从遥远过去殖民的时代到现代，为控制加纳立法机关而进行的斗争。

　　本章分为五个主要部分。第一部分处理有关殖民时期，精英们为在立法过程及国家行政管理中寻求话语权而做的斗争。第二部分是关于从 1957 年 3 月至 1966 年 2 月 24 日恩克鲁玛博士倒台后独立不久的时期。第三部分是关于短命的第二和第三共和国，分别位于 1969 年至 1972 年间和 1979 年至 1981 年间。

第四部分，涵盖了 20 世纪 90 年代后，全国民主大会党和新爱国党分别统治下的政府。在本节中，更强调的是第四共和党国会、国会委员会的结构和组成，以及他们在立法机关和行政机关之间的权力以及关系。

在适当的情况下，尽管不会十分详尽，我尝试比较和对比 1992 年"宪法"与 1969 年和 1979 年的宪法。分析的重点是立法和行政之间的不稳定关系，使用历史事件和案例研究来说明国会的理论和实践之间的差异。最后一部分，这也是结论，提供了一些对未来的国会实践和加纳的民主未来的预后。

从 1844 年的契约到 1948 年的暴乱：殖民地的立法—行政优先性

在 1844 年的契约的庇护下，位于加纳沿海地带的芳蒂王国牢牢地处于英国的统治和控制。然而，包括阿散蒂王国在内的英国统治下的有效管理始于 1874 年，是年英国在加内特战争击败阿散蒂王国。它标志着英国在黄金海岸（加纳旧称，编者注）权威的巩固。在第一个实例中，1874 年沿海地带成为了英国直辖殖民地。1901 年，英宣布阿散蒂为征服领土，同时其北方领土是成为受英国保护的王国。[①] 但是，通过教育和商业，一个渴望在国家管理中有发言权的精英小圈子出现了。律师、医生、商人、政府职员及其他从自英国引入的教育系统中得益的人认为他们需要在国家管理中拥有发言权。

① 阿普特 1955：119.

　　海岸带既有立法会也有行政会议，这二者分别是殖民地地区的主要法律制定和决策制定机构。就其并非为一个民选机构、成员均由政府挑选和委任而言，该机构并不具有代表性。主导立法会是官方殖民官员以及非官方的、私人的商业利益。而依靠少数非洲人，通常是依靠那些传统的统治者们，已经证明可以有效地帮助他们对人民施加淫威。① 这是因为人们崇敬他们的传统统治者，并且即便是面对殖民统治者为保证对人民的绝对征服而施加迫害，并将人们的这种尊重作为间接控制的工具，人们也将同样的尊重给予了殖民统治者。然而，在现实中，1850 年和 1957 年之间，英国在黄金海岸行使了立法权。② 但是，直到 1946 年，阿散蒂联邦才被划归立法理事会管辖。③ 1844 年的契约清楚地阐述了沿海王国和英国共存的关系。契约的 A 条款声明：

　　　　鉴于在黄金海岸附近的要塞和定居点附近多样化的王国和地方代表伟大的英国和爱尔兰女王陛下行使权力和司法管辖，我们，也称为各王国和地方的首长，特此承认在各地的权力和管辖权，并宣布该法律的第一目标是对个人和财产的保护。④

122

---

① 奥塞 1999：23.

② 阿耶苏和达卡 1999：xi.

③ 阿普特 1995：119.

④ 转引自阿耶苏和达卡 1999：3.

有趣的是，只有八位族长签署了契约，而他们都是居住在今天的加纳中部地区。1850 至 1865 年间，黄金海岸有其自己的立法会或国会，由总督及不少于两个的由皇室委派的其他人士。立法会就是为了制定"为维护黄金海岸地带目前及未来要塞和定居点的和平、秩序及良好统治所不时需要的所有这样的法律，制度和条例。"①

传统酋长的角色被英国殖民统治者赋予了新的生命。因为他们被间接地作为管理者使用并向总督或地区长官负责，间接统治的引入导致殖民地的政治权利转移给了英国。正如大卫·阿普特所指出的，"超过英国忍耐的传统权利是不存在的。"②

18 世纪早期，一个临时委员会成立了。酋长和新成立的临时委员会成为了英国管理各省的先锋。中央政府由总督代表，并获得由酋长和民选代表共同代表的立法会的支持。在很大程度上，除了总督和地方长官，酋长成为了殖民地政治权力的核心。

然而，必须强调的是，早在 1850 年，在英国统治下的黄金海岸地区曾有过行政和立法两委。其障碍是成员是任命的而非选举出来的。第一个立法会的非洲籍成员，是在 1889 年被任命的，而到了 1916 年立法会便由 11 名官员和 10 名非官方成员组成。在 1925 年，它已扩大至包括民选议员。行政会议

---

① 转引自阿耶苏和达卡 1999：5~6.
② 阿普特 1995：133.

也增加至包括 8 名成员，但成员从来没有包括任何非洲人。①
然而，目前由 30 名成员组成的立法会，其中就有 9 个非洲人，
他们均是通过联合省委会选举产生的。同时，作为原住民权利
保护会和英属西非国民大会成员的民族主义律师组织活动反
英，其实英属西非国民大会的凯斯莱·海弗德辩解说，"任何
坐在立法会上的人实际上就是一个叛国者。"②

123

在第二次世界大战后的立法变革

然而，第二次世界大战后黄金海岸发生了社会、政治的快
速变革，给立法带来了巨大影响。原因并不难确定。黄金海岸
被视为模范殖民地，因此 1948 年的骚乱震惊了英国统治者们
的敏感神经。第二个原因是 1951 年，代议制政治首次被证明
是成功的，同时，阿散蒂民族的民族主义高潮也最终消退，这
个高潮曾引起了建立联邦国家的骚动。因此，到 1942 年州长
艾伦·伯恩斯到来之时，"大规模采用代议制政府。"③ 的条件
已成熟。1946 年，伯恩斯宪法开始实施，选出来 18 位代表。
然而，1948 年由于一些想向总督提出请愿书的士兵被射杀而
引起的暴乱，是导致"宪法"夭折的最有可能的原因。因为
负责调查暴乱原因的沃森委员会建议政府要全面负责黄金海岸

---

① 这些人是省长、辅政司、阿散蒂的总地方官、北方领土的总地方官、总
检察长、财政司司长、医疗服务的总管以及本地事务司长。还有组成内
阁的全部是外国人。

② 阿普特 1995：133.

③ 普莱斯 1975：50.

负的管理。沃森委员会建议创立一个拥有立法职能和国会地位的黄金海岸代表议会。1949 年成立了科斯委员会研究沃森报告并进一步提出了这个建议。其建议包括重组行政委员会作为一个对立法机关负责的内阁机构。

然而，在 1950 年，雅顿—克拉克宪法取代了 1946 年伯恩斯宪法，并成立了一个有着 104 名成员的立法机构，其中 70 人是直接选举产生的，这其中 33 人来自殖民地，18 人来自阿散蒂，还有 19 人来自北部。这为 1951 年的大选铺平了道路。同时，在黄金海岸，民族主义活动随着 1947 年 8 月 4 日黄金海岸联合大会党在盐池城的成立而达到了白热化。[1]

1950 年雅顿—克拉克宪法规定成立的立法会被解散了，而黄金海岸则为 1951 年 2 月的大选做准备。虽然恩克鲁玛仍因 1950 年的积极差别待遇法案而入狱，但他被允许参加选举。人民大会党在大选中获胜了，并且总督邀请恩克鲁玛组建下一届政府，在其中他被任命为政府事务领袖。从那时到独立，恩克鲁玛和总督作为同一阵线密切合作。1952 年，奥利弗·利特尔顿先生访问后，恩克鲁玛被任命非洲首个总理。[2]

根据 1954 年恩克鲁玛宪法，议会是由单议席选区通过无记名投票直接选举产生。言下之意则是，行政决定在很大程度上最终还是取决于女皇陛下的指示。毫无疑问，恩克鲁玛领导

---

[1] 该大会党的主要成员公司为主席 A. G. 格兰特；副主席 R. S. 布雷；副主席 J. B. 丹夸；财务官 R. A. 阿乌诺·威廉姆斯；W. E. 奥弗里阿塔；E. A. 阿库福阿多；J. W 杜格拉芙特·约翰逊；奥比斯比·兰普泰。后来又从库马西市增调了约翰·思博和克比纳·柯西补充进来。

[2] 普莱斯 1975：54.

124 的非洲内阁是在管理国家，但大多数宪法手段仍有着英国的印记。这些可能是使那些身处立法议会的成员感到不会高兴的东西。但是，由于黄金海岸尚未独立，对于这个状况，什么措施也无法被采取。1954 年新国会首次会面，并初步形成了准备自治的详细计划。它包括"与英国政府进行谈判，以期实现独立"和"加快公共服务非洲化进程的政策。"①

　　独立的道路上布满了政治地雷。人民大会党和英国嗅到了阿散蒂民族主义，以及为了建立联邦而非英国和人民大会党支持的联合政府而兴起的民族解放运动的迹象。1954 年底，恩克鲁玛邀请反对派领导人进行谈判，但这在 1955 年初被拒绝。1955 年 4 月，立法议会的一个特别委员会被任命去"审查联邦制度政府的问题和黄金海岸第二议会的问题……"② 基于收到的备忘录，特别委员会否定了这个国家实行联邦制和第二议会。当要求反对派加入谈判桌的进一步尝试失败，民族解放运动发出了分裂国家的威胁。煽动叛乱的一个民族解放运动成员巴甫沃·阿克托指出，"如果人民大会党长官声明后，英国政府授予黄金海岸独立权，却不承认其宪法的话，阿散蒂仍将宣布脱离国家独立于其他地区。"③

　　为解决宪法僵局问题的阿奇莫塔会议失败了。因此，殖民地政府指出，既然阿奇莫塔会议"未能提供必要的协议，对

① 丹尼斯·奥斯汀，《加纳政治》251.
② 丹尼斯·奥斯汀，《加纳政治》297.
③ 丹尼斯·奥斯汀，《加纳政治》306.

他（国务卿）而言，这似乎已别无他法而只能举行大选了。"①
人民大会党因此被迫于 1956 年举行大选。人民大会党在 104
个议席中赢得了 71 个席位，为独立铺平了道路。基于选举，
1957 年 3 月 6 日，加纳被授予了独立。但关键问题在于，国
家成为了什么样及其实现独立后的国会机构。

1957～1966 年，人民大会党
对立法机关的控制

国会惯例是要求宽容对待政治分歧。按理说，鉴于人民大
会党与黄金海岸联合大会以及恩克鲁玛与其他各党的领导之间
的对立关系，到政治独立前，政治宽容是无法达到的。阿散蒂
民族主义者关于建立联邦的呼吁的失败、为消除分歧而举行的
阿奇莫塔会议的失败，以及 1956 年临时选举中人民大会党压
倒性的胜利足以促成执政党人民大会党与反对党派们艰难的政
治共存处境。雪上加霜的是，恩克鲁玛个人，如果不是其他情
感而是出于意识形态的原因，对反对派持有近乎仇恨的看法。
由恩克鲁玛在这个国家独立后的政治旅途开始时所孕育的方法
对国家建设和民主治理并不是一个好的预兆。恩克鲁玛在他的
自传记中曾表示，鉴于他的政治对手们的"暴力、易怒和恶
意"的特质，"临时的、善意的专权"是必要的。② 也许他的
目的是通过人民大会党对国家进行绝对的控制，但"驱逐出

125

---

① 丹尼斯·奥斯汀，《加纳政治》308.
② 丹尼斯·奥斯汀，《加纳政治》371.

境法"、"紧急权力法",以及可疑的 1958 年"预防性拘留法"① 的通过意味着赋予了他极权主义的权力,他可能会认为这是这个年轻国家发展所需要的。"这个法令比其他任何人民大会党的法令都狠狠地扇了这个带领国家走向独立的政党的耳光。"②

更重要的是,奥斯汀认为驱逐恰巧是一系列以压制政敌为目的的措施的前奏。有些是为剥夺反对派的地方拥护而设计的,如 1957 年 12 月的政党限制条例法案或避免歧视法,这些法案取缔了以地方、部落或宗教为基础的政党的存在。有些亲人民大会党的人被升职了,比如贝切姆市的领导,而反人民大会党的人则被降职,比如杜阿姚恩宽塔的领导。

人民大会党通过将职工大会和农民党变成人民大会党的羽翼和分支以借这些诡诈的政治组织来取得完全权利。反对派则不得不联合组建联合党以在国民议会中对抗恩克鲁玛以及人民大会党。与此同时,早在 1958 年 11 月,38 个带头的反对派成员因预防性拘留法被关押。

1960 年,加纳引入了共和制宪法,使得 1951～1957 年的政府结构转变为总统制结构,并使权力集中至恩克鲁玛一人手

----

① 1957 年 8 月,驱逐法案获得通过,并被用来驱逐哈吉·奥斯曼、拉登和哈吉阿玛杜·巴巴。阿玛杜是尼日利亚出生的,在库马西市的大穆斯林社区很有影响力的一个领导者。他反对恩克鲁玛。该法案也被用来驱逐班科勒·提摩太,他是一个塞拉利昂的记者,为每日图表报工作。1958年,预防性拘留法得到了通过,期初是为了作为钳制反对派言论的手段,但后来也钳制了人民大会党自己。

② 阿耶苏和达卡 1999;39.

中。这可能是人民大会党垮台的原因。它与殖民政府的斗争结束了,1954 年的民族解放运动已成历史,而 1957 年后与联合党的政治竞争并不算竞争,因为人民大会党占了绝大多数,而且联合党的大部分领导成员都被拘禁或放逐了。随着反对派被预防性拘留法大批杀害,以及 1960 年"宪法"赋予总统恩克鲁玛大量的总统权力,人民大会党变得"兴奋"起来了。①多个上层人民大会党官员和部长被清洗。但是政府仍希望实施以建立不得上诉的高等法院特别刑事部为目的"刑法(修订)法案"。恩克鲁玛的财政部长 K. A. 贝德马先生在国会上,从预防性拘留法开始,将注意力集中到因本法案而导致未经审判便被打入狱的人数,来抨击"刑法(修订)法案"。在对刑法(修订)法案的提出激烈反对的不久后,贝德马离开该国,遭到了流放。这个恩克鲁玛的心腹以及共同构建加纳独立蓝图的"建筑师"贝德马,因担心自己的生命而离开这个国家,充分反应出这一时期的政治以及当时的国会已经变为一种一边倒的、附和执政者曲调的马戏团舞蹈。至 1961 年底,人民大会党失去了其早期的领导人。

126

1962 年 8 月 1 日在库伦古古地区,刺杀恩克鲁玛的失败又一次给了恩克鲁玛将司法机关独立性彻底撕碎的机会,使他成功地随心所欲控制国会的行动。塔瓦·阿达码弗、阿克·阿德耶和科菲克拉比,三个人民大会党重要人物的无罪释放足以使终审法院首席法官阿库·克拉什赢得爵士称号。1963 年 12 月 23 日,国民议会特别会议通过了"刑事诉讼法(第 2 号修

---

① 阿耶苏和达卡 1999:402.

正案）"，授予总统推翻特别法庭任何决定的权力，1963 年 12 月 25 日，无罪释放的判决被宣布不具法律效力。年底，恩克鲁玛找到了一个宪法修正案，可以让他以看似合理的理由在任何时候都有权罢免高等法院法官的权力，此外便是将加纳变为一党专政的国家。1964 年 1 月在这个一党专政的国家就此宪法修正案举行了公投，最终以压倒性的支持获得了通过。

除了宣告一党专政外，使警察、公务员、司法以及大学从属于党的统治并不是培养一个民主正在萌芽的国家的最好手段。因此，加纳未能在第一共和国期间成为非洲民主统治的航标灯。这似乎显示，鉴于有关人类自由的发展趋势，1966 年的那场推翻恩克鲁玛和人民大会党的军事干预是一种必要的邪恶。问题在于军事空位期后继任的平民政权是否会在国会民主方面表现得更好。

第二和第三共和国期间的国会实践

毫无疑问，恩克鲁玛统治模式及众多的以扼杀反对派为目的的法律使民主统治付出了代价。加纳成为了一个一党专政的国家，个人自由事实上已不存在，很多人不能对问题自由发表意见，特别是当它是反对政府的。1966 年恩克鲁玛被推翻之后的军政府——全国解放委员会，承诺恢复被人民大会党政府践踏的自由，但是，军事政权代价却是宪法和国民议会。1966 年 2 月 26 日生效的成立宣言规定了停止实施 1960 年宪法，并且成立宣言的第二章第 2（2）、（d）条声明，"根据 1960 年

127

加纳共和国宪法选举的国民议会解散。"① 与后来的军事政权不同的是，全国解放委员会明确表明其无政治野心。它指出，特别地，它"没有什么无限期统治国家的野心。"②，全国解放委员会宣布了它欲任命一个宪法改革委员会以制定一个宪法草案的打算。全国解放委员会的统治毫不犹豫地为宪政国家而准备着。1969 年的换届选举后，由 K. A. 布西亚教授领导的进步党以占据 140 席议会中的 105 席的优势赢得了选举，组建了这个国家的下一个人民政府。

但这个政府并没有继续吹响它的胜利音符。军事政府禁止了人民大会党并阻止了它的参选。K. A. 贝德马先生领导的国家自由联盟赢得了 29 个席位，从而成为了实质上的反对派领导者。然而，他被取消了在国民议会中的资格，因为 1969 年宪法中备受争议的第 71 条（2）（B）（ii）条。该条规定，特别地，任何人通过一个"调查委员会"被判或被宣布为"无法胜任公职或担任公职期间非法收购资产，或欺骗国家，或误用或滥用职权，或故意采取损害国家利益的行为"，他将失去作为议会成员的资格。"③ 就在那时，政府在很短的时间内，削弱了他的支持基础。这激发丹尼斯·奥斯汀发表评论说，"进步党

---

① 国家咨询委员会，成立宣言，《加纳重生：暴政的结束》，1966 年 2 月 26 日（National Advisory Committee, Establishment Proclamation, The Rebirth of Ghana: The End of Tyranny, Feb. 26, 1966.）。

② 国家咨询委员会，成立宣言，《加纳重生：暴政的结束》，1966 年 2 月 26 日。

③ 加纳，1969 年政府。

政府以惊人的毅力与 K. A. 贝德马支持者们进行着斗争。"①

种族是一直困扰着第二共和国国会的另一个问题。执政党从来没有在沃尔特地区赢得过一个席位，这是埃维族的家乡地区，而这也成为政府的一个大问题，因为它似乎主要体现了政府是一个阿肯族人的政府，即使它在除了沃尔特地区外的所有地区都获得了大规模胜利。国会的种族构成呈现极端化，并且种族排他倾向对民主统治、甚至是国会工作和职业道德都是危险的。然而，与第一共和国相比，这个国家享有了在 1969 年的宪法记载的所有自由。

在国会实践方面，第二共和国国会的做法是威斯敏斯特型的政府，在国会中占多数席位的政党组成政府，并且政府的所有部长都是国会议员。第二共和国秉承宪法宗旨。1969 年宪法第 12 条（A - C）记载的人的基本自由得到了尊重。然而，因为反对党派在基于站不住脚的立场采取毫无结果的离席方面过度占据优势，国会的不对称性质也并没有在与反对党派的激烈辩论中给予执政政府帮助，即使是在反对的党派联合组成了正义党之后。1972 年 1 月 13 日的政变同样剥夺了这个国家见证在首相 K. A. 布希亚博士任职期间自由民主之花的开放的机会，而 K. A. 布希亚博士在非洲是对自由民主最为坚定的倡导者之一。

另一个大选在武装部队革命委员会的主持下进行了，军方因此进行了从 1972 年至 1979 年的长期统治。希拉·莱曼博士领导的人民国家党赢得了大选，组建了第三共和国政府。1979 年宪法赋予了这个国家类似美国执行总统式但只有单一内阁的

① 转引自歌德沃兹，1973：11.

政体。这意味着，总统、副总统、国务卿并不是国会议员。如
安耶苏和达卡（Ayensu and Darkwa）恰如其分地指出，第三
共和国最具长远意义的就是国会能够否决政府的预算。这是该
国历史上前所未有的。但这却遭到了否决，理由是"它无法
处理国家面临的根本的和紧迫的经济问题。"

这个 1979 年宪法的微小修订案呼吁政府立即采取直接和
实际的措施来解决这些紧迫的问题。这个修正案以 54 比 51 的
投票赢得了支持，并且议院一直通过了一项经修订的预算，这
项预算稍后会得到展示。必须指出的是，这套运作系统对这个
国家来说是最好的。此时政治情势比早期的共和国更有利于政
治竞争。"例如，反对派不像第二共和国，现已跨越了民族界
限，而且大多数成员都是对各自负责的反对派要求了如指掌的
经验丰富的政治家。"① 政府在国会中只占微弱多数，这导致
了在各问题上的激烈争论。而少数人也可以对财政预算案进行
强制否决的事实，意味着一个在危急关头只有民族利益的充满
活力的国会，而非只有党派和狭隘党派利益的国会。

就像第二共和国，第三共和国国会没有持续四年的任期，
这是在 1981 年 12 月 31 日，由武装部队革命委员会前主席，
空军上尉杰里·约翰·罗林斯终止的。罗林斯组建了临时国防
委员会带来了这个国家长达 11 年的巩固的军方统治。然而，
全球体系中的意外变化、来自发展合作伙伴的隐性压力，以及
民间团体的零星骚动导致了非洲许多一党独裁或军事政权的结
束或变化，包括加纳临时国防委员会。加纳临时国防委员会在

129

---

① 宝弗—亚瑟 1993：234.

政治上保持了 11 年的统治被松动了，这个国家再次迎来了民主的政府体制。临时国防委员会在政治上足够精明，成立了自己的政党——全国民主大会党，在赢得了 1992 年 11 月/12 月有争议的总统选举和国会选举后将权力移交给自己。①

后文，我将讨论第四共和国国会的结构、功能和性质以及立法机关和行政机关之间的关系。在叙述中，我试图将 1969 年、1979 年和 1992 年宪法下的立法机关各方面进行一个简短的比较。

第四共和国国会

1992 年宪法规定加纳是实行立法一院制的单一制国家。1969 年和 1979 年宪法对一院制立法略作了变化。1969 年宪法规定政府为威斯敏斯特式或国会式，而 1979 年宪法规定政府为执行总统式的政府，总统具有执政任期的限制。根据 1969 年宪法规定，总理和组成其行政部门的部长们均为国会议员。总统被赋予行政权力，根据"内阁或在内阁的授权下代表内阁的部长的意见"履行其职能。总统还责成咨询任何其他人或机构。② 1979 年宪法的规定，国务部长是事先经由国会批准而被任命的，是从有资格当选为国会议员的人员中经选举产

---

① 参见新爱国党日期不详的记录，其中记载了由临时国防委员会政府在 1992 年总统大选期间为全国民主大会党之利，所犯下的选举舞弊。
② 除了首相和内阁，总统也可以根据 1969 年宪法，向国务院咨询。参见 1969 年加纳共和国宪法第 37（1），第 38（1）及第 53（1）条。

生，如国会议员被任命为国务部长，国会议员有义务根据第
65（1）和（2）条从国会辞职。然而，1992年的宪法则是威
斯敏斯特式和总统式的混合，因为存在一个执行总统，而宪法
同时在第78（1）条中规定"国务大臣中的大多数须从国会议
员中挑选委任。"因此，在当前制度中，出现了行政机关和立
法机关的融合，在很大程度上因为，不同于1979年宪法第65
（2）条，1992年宪法所规定的是由总统任命的部长不需要辞
去他们在国会中的席位。

国会的结构①

130

根据1992年宪法规定，前三个国会由200名成员组成，
他们是从这个国家的10个地区的200个选区中选出的。这是
根据宪法第93（1）条的规定实施的。然而，第四个国会，即
2005年1月7日宣誓就职的第四共和国国会是由2004
（C. I. 46）人民国会选区选举办法选出的230名成员组成的。
该办法增加了选区，也含蓄地增加了30个国会席位。然而，
1969年和1979年宪法中，分别按照第70和75条所示，均规
定国民大会或国会的组成成员应不少于140名。

议院官员

根据1992年宪法第95（1）条规定，"国会应设议长，该

---

① 本章中非常有用的信息是来自加纳，n. d. 国会；加纳，2000年国会。

议长应从议员或有资格当选为国会的人员中选举产生。"第95
（3）条指出，"任何议长职位空置时，国会不得进行任何工
作，直至议长产生。"议长选举进行之前，国会秘书须担任议
院主席。事实上，议长是次于总统和副总统的第三把手。

在议长之下，有两位副议长，被称为第一和第二副议长。
根据第 96（1）（a）和（b）所示，副议长应当从国会议员中
选举产生，两个人都不得出自同一政党。两名副议长的任命与
1969 年和 1979 年宪法中对只有一个副议长的规定形成了对
比。① 1992 年宪法规定，按照第 104（4）条规定，议长及他
的两名副手应以无记名投票方式选举产生。然而，在任期内的
前三个国会议长和两名副议长并不是以无记名投票方式选举产
生的。相反，它是通过国会的多数派和少数派政党的共识而产
生的。议长任期与国会存续期有关，在第一届国会中，D. F.
安南法官有两个各为期四年的任期。第三届国会中，彼得·阿
拉·阿杰特先生议长并没有被选举为第四届国会议长，因为多
数党提名了一个新人，国务院委员埃比尼泽·塞伊休斯先生。
令人惊讶的是，少数派全国民主大会党支持了阿拉·阿杰特先
生，在成为议长之前，他恰巧是 2000 年赢得大选的执政党新
爱国党的前主席。后来，多数党和少数党就塞伊·休斯先生达
成了共识，但多数党在议长选举结束时违背了早些时候达成的
协议。因此，自第四共和国国会成立以来首次进行了国会议员
通过无记名投票进行议长选举。在投票结束时，多数党的提名

131

---

① 参见 1969 年加纳共和国宪法第 74（2）条及 1979 年宪法第 83 条（b）
条。

人埃比尼泽·塞伊休斯先生获得了 134 票，相对于前议长彼得阿拉·阿杰特先生的 96 票。国会的第一副议长在国会中达成了共识，由人民大会党成员弗莱迪·布雷先生担任。然而，由于少数党没有履行与多数党达成的关于议长选举的共识，多数党议员提名新爱国党成员哈吉·马利克阿哈桑·雅库布阁下担任第二副议长，而少数党议员则提名曾于全国民主大会党期间连任两期第一副议长以及担任新爱国党上台后的第二副议长的肯尼斯·德扎拉萨阁下。但在随后的无记名投票中，多数党提名的候选人以 135 票对 94 票获胜。

国会的组成

第四共和国以来的各政党国会组成如表 7.1 所示。

表 7.1　加纳 20 世纪 90 年代后期国会中的政党代表

政党	第一届国会（1993）	第二届国会（1997）	第三届国会（2001）	第四届国会（2004）
全国民主大会党	189	132	92	94
*全国大会党	8	—	—	—
人民全国大会党	—	1	3	4
新爱国党	—	62	100	128
人民大会党	—	—	1	3
*人民公约党	—	5	—	—
独立党派	2	—	4	1
总数	199	200	200	230

注：*抵制了选举，故无代表显示。

自第四共和国成立以来便已有补选，并且其结果对国会中政党的人数产生了较大影响。在第一届国会中，有四次补选，其中全国民主大会党获得三次胜利，另一胜利由独立候选人赢得。在第二届国会中，有两次补选，由全国民主大会党和新爱国党各获一胜。在第三届国会中，由 7 次补选，包括三个原来由全国民主大会党任职的席位，它们都由新爱国党赢得。

新爱国党与其他不予全国民主大会党结盟的较小政党抵制了 1992 年的国会选举，因此并未在国会中得到代表席位。自第一届议后，在国会中有代表的全国大会党和人民公约党便解散了。

国会的职能

称国会体现人民意志是老生常谈了，因为代表了这个国家230 个选区的议员们试图尽量突出这个国家的发展需求。然而，国会的基本功能是制定法律，但在加纳，像在其他一些民主政体中一样，国会还有着除立法外的其他功能。比如公共资金的财务控制就是被赋予国会的功能。1992 年宪法的第 13 章明确阐述了国会的此类财务职责。1992 年宪法的第 13 章是1979 年和 1969 年宪法第 13 和 11 章的复制。但所有的参照引文都是 1992 年宪法。

第 174 条清楚地表示，未经国会批准，政府不得征收任何税。根据第 178 条规定，除记入统一公债外的任何款项未经国会批准均不得从统一公债中支出。国会也被赋予监控公共开支的权力和义务，同时国会也责成根据总审计长的报告即时执行。宪法的各种条款规定了赋予国会的其他财政权力。第181条强调国会发放与收取贷款的权力，第184有关于国会监察加纳外汇收入和支出或汇款的功能；国会被授予批准减税免税或第174条的变体，第187（15）条明确指出："审计长办公室的账目也应进行审核，并由国会任命的审计师审计和报告。"[①]

国会也通过其委员会审查行政政策措施和执行的疏忽，召集部长在国会回答问题和指责部长。此外，国会也批准或否决总统对部长、首席大法官及其他高等法院法官以及国务院成员和法律规定的其他公职人员的任命。

133

国会委员会及其权力

国会的许多工作是在委员会层面执行的，在委员会中，许多党派之争被压制了。委员会的工作对国会议员而言非常具有挑战性，因为它需要推理和分析，而不是展示修辞和辩论的技巧，虽然这是国会被宣传的最多的活动。"[②]

议院下有两个主要委员会，一是根据第151（2）条设立的常设委员会，另一为根据第152条设立的特别委员会。据加纳国会常规命令第151（1）条，另设有一个遴选委员会，该委员会由议长及不超过19个的国会议员组成。根据第151（2）条，遴选委员会向国会主席、副主席、常设委员会委员以及16个特别委员会报告。这与1992年宪法第110（1）条

---

① 参见加纳，2004 年国会。
② 博阿滕 1996.

中"国会可以，按常规，管控其本身的程序"的规定一致。
遴选委员会对 16 个常设委员会负有同样的责任。议院的常设
委员会包括：（一）常设委员会；（二）常务委员会；（三）
统一公债委员会；（五）附属立法委员会；（六）议院委员会；
（七）财务委员会；（八）任命委员会；（九）有利职位议员
委员会；（十）政府水准委员会；及（十一）性别和儿童委员
会。实际上，议院的各常设委员会是处理议院内部程序事宜的
机构。

16 个特别委员会最大程度体现了总统所能够建立的部委。
这些特别委员会如下所示：（一）食品，农业和可可事务委员
会；（二）土地和森林委员会；（三）卫生委员会；（四）宪
法，法律和国会事务委员会；（五）工作与住房委员会；（六）
地方政府和农村发展委员会；（七）通信委员会；（八）外交
事务委员会；（九）就业、社会福利及国有企业委员会；（十）
国防和内政委员会；（十一）贸易，工业和旅游委员会；（十
二）环境，科学和技术教育委员会；（十三）教育委员会；
（十四）青年，体育和文化委员会；（十五）矿业和能源委员
会；以及（十六）道路和运输委员会。

根据宪法第 103（3）条，国会委员会的职能应包括对可
能由国会决定的内阁和部门活动和管理的调查及查讯。这样的
调查和查询的相应成果可能会成为立法的建议。而根据第 153
（1）及（2）条规定，国会议员应至少服务于一届常设委员
会，但任何成员不得在常设委员会中任职超过 3 届，但国会副
议长和多数党和少数党领袖除外。宪法第 103（5）条及 154
号法令规定，委员会的组成应尽可能多地反映国会中的不同

134

意见。

各委员会的一般权力依照 1992 年宪法第 103（6）条授予，包括了以下授予高等法院法官或审判中的高等法院法官的权力、权利和特权：（一）强制证人出席，并检查他们的誓言，肯定或推翻；（二）强迫出示文件；及（三）委托或要求检查海外证词。

总之，该第四共和国国会与第二和第三共和国国会不同是因为结构以及鉴于目前国会的本质是融合了第二和第三共和党国会。如前所述，即使大多数部长都来自国会，他们仍然在行政部门中保留自己的席位并且是该部门的一份子。事实上，甚至设有一个国会事务部门，该部门被看作是除了同时作为国会成员的部长们之外的立法和行政机关之间的一个有效联系。因此，不像第三共和国时期，根据 1979 年宪法的规定，第三共和国的部长们主要是国会之外人员中的人们，并且被任命为部长的议员必须在上任履行部长职责前辞去其在国会中的职位，第四共和国在国会中则有一个强大的立足点。而在 1969 年宪法规定下的第二共和国则是纯粹的英国式或威斯敏斯特式的，其中拥有最多席位的政党领袖将成为总理，并且所有部长们均从国会成员中委任。

第四国会的本质似乎大大受到这个国家在国会和总统体系下的经验所影响。必须承认，意料之外的军事干预使得两个体系无法成长和开花。然而，由临时国防委员会政府建立的宪法专家委员会和咨询国会相信，未来加纳的民主发展，将通过目前这种混合系统得到加强。下一节将讨论第四共和党议会的简要亮点。

135

国会实践的考究

第四共和国的第一届国会有几大亮点。最突出的是 1995 年增值税的通过以及它所起的示范作用。一个由曾抵制 1992 年国会选举的反对党成员领导的，被称为改革联盟的无组织政治施压团体对税收组织了抗议游行。政府允许其翼党——保卫革命委员会攻击示威者，因枪击导致四人死亡。那是政府的底线，因为它表现出对政治反对派的最低政府容忍度。国会对枪杀的反应非常微弱，因为议会是由全国民主大会党主导的，并且那些攻击了示威者的人员是保卫革命委员会的成员。没有人因枪杀而被抓获或被控杀人，这给全国民主大会党政府留下了一个污点。

从某种意义上说，国会外的反对派从来没有让政府在任何事情上以它们自己的方式行事，它们向法庭提出了几个问题要求法律解释，而政府在此中败诉了。因此，虽然只是在国会外，反对派的活动也防止了"选举专政"的产生，尽管国会确是处在全国民主大会党的绝对控制之下的。

1993～1997 年国会的一项重要创新是会议结束公众论坛机制，据此机制，在每个国会会议结束，国会需就其活动进行公开说明，并允许公众提问。

1992 年抵制国会选举的反对党参加了 1996 年的选举。虽然国会中的反对派在数量上是弱势，但正如表 7.1 清楚地显示，它们成功地确保它们在政府中能够随时应对各种情况。执政党及其首领，前总统罗林斯对反对党的容忍和尊重逐渐显现。在反对党成功竞选成为国会代表时，他祝贺说：

> 让我们所有人，无论我们持有何种不同意见、忠于哪
> 个党派，让我们一起朝着我们共同的目标努力，那就是国
> 家繁荣和所有加纳人民的福祉。议长先生，为了实现这个
> 目标，让我们抛开种族、宗教和我们其他方面的差异性。
> 团结我们这些真正寻求国家公平发展的所有人的共同目标
> 比那些当我们放任时只能分化我们的差异更重要。①

136

第四共和国第二次国会的前期的一个显著变化是前政府的
国务部长是否要按照组织章程细则第 78（1）及 79（1）条的
规定进行审查，或只有新任命的部长们需要由国会任命委员会
进行审核。这是因为全国民主大会党 1996 年大选后保留了力
量，并且一些部长再次获得任命。全国民主大会党多数派认为
这些部长和副部长在第一个任期时就已通过正当审核，故第二
个任期不需要审核。新爱国党少数派认为，"留任"部长与我
们的法律和宪法是相抵触的。1997 年 2 月 14 日，由全国民主
大会党占主导地位的议院解决，"如果一个人已得到国会的批
准被任命为部长或副部长，作为现任部长或副部长，他毋须得
到国会的再次批准而可直接由总统决定其留任。"② 少数新爱
国党对本决议和少数党领袖感到不满。J. H·门萨先生，在最
高法院提起诉讼，要求对 1992 年"宪法"的若干规定进行真

---

① 转引自阿耶苏和达卡 1999：117.

② 加纳，2005 年国会：3.

实而正确的解释。1997 年 5 月 28 日，最高法院就此诉讼裁定
有关事宜。就留任部长的任前批准问题，最高法院宣布，"每
个总统任命的部长候选人，无论留任或新聘，均须在任前征得
国会的批准。"因此，法院支持了少数派综合 1992 年"宪法"
第 58（1）、（2）、（4）条，78（1）、（2）条、79（1）、（2）
条，97（1）条，100（1）及 113（1）条的观点，即总统、
国会、部长任期并存。言下之意是，部长任期与总统和国会的
任期同时终止。因此，部长被任命者需得到新一届国会相关委
员会的任前批准。

　　然而，法院根据多数人的决定，"任前批准"并不代表其
字面意思。也就是说，"任前批准"并不意味着"审议和审
查"，并且法院没有权力质询国会如何行使该项批准权力。法
院没有进一步明确并不是所有新组建的国会都有正确的立场去
执行审查这一细致的工作，这便成了此后类似事件的先例。

　　然而，1997 年 7 月 8 日，一项名为"批准部长留任程序"
的折中决议在国会中得到了一致通过，该决议达到了使对被提
名者的审查与国会规定相一致的效果，并强调了任前批准并非
特指。① 该程序以协商一致方式通过的重要决议如下：（一）
1997 年 2 月 14 日的该决议因此需再审；（二）任何再次被总
统提名为部长或副部长的人员必须获得符合议院规定的任前批
准；以及（三）该任前批准并无特指。

　　虽然需要最高法院出面解释宪法的相关条款并依其进行管
治，国会辩论以及加强国会程序使其得以经受时间考验的美好

---

① 雷克斯·奥乌苏—安萨 2003 ~ 2004.

之处得到了彰显。

2000 年选举中的选票出现了史无前例的政府更替。在这场里程碑式的选举中，新爱国党得票击败了全国民主大会党，由此加纳史上第一次出现了现职政府的民主变更。随着执政党在国会中席位的大幅缩减，新国会中出现了 60% 以上的新面孔（见表 7.1）。通过递补选举，全国民主大会党又失去了一些席位。最终，第三届国会中，全国民主大会党只保留了 89 个席位，而新爱国党则得益于递补选举，最终获得 103 个席位。

诚然，第三届国会使国会结构和程序得到了加强。也展示了除了通过枪杆子，还可以通过民主选举变换现职政府，进而说明了现职政府的变化也并非坏事。许多老议员议院中得以留任并继续参与辩论也证明了国会的成熟。第三届国会期间，包括双重国籍法案，成立国家调解委员会，国际金融公司贷款，中国新技术建设投资贷款以及国民健康保险征费法案在内的重要问题也在国会中引发了激烈辩论。全国民主大会党少数派时有退席，比如在救国会和国民健康保险征费法案的问题上。尽管如此，这两个法案仍然得到通过成为了法律。

2004 年 12 月，新爱国党在总统库福尔的领导下赢得了又一个 4 年的任期。2005 年 1 月 13 日，议长将库福尔总统第二个任期内所提名人员的审查事宜交由任命委员会处理。委员会采取的程序不仅显示出国会的日益成熟，更体现了依据既定原则或先例能够促进国会程序及民主治理的精髓。因此，该委员会借鉴 1997 年 2 月关于重新任命部长的争论，配合宪法第 78（1），79（1）及 256 条规定，任何人未经国会批准不得获任 138

为部长或副部长。此外，委员会也根据国会的常规命令执行，即任命人选应由任命委员会向国会提议，否则部长或副部长将由总统任命，或由最高法院根据 1997 年 5 月 28 日对留任部长进行任前审查这一问题所做的裁定来任命。[①] 因此，总检察长 J. H·门萨有利于国会进行部长任前审查的裁决中所体现的原则成为了加纳部长任前审查的一个重要先例。这是对沙那提出的民主制度的一个补充。正是这一民主制度促进了国会的程序发展。而它最初却被当时的执政党全国民主大会党认为是"有害"的，然而新爱国党却尝试从最高法院处理留任部长一事去解读这一民主制度。在加纳国会，对总统提名人选进行审查已经成为一项重要的工作。它将查明委任者是否廉正并能够胜任，审查留任部长在原任期内的记录，并在必要时，允许选民在约束被提名者任职的章程中增加条款。

不得不承认，这个审查过程是不能与美国有关审查的深度及所花时间相提并论。正如少数派全国民主大会党国会领导人、任命委员会高级成员，阿尔班·巴格斌先生所指出的，加纳人并不适应审查程序，而且审查的指标也没有很好得到定义。因此，公众必定对国会任命委员会迄今所做的工作表示赞赏。[②] 最后，由于对一些人在章程中提出的问题做进一步调查，而调查结果似乎并不令人满意，导致三位部长的任命被委员会搁置了。

显而易见的是，对公众舆论的敏感逐渐成为了新爱国党执

---

① 参见加纳，2005 年国会。
② 《标竿日报》，1 月 29 日，2005.

政党的一个特征。为了避免不必要的民族紧张和选举委员会提出的操纵选举的指控，政府否决了一项具有争议性的关于为竞选团体专门设立采购代理机构的提案。同样的，面对反对党的强烈抗议，政府不得不放弃"人民代表（修订）法案"，这项法案允许除了大使馆全体成员及驻外高级专员外的加纳人民在2004年参与选举。

国会民主的前景

随着2004年12月选举的顺利进行以及第四共和国第四届国会的成功就职，加纳的民主似乎正在其发展轨道上。因为过去的经验为行动提供了借鉴，通过每一次选举，国会都得到了加强，国会程序得到了促进。然而，国会是否拥有持续实施其宪法统治的力量取决于加纳人民在原则上和实践中是否认识到以国家民主发展为目的的国会工作的重要性，以及议院面对其艰巨任务是如何准备的。将国会视为政府的一个部门已是陈词滥调，认为国家是否发展、是否建立了公正的法律或国会民主的规范是否得到维护取决于国会是否能够自由统治和实施其应尽的职能也已是陈旧的观点。不过，1992年"宪法"也存在有争议的规定，那些规定合起来剥夺了所有国会议员所承担的、国会在下议院立法工作上的最大义务。三权分立的理念是为了保护人民不受专横执政的毒害。"权力使人腐化，绝对的权力使人绝对的腐化"的名言进一步支持三权分立的观点。

第78条第（1）款责成总统任命的多数国务部长应来自国会成员。该条第2款同样规定，"总统任命国务部长的数量

139

应保证国家能够有效运行。"这一要求，在我看来，毫无疑问在诸多方面令国会失望。国会和部长的职务相结合，似乎是以牺牲国会工作为代价的。

宪法对现职政府任命部长的数量没有任何上限要求。第78 条第 2 款规定："总统任命国务部长的数量应保证国家能够有效运行。"按理，每一个政府都会挑选最优秀的人员来任命为国务部长。因此，从国会中挑选大部分部长的限制过于严苛了，并且对于许多人而言将部长职责和国会或者立法职责相结合也变得异常艰难。一个国家会由于失去经验丰富的议员而招致失败，因这些在制定法案中的投入以及参与国会争辩不仅给国会带来活力，更保证了国家能从其选出的立法委员处得到最大的好处。

总之，加纳民主治理取得的值得称道的进步以及国会工作中不断得到体现的成熟是毋庸置疑的。特别规定政府制度的运行必须与多数国务部长的任命来自国会的规定相结合，这一混杂的本质毫无疑问将产生诸多限制。国务部长的责任繁重，国会的职责也同样繁重。因此，同时身为政府行政官员的立法委员不得不通过将部长职责与国会职责相结合以做到全面兼顾。

在我看来，对于国家而言，会自然而然地更注重某一职能，因此使国家能够最大限度地受益于部长和立法委员中的专家变得困难。原则上，国务部长和立法委员的职责都应被履行，但事实上，相较将两个职位关联起来，国家从一个全职的立法委员或一个全职的国务部长处受益更多。政府的各种部门，特别是立法机关取得了巨大进步，民主治理正在其发展轨道上。但无人能否认，在组建强大的国会成员和国会部门以及培训新的议员方面仍然有许多工作要做。有鉴于此，我相信大多数加纳人会认同，一个拥有运行良好的委员会制度的强大的国会将在很大程度上成为全国奋力保证政府责任、透明度和民主巩固的关键。

8 人民、政党、政治和国会：
纳米比亚的统治和管理

亨宁·梅尔伯

（瑞典乌普萨拉北欧非洲研究所）

引　言

由联合国倡议，经协商实施的纳米比亚向独立政权的过渡是一个受到操控的变化。作为协商解决的结果，民族解放运动使西南非洲人民组织（纳米比亚西南非洲人民组织）重新成为了执政党。如今该党控制着政府、内阁和议会，为巩固其政治霸权铺平了道路。而且它也并未废除移民者殖民主义的结构性桎梏，即持续的社会经济矛盾以及向真正的民主政治文化过度的深刻变化中所面对的限制。此外，在社会转型的后殖民时期，殖民时期遗留下来的结构与心理因素仍在发挥持续性的影响。①

---

① 参见部分我最近的作品（梅尔伯 2000；2001；2002；2003a；2003b；2004），这些作品是写作本章节的基础，当然也包括了对此的进一步改进。

去殖民化与民主政治

西南非洲人民组织在 20 世纪 60 年代中期发动的武装解放斗争，极大地影响了殖民地自治化进程。但纳米比亚的独立在很大程度上是通过协商实现的，它是冷战结束后两大阵营战略利益引导下的最终产物。由联合国过渡时期援助小组按照联合国安理会 1978 年 435 号决议执行的命令，为在由南非总管理官及联合国特别代表联合组成的过渡机构处注册的众党派的大选在国内拉选票提供了自由、公正的监管。但另一方面，竞争的各方并非在平等的机会下进行竞争。其中一方（南非联盟）能够依靠殖民政权的大力支持，而另外一方（西南非洲人民组织）也有成为国际上唯一得到公认的纳米比亚人代表的特权。从 20 世纪 70 年代两极分化加剧的出现开始，对非双方联盟中其他势力的类似支撑的任何可能性，都由于其面对的现实制约而被扼杀。

反殖民斗争是为了民族解放，就为达到这一目标（也可理解为夺取政治权利的、有组织的解放运动）而言，"西南非洲人民组织是一个十分务实的组织"。[①] 在这个意义上，国家主权被定义为能够代表大多数人民的政府管理下的国家的政治独立。但是这些被代表的大多数人民因为强加其身的种族隔离体系，至今不能完全参与社会活动。20 世纪 70 年代到 20 世纪 80 年代之间，在超级大国竞争的极化条件下，定义关于政

143

---

① 桑德斯 2003：96.

治管理的后殖民制度体系的权力主要通过民族解放运动以及与代表各种各样竞争关系的国际体系的互动中得到了执行。这个执行权力的议事日程受到在 20 世纪 70 年代和 20 世纪 80 年代建立一个正式合法和国际公认的至高无上的纳米比亚州的目标的影响,解放运动作为民主自决被认为是可以理解的并且有先见之明的。一旦达到目标,起草和采取进一步措施的工作则交给那些在自由公平的普选中被选举出作为纳米比亚选民代表的政策制定者们。因此,纳米比亚议事日程中优先的不是民主化,而是非殖民化。[①] 尽管存在这种优先性,正如 1990 年 3 月 21 日所宣称的那样,纳米比亚共和国仍然在各方面都与一个民主政治体制相类似。从本质上而言可以看做是一个积极的惊喜了。因为,在经历了一个多世纪的独裁主义和歧视性社会结构后,殖民社会在此基础上建立了它们的少数统治规则。这一统治规则是其本质中不可分割的一部分。它侵犯了基本人权,将多数寻求意义和公正的人们排除在外,而这些人正是在政治经济领域的积极参与者。

---

① 有人可能会争辩说,宪法原则在 20 世纪 80 年代初由西方联络小组起草,为冲突的党派(西南非洲人民组织和南非)作为共同标准和实施 435 号决议(1987)的前提所接受(如果不能说成是实施的话)的。该决议是作为多方同意的协议框架以及向独立纳米比亚国家转变的以民主为特征的基础的出发点的。其他人可能反驳说,民主特性是为了确保现在的多数派统治者所受益的财产关系和以前的特权。与这些说法类似的是,多贝尔(1998:104)提出,"转型过程本身的性质应该被视为一个独立的变量,它是为了使纳米比亚的民主政治结构制度化,而同时它也在帮助构建社会和经济制度也许是难以逾越的障碍以延长民主政治"。

独立时期的民主

宪政民主已经正式制度化为纳米比亚共和国迈向确立正式主权的第一步。其主权的确立包括宪法内容及其经过协商和妥协而达成的起草过程。由于宪法文件必须获得立宪会议中选出的 72 名成员中三分之二以上成员的接受，所有没有涉及任何谈判进程的当事人能够有权利在立宪会议代表其他集体利益至上，强加单方决定。占有 41 个席位（57% 的选票）的西南非洲人民组织当时已经失去了主要票数的三分之二。特恩哈尔民主联盟拥有 21 个席位（28% 的选票），无法代表一个强势的反对党。在这一系列事务中，两党都愿意通过谈判而非持续的冲突来解决问题。该过程可以被视为"在民主过渡的环境中，通过反对派政治精英达到成功交涉的令人印象深刻的例子"。[①] 有证据证实多贝尔[②]提出的假设，即纳米比亚这个通过协商达成的解决与"精英公约"的一些方面是相似的。该宪法谈判是非殖民化进程的最后一章，受到"国际势力密切监督，首先会通过一个过渡协议，至少先给反对派势力的一个有益的民主承诺，这种宪法谈判肯定也发挥了作用"。[③] 协商解决在联合国的监督下进行，参与各方继续承认已规定的游戏规则，但

① 福雷斯特 1998：43.

② 多贝尔 1998：38.

③ 鲍尔 2001：36.

都"渴望抓住权力的缰绳"。① 这种务实的互让方法被第一位
国家元首用文字记录下来了，他的个人传记中明确阐述道，
"我们毫无争议地达成了共识，确定为拥有独立的司法制度和
强有效的人权法案的多党制民主。"② 在一个呼吁纳米比亚非
殖民化的会议上，特恩哈尔民主联盟的领导者和纳米比亚当时
的首任外交部长（总理，2002 年八月上任）提出了相似的观
点，强调了几个大党之间达成的共识。当时，相关的活动者及
直接相关的责任者均出席了该会议。③ 一个参与起草决议的当
地政治家向多贝尔解释道，"在这些谈判中，每个人都想被看
做是一个民主党人。"④

　　这套法案暗示出社会经济和政治的监管框架正在成为对抗
性的社会力量之间的妥协，也为西南非洲人民组织政府获得纳
米比亚主权铺平了道路。独立过程得到了联合国的支持，这对
新纳米比亚民主形式产生了深刻的影响。⑤ 基于正式的政治自

---

① Cliffe et al. 1994：213.

② 努乔马 2001：424. 萨姆·努乔马（Nujoma）的特定说辞既富有启发性也
发人深省，他特别地理解响应了他关于社会政治意识形态的实用主义
（或者说他实际上是缺乏这种意识形态的实用主义的）。因此，对其回忆
的一个批判性的评论中总结说："努乔马对民主价值观的理解或承诺甚
少。阅读《他人颤抖之地》（*Where Others Wavered*（*Nujoma* 2001））一书
将并不能使那些今时关心纳米比亚未来民主的人安心。"（桑德斯 2003：
98）

③ 参照韦兰德和 Braham 1994.

④ 多贝尔 1998：101.

⑤ 桑德斯 2001：10.

由和人权保护的宪法成为了"衡量善政的准绳"。[1] 从那种程度上来说，作为一个有助于民主化过程的工具，它提供了有意义的影响。然而，基本规范的推出，仍然需要社会接受，并考验着社会一些现实的本质特征，纳米比亚大学的一个法学教授发现"热烈赞颂把宪法作为自由民主的象征，以及把宪法日常生活化，这两者之间是存在差异的。"[2] 外交部负责法律事务的副部长提出了另一个重要的警告。他指出，"灌输民主和人权的价值观是不够的；我们还需要坚持的一点是，机构自身需要变得更加民主化，"这很讽刺，他接着说到，"虽然我们拥有一个受广泛敬畏的宪法，然而那些委派官员来维护宪法的组织，即所谓的政党，却是国家最不公正的机构。"[3]

纳米比亚独立的第一个十年期间，在政治发展方面，最引人注目的现象一直是受前解放运动所控制而持续获得的收益及前解放运动政治权力的巩固。在第一个十年一次又一次的选举中，它成功地增加了更多的力量以巩固其主导作用。在 1989 年 11 月的立宪会议选举中，西南非洲人民组织最初没有获得其渴望得到的三分之二的多数选票。随着总选票的明显下降以及在一个几乎不变的支撑数字的基础上，1994 年 12 月，西南非洲人民组织在全国大选的国会决策进程中设法获取了排他性的独有控制权，自此，它维持并巩固了自己的地位（见表8.1）。

---

[1] 伊拉斯谟 2000：98.

[2] 欣茨 2001：91.

[3] 皮克林 1995：107.

146　表 8.1　1989～1999 年期间纳米比亚最大的政治党派选举结果

选举	投票	西南非洲人民组织	特恩哈尔民主联盟	联合民主前线	民主党大会
1989	687 787	384 567	191 532	37 874	0.00
选区		(56.90%)	(28.34%)	(5.60%)	0.00
1992	381 041	256 778	103 359	9285	0.00
区域		(68.76%)	(27.68%)	(2.49%)	0.00
1992	128 973	73 736	42 278	7473	0.00
地区		(58.02%)	(33.26%)	(5.88%)	0.00
					0.00
1994	497 449	361 800	101 748	13 309	0.00
全国	(73.89%)	(20.78%)	(2.72%)		0.00
					0.00
1998	63 545	37 954	15 039	4191	0.00
地区	(60.35%)	(23.91%)	(6.66%)		0.00
1999	536 036	408 174	50 824	15 685	53 289
全国		(76.15%)	(9.48%)	(2.93%)	(9.94%)

来源：Keulder（1998：63）以及 1999 年选举指挥部的官方数据。

第一个十年里还出现了另一个特征，那就是没有任何一个反对党拥有足够多的成员数量，能使自己确实地成为有影响力的政治因素。与这一毫不夸张的事实形成鲜明对比的是，早在1999 年民主国会已经作为一个新的政党成立了，这引起了强烈的反响。许多观察者最初希望该国会能吸引足够多的失意的西南非洲人民组织追随者。因此，面对前解放运动的三分之二多数派的挑战，一些国会的民主激进分子被打败。更甚者，民主国会主要分散了反对派的得票数，仅靠比"传统的"反对派特恩哈尔民主联盟极其微小的票数优势（或者说是以此为代价）成为了第二大政治力量。[①] 反对党从来没有能够获取足够的重要性来真正挑战西南非洲人民组织的实际控制权。

在纳米比亚独立斗争的第一个十年里出现了一种政治体系，显示了在独裁统治下一党执政的倾向。仿佛是为了阐明这一要点，1999 年西南非洲人民组织用一个小册子指导了一场选举活动。小册子中这样说道，"拯救民主，更准确的说是拯救反对派，是欧洲开启本地人文明进程的最新形式。"[②] 凭借自己作为解放力量的名声和无真正意义上的政治代替者的优势，西南非洲人民组织以合法的方式持续获取了较高的选票份额，成功地掌握了政治主导权。[③] 相比之下，在 1999 年后期的竞选期间，那种越来越压抑的氛围则可能会被认为是"缺

---

① 民主党大会比特恩哈尔民主联盟多取得了 2465 票（46%），这证实了这样一个质疑，即虽然在国会中两党拥有相同的席位，民主党大会还是有资格作为其官方反对派的。鉴于情况如此，联合民主前线和特恩哈尔民主联盟试图采取一些措施。联合民主前线和特恩哈尔民主联盟准备通过加入国会合作在这方面协助西南非洲人民组织，这个合作是为了授予其正式的反对派的地位。一般认为，这种巧妙手法是毫不正当或毫无理由的，它是实现最终将会以纳米比亚政治体系为代价。而且，这样的安排使两个反对党在政府中多数派所做的反民主手段中积极合作。

② 西南非洲人民组织党信息和宣传部，1999：24（SWAPO Party Department of Information and Publicity 1999：24）.

③ 参见关于各种选举的报告，即英联邦秘书处 1995；格洛弗 2000；科尔德 1998 及 1999；科尔德、诺德和艾明豪斯 2000；科斯勒 1993；洛基 1999 及 2000；西蒙 2000；斯瓦利 2001；韦兰德 1995。

少对纳米比亚民主的巩固"。① 这远未达成的目标更加使人们错误地认为，政府应该服务于政党，且国家是政府的财产。②

2004 年 11 月 15 日与 16 日的议会选举与总统选举提供了迄今为止最新的能够证明执政党在权力上压倒性优势的结果。党的公务员利用职务之便，滥用自己的权利使用国家的财产来选举。这再次证实了现实存在的这种"党等同于政府，政府等同于国家"的错误观念。③ 在总计838 447张（约占近百万注册投票者人数的 85%）的投票中，西南非洲人民组织再次获得超过 75% 的有效投票，以及 2005 年 3 月以后的国民大会 72 个席位中的 55 个。

在第四次立法期间，国会议员将代表七个不同党派（之前为五个），并且其中六个将享有 17 个席位。反对党的划分

147

---

① 格洛弗 2000：147. 基于此，西南非洲人民组织对新成立的民主党大会党所作出的烈反应甚至更加明显。虽然 1999 年之前的选举便能看出其代表党的领导者和活动家的不确定和缺乏自信，这个在选举之后仍进行政治迫害的偏执行动则展示了其非理性的一面，也许这点职能从心里分析角度去解释了。西南非洲人民的"今日纳米比亚"组织在选举之后的行为也与此无异。连续不断的暗箱操作的选举和人员暗杀从此之后接连不断，并且对那些公开对官方党派持有异议的人的反对日益增加。

② 这种"等式"的想法在克里斯·塔普斯科特、赫利博特·韦兰德及安德烈·杜·庇萨尼特在《九年后的纳米比亚：过去和未来》（Namibia after Nine Years：Past and Future）的分析中得到了支持。他们的分析后来在 1999 年的《未来论坛》（Forum for the Future（1999））上发表了。同时也可参见科斯勒和梅尔伯 2001；塔普斯科特 1995 和 2001；韦兰德 1999。

③ 国家设施和公共财产，如交通工具和通信，在竞选期间被党用于宣传。国营电台和电视台 NBC 在其新闻节目中投入了不相称比例的时间去宣传有利于西南非洲人民组织的报道。

比以往更加细致，然而不同党派对没有实质性的变化并无任何表示。民主党大会在整个政治格局中维持在第二名，尽管其席位已从 7 位减少至 5 位。特恩哈尔民主联盟继续其持续的下降，从之前的 7 个席位降到了 4 个。赫雷罗（Herero based）的国家统一民主组织已从特恩哈尔民主联盟的队列中分离出来，并独自获得 3 个席位。联合民主前线——另一个以民族利益为导向，起源于达马拉人社区的组织，目前地位因其席位从 2 位增长至 3 位而得到了巩固。主要由白人少数群体支持的共和党，首次像全国团结民主组织一样在特恩哈尔民主联盟之外竞选并赢得了一个席位。监察行动小组代表着后殖民时期纳米比亚最保守的白人群体，也出乎意料地保住了一个席位。

然而，选举过程中出现的轻微违规、前后不一的现象，选举人名单、选票统计结果不一致以及宣布选举结果时不必要的推迟，在之后引起了民主党大会以及共和党采取一系列法律手段介入。它们提交了一份强制了解文档内容的法庭申请，这是纳米比亚选举委员会所拒绝提供查看的。高级法院对该申请做出支持的判定。根据收到的证据，民主党大会和共和党在最高法院就选举结果进行争辩。它们声称自己已经发现与选举法不符的大量现象，投票数字和结果不符，以及其他一系列的违规行为。[1] 因此，它们请求举行新一轮选举，或是对选票进行重

---

[1] 有关记录偏见和缺陷的详细介绍，请参阅"2014 年人权国家社会"的档案。2005 年 1 月作为这次选举中的获胜者，联合民主前线因为被提供的证据，对选举结果的规律性存有疑义，通过支持合法干预加入了其他两个政党。

新计数。对此纳米比亚选举委员会提出反对。写这篇文章时，该案还在等待法院判决。不管针对选举结果这一史无前例的争论的结果如何，这是公开的民主实践形象被第一次严重地玷污，纳米比亚的民主原则和实践也受到了质疑。

在解放斗争期间有一条标语称"西南非洲人民组织就是人民"。然而在今天看来，这个标语可能要改成"西南非洲人民组织就是政府，政府就是国家"这一滥用国家权力的趋势不承认并因此不尊重正式的民主合法性（通过在自由、公正的普选中取得的选票数）、这种合法性的道德伦理尺度以及责任之间的不同。因此，在纳米比亚的情况还有，"国家通常利用民主稳固领导权，而非利用其促进权利、自由和民主。"[①]近些年有些案例可以提供经验性证据来证实这一点，它们证实了"非民主措施的采用经常被合理地披上通过民主授权达到民族目标的外衣"这一怀疑。[②]上一次2004年11月国会以及总统选举具有争议性的结果就是一个特有的典型例证。西南非洲人民组织的统治似乎更倾向于政党的利益，而不是其本有的法定义务，同时它也不在乎那些政治地位低的、持有异议的公民的意见。被发现的违规行为会导致质疑，无论高等法院最终如何判决，这种质疑的影响将是深远持久的。

---

① 萨利赫 2000：24.

② 萨利赫 2000：24.

纳米比亚的两院制体系

　　卡坤贾总结道,[①] 纳米比亚宪法追求一个强有力的中央执行系统（其中包括有实际执行权的总统），在此系统下，权力可以下放给选举产生的全国议会代表及地方议会代表，作为附属议院。在纳米比亚宪法起草的最初阶段，制宪成员对于新建立的民主体系的结构以及权利的划分存在着分歧。西南非洲人民组织希望有一位执行力强并且享有接近无限权力的总统，以及一个建立在民众投票和比例代表制基础上的单一制议会，而大多数较小型的政党主张建立具有两院并且更具有象征代表意义的、行政职能上显著减少的国家元首。[②] 最终，双方经过交涉让步，同意拥护一位具有相当影响力以及执政能力的总统，成立一个立法的国民大会（国会）以及相应的经地区选举的政治机构（地区委员会）。这个地区委员会将从轮流从各选区选出，在国会占有两个代表席位以作为第二院，主要作用是负责提供意见以及咨询。根据同意的先决条件，划界委员会首先应该在无偏见和歧视的基础上，呈交重新划分选区的提案，然后再交由地区委员会的选区来投选。做此妥协是为了从西南非洲人民组织手中夺走其对保留地的控制。这些保留地是种族隔

---

① 卡坤贾 2002：32.

② 福雷斯特（1998：45 ff. ）提供了迄今为止 1989 年 11 月至 2000 年间与这一问题有关的最详细的程序和辩论，并提供了关于 20 世纪 90 年代中期之前的地区委员会和国务院建设和巩固的进一步的说明。

离时代的产物，那时的区域结构破碎而扭曲。鉴于其主要支持者集中在人口密集度高、奥万博人曾经聚居的北方地区，该政党担心，若以地区选举为基础产生上议院，与在全国范围内按比例选举的方式相比，会让在种族隔离时期支持"分而治之"政策的政党有机会获取更大的政治影响力。

149

在 1990 年 9 月建立的划界委员会回顾了现存的领土和在区域上的行政法律现实，旨在修改自 20 世纪 60 年代早期，出台和巩固的所谓的南非种族隔离的种族隔离结构。1991 年 7 月，委员会向内阁提交了一份报告，提议在 13 个地区根据人口密度建立 6 到 10 个选区。内阁在 1991 年 9 月采纳了提议。在 1992 年 8 月底，国民大会分别通过地区委员会法案、地方当局的法案、选举法案采纳了必要的立法，为宪法中制度的实施铺平了道路。① 随后在 1992 年 11 月 30 日和 12 月 2 日之间，首次出现了独立纳米比亚共和国的地方和区域选举，并且有超过 80% 的选民参加，以示他们对该选举的支持。尽管西南非洲人民组织对其在国内的拥护度天生缺乏自信，该党派仍获得了其几乎无处不在的地区统治。该党派在 13 个选区中获得 9 个选区的绝对多数支持，因此从一开始的获得三分之二支持直到达到获得国民议会 26 个席位中的 19 个（剩下的七个席位由特恩哈尔民主联盟所占有）。"因此，西南非洲人民组织最初（1992 年之前）所担心的，同时也是特恩哈尔民主联盟所希望

---

① 虽然宪法已经规定，机关应在两年内成立，但还是发生了轻微的延迟。尽管如此，更重要的是政治意愿最终导致了对制宪会议所做决定毫不妥协的实施，从而无条件地尊重和承认宪法愿景。

的，即全国委员会将会被反对党成员所主导的局面，显然没有出现。"①

2004 年 11 月 29 日和 30 日，随着上一次地区性选举的举行，西南非洲人民组织又一次以绝对优势确立了压倒性胜利。在将近 100 万的记录投票结果中获得了一半多（53.5%）的选票，这明显少于仅几天前出现在国家选举中的情况。该党从 107 个赞助者们那赢取到 96 个，并且在 13 个地区议会中，使其代表席位从 80% 增至了 90%。尽管这一在政治事务上的垄断逐渐在两议院形成趋势，国家委员会依然在过去几年中建立了其不可或缺的辅助地位，它在行使其权力时，通过作为另一个有形的平台和会场，设法提高其名望并为纳米比亚的民主政治提供政策讨论，尽管这能力及影响有限。在其最初的巩固阶段，国家委员会甚至挑战议会最高权，望与议会权势同等，并得与认可。考虑到整体的主导地位和权力、考虑到同一政党在两会中的总体主导作用，这一问题通过内部协商得以解决，如此一来，国家委员会成员的影响力及权势虽未增大，但是他们的声望和地位却无疑得到了提高。②

---

① 福雷斯特 1998：240.

② 在 1996 年 3 月底，全国委员会拒绝接受国会提交的已婚者平等法案的议会草案，但是，虽然面对反对意见，国会还是通过了早前 4 月份提出的原始版本，从而承担了全部责任和权力。1996 年 5 月，出现了另一个关于权力，特权和豁免权条例草案的争论。这一次，国务院提出了改进建议，得到了国会的接受和采用。1996 年 3 月总理公开承认了存在于两个内阁之间的利益和能力的冲突。4 月，国务院通过法律声明授权国务院主席与国会享有同等组织地位。由于公开冲突，西南非洲人民组织干涉并指示其成员在两院中对于党内不同意见进行了梳理。

有趣的是，在 2004 年选举前，在西南非洲人民组织议定候选人提名中夹杂着一系列阴谋和权力斗争。最大的受害者就是前一任未能连任的国家委员会主席。这些内部斗争似乎表明，地区议会，尤其是全国议会，已经不再是之前的弱势角色，反而在制定政策的过程中赢得了名望和影响力，也提供了一个比最初更有吸引力的仕途（同时也可能意味着能够施加影响力）。这证实了当前的趋势，即国家委员会成员开始积极地进行官方政治演讲的遣词造句，而抛开了之前只是把稿子拿过来读的形象。国民议会也多次在立法过程中开始重拾责任，这使得国民大会在最终通过法案之前须对意见书进行修改。然而始终没有异议的是，国民大会授予两院清晰的最终责任，两院之间也继续保有等级制度。然而，作为"仅作为"地区或国家议员的烙印，已经明显地褪色，并且被更广泛认同和尊重的（自我）形象所取代。两院中一党趋势越来越明显，而国家委员会对多民主对话（甚至是因为这种对话所代表的作用及角色不一样而存在于同个政党内的多民主对话）的支持作用可能又要减小了。

立法机关的角色

国家会议（国会）根据宪法第 44 条获得成立，它作为纳米比亚共和国的最高立法机构，"有权力通过经总统同意的法律"。① 正如第 45 条所规定的，"国会成员应当是全体人民的代表且应当依据本宪法的目的、公共利益及其道德的指引履行其职责。"② 它由 72 位当选议员组成。第 46（1）（b）条允许总统最多指定 6 个额外的成员，"鉴于他们特别的专业、地位、技能或经验"。这些额外成员并有选举权"并且不应当被计入为确定本宪法或任何其他法律所规定的任何多数人名额中"。③ 国会议员在比例代表制的基础上每五年选举一次。他们从经选举理事会批准参与竞选的各政党提交的名单中被选举入职。依据第 133 条，1989 年 11 月在联合国监督下选举产生的立宪议会组成独立共和国的第一届国会，"并且其任期和总统任期视为从独立日已经开始。"随后，该任职期限在五年后的那一天（3 月 21 日）结束，在这天，总统选举和议会选举

---

① 作为第二个国会的议院，国务院根据宪法第 68 条款而建立的。其 26 名成员是由纳米比亚的 13 个地区的两个民选代表中选出来的。地区委员会最初是在得票最多者当选制（赢者通吃）的基础上每六年进行选举。同时通过法律改革，他们的立法任期已如国会议院一样改为了五年任期。关于宪法第 75 条的条款，国务院认为所有议案需在国会上通过。国务院可以提议对草案进行进一步讨论，也可以对法案提出修订建议，但最终，只有国会才能根据其判断，遵循协商和决策制定过程通过法律。

② 有趣的是，这种说法指的并不是基于这种理由而生的党派联合或忠诚。

③ 过去，总统曾根据这个判断任命了党的忠实支持者，因为这些支持者们在党内名单上的排位很低，他们并不是通过直接选举而被任命的，这个党内名单反映了参加西南非洲人民组织大会的人员的倾向，以及其对候选人投票的顺序的偏好。总统选出的额外的国会成员主要是由他自己从政治机构（部长或副部长）选举出的国会成员范围外挑选出来的。总统还根据自己判断利用这种权力通过增加党内的女性成员以降低党内性别的不平衡。

中新当选的成员（通常在之前的 1994、1999 和 2004 年末）单独宣誓或庄重确认要"尽自己最大的能力，维护和保卫宪法及纳米比亚共和国法律"。

第 35（1）条规定，部长由国民大会主席从国民大会成员中指定，或是从国民大会或全国委员会的副部长中产生（第 37 条）。两种情况下，议会成员均包括由主席按照第 46（1）（b）条规定任命的人员。目前内阁有 40 多位部长及副部长，几乎所有西南非洲人民组织成员都是内阁成员或受到委任代表部长们参加内阁会议。宪法规定，内阁成员要对主席和国民大会负责（第 41 条）。因为几乎半数议会成员同时担任部长或副部长职位，按照分权与制衡原则来划分权力几乎难以为继。而且，国会议员同时正作为部长或副部长履行责任，而他们似乎并未获得授权来全权代表选民。因此，大多数西南非洲人民组织国会议员都是部长（副部长），并对其自己和总统负责。这种组合即使在最好的情况下，也是一把双刃剑。这种情况下，卡坤贾①所强调的分权跟现实相比，更是一种"痴心妄想"。多数情况下，在议会讨论上，西南非洲人民组织国会议员是作为总统任命的部长或副部长，而不是作为代表选民的议员，上台发言。这模糊了不同职责和能力之间的界限，最终削弱了国民议会的作用，限制了其在议会常委会中有关公共利益的事情上承担任何有意义的工作能力。

独立后的首个立法机构在任期间，在一个关于议会内阁间关系的批判性的评价中，布库拉玛总结说："议会有意或无意

---

① 卡坤贾 2002：30 f.

地给执政者变强的空间，因为这被认为是符合期待的。"① 参
考议会发言人的解释性发言，他指出了两种互相矛盾的看法：
a）在既定的独立环境下，有一个强势的执政者是件好事，且
b）到稍后的阶段，执政者地位一旦巩固，他们将会情愿放弃
向议会"借来的"权力。他推断，两种假设都是有问题的，
并对制度上的联系起关键作用。因此，

> 行政部门对它向议会所要求的这种"补偿"是非常
> 警觉的。换言之，正是议会的妥协加固了行政部门的行政
> 力量，议会也因此丧失了主动权。因此，是行政部门本身
> 在任期内根据自己的节奏来最终决定授予议会政治空间的
> 正确时机，而不是议会。②

152

因此，国民大会没有参与到有关纳米比亚迄今为止面临
的主要挑战的辩论中（更别说参与做决策），这并不让人觉得
意外。1998 年，宪法第一次进行修订。尽管其他大多数政治
党派和公众的强烈反对，西南非洲人民组织的政治代表还是
在两会（国民大会和国家委员会）中获得所需的三分之二的
多数票，通过了宪法修正案，允许总统作为国家元首继续第

---

① 布库拉玛 2002：80.

② 布库拉玛 2002：81。

三届任期。① 通过以上决议，西南非洲人民组织国会议员在西南非洲人民组织大会上仅做出了一项决定。从传统观点来看，这一干预性政策由全体登记公民匿名投票通过，是具有合法性的。然而，虽然这种进步有着形式上的合法性，但是它忽略了所有可能使其被视为错误信号的警告。同年（1998年）8月，国家元首人为命令的干涉使其参与了刚果民主共和国的一场战争。国家元首在职期间被宪法赋予了这种意义深远的为了保护国家安全利益的独裁行为的权利。然而，在这种特殊情况下的执行方式也引出了这样的疑问，即，在规定的紧急状态下它是否真的有必要这么做。毕竟，它完全忽略了众多当选的政治机构代表（当然也包括人民代表）磋商的需求。不论是内阁还是议会未参与讨论此事。

一年后的1999年8月，卡普里维地区建国的失败，演变成了一场明显企图武装分裂祖国的行动，最后惨遭失败，但是引起了当局的大型镇压，导致了民族沙文主义进入了一个新阶段。② 又一次地，议会在紧急问题中只发挥了基本作用。而在休会期间，总统使用其任职内的权限在纳米比亚共和国历史上首次宣布国家处于紧急状态。由于这个决策在被提交

---

① 纳米比亚宪法第134条修订案增加了一个子条目，第134（3）条，该条规定"首任纳米比亚总统可以执政3个任期。"该条款作为1998年纳米比亚宪法第一修正法案刊登在纳米比亚政府公报，温得和克，1998年12月24日，2014期304号政府通告，原文抄录（Government Gazette of the Republic of Namibia, Windhoek, on December 24, 1998 (sic!), No. 2014 Government Notice No. 304）。

② 霍普伍德2000.

后 30 天的有效期内已被搁置，国会未尝干涉这个影响深远的决策的制定，只是不得不把有效期再延迟 30 天。[①] 从 1999 年末起，纳米比亚军队被卷入与争取安哥拉彻底独立全国同盟的军事冲突之中，直到萨文比去世之后同盟瓦解才结束。它将部分本国边境地区变为低调的战区，却导致当地平民惨重的伤亡。[②] 如果说议会真在决策中扮演了角色的话，也只是一个很小的角色，充其量是在随后根据国家元首的指示努力将其决策合法化。

出现有关这些或其他问题上的批评的声音，不是怀疑所做决策的其他选择，而是质疑作出决定的程序是否被标以不爱国的标签。对纳米比亚的忠诚被视为对西南非洲人民组织政策，特别是党派主席的忠诚。反对意见都会被边缘化。国家建设建立在牺牲少数人的基础上。抨击同性恋以及种族排外已经是最高政治干部的拿手好戏，包括在国会讨论中来自八月议院的各种声明。[③] 当作出不利于政府政治意愿、不得人心的决定时，司法机关的独立性就会遭到公开质疑。政党官员，包括各国会议员和各部长，一再明确表达了未被领导者更正的违宪要求。

153

---

① 严格来说，该规定表明，一旦国会处于休会期间，总统可以不需要国会的任何参与，宣布一个长达 30 天的紧急状态。

② 参见兰博关于 1998 年至 2000 年间卡普里维地带和卡瓦哥地区国家安全部队虐待人权的报告概要，兰博（2002：35~37）。

③ 参见以下主要观点：阿弗雷兹 2000；布莱恩尤夫斯德特 1998；梅尔伯 2003a；杜皮萨尼 2003。

公众对民主、政府及治理的认识

纳米比亚的政治文化揭示了在独立了十多年之后的一些令人不悦的特点。在世纪交替之际，纳米比亚在一份在非洲六个国家①中做的关于公众对民主的关注意识的调查中排在最末位。报告摘要总结了纳米比亚和尼日利亚，"在这些国家中，巩固民主是一个遥远的前景"。②在接下来对 11 个非洲国家的调查中，纳米比亚人的民主偏好性从 2002～2003 年的接近 60% 下降到 50% 出头，并且排名掉到了倒数第二位，排在其后的是莱索托，而莱索托在对民主的支持方面进步确实相当大。③ 1999 年至 2001 年的调查显示，受访的纳米比亚人有约七成认为政治制度是十分民主或仅有些许瑕疵的。但 2002～2003 年的调查中，这一比例则不足六成，认为政治制度丧失了其合理性。④另一个相关的调查显示，两国（纳米比亚和莱索托）都"有五分之一的人愿意考虑其他非民主政治体制"。⑤

一份海伦·苏兹曼（Helen Suzman）基金早前关于 6 个非洲南部国家的调查得出的另外一个清晰的结论就是：纳米比亚是唯一一个大多数人无法接受其政党失败的国家。这一调查的结果被解读为"对未来彻底失去信心"，然而最终"仍有不超

① 马狄斯等 2000.
② 布拉顿和马狄斯 2001：120.
③ Afrobarometer 2004：2.
④ Afrobarometer 2004：6.
⑤ 布拉顿等 2004：30.

过三分之一的受访者表示对国家未来的民主历程有信心".①
另一个实证调查揭示了"并不是所有纳米比亚人都对民主的
概念有一个清楚的理解,而且并不是所有纳米比亚人对那个概
念的理解都是相同的."② 从 18 岁至 32 岁的纳米比亚人的最
新调查中得出结论:"纳米比亚没有足够的青年民主党人来使
民主得到巩固并使之成为定局."③ 相反,对公共机构的支持
度与在野党派的关系之间存在着强烈的关联,这种关联表明了
在"我们"(西南非洲人民组织)和"他们"(非西南非洲人
民组织)之间存在着巨大的党派分歧.④ 鉴于西南非洲人民组
织的主导地位,与其他无清晰政治关系的国家相比,实际上真
正的一党专政的结果会赢得纳米比亚人民相对积极的支持.

相较其他国家来说,纳米比亚的政治表现在非洲民主、市
场和公民社会方面的公众态度调查中评价良好,该调查于
2003 年 8 月至 9 月在 1200 名受访者中进行。在十五国的研究
中,纳米比亚、加纳和肯尼亚一起,拥有"最令人满意的民
主人士".⑤ 虽然结果表明总统是拥有最高的支持率的(与所
有国家平均 70% 的比率相比,支持率为 91%),但其制度支持
率很低并且是所有国家中最不尊重反对党的国家。在十五个国
家的调查中,有平均百分之十九的回应者持有总统应当能够按
他的意愿任职多少个任期的观点,而纳米比亚回应者们的赞成

---

① 约翰逊 1998.

② 科尔德等 2000:253 f.

③ 科尔德和斯派克 2002:28.

④ 科尔德等 2000:261.

⑤ 布拉顿等 2004:36.

率则高达百分之二十九（第二高，仅次于莫桑比克）。在 15 个国家中，认为总统签署法案时不用考虑国民大会的民众比例是最高的，为 45%（平均比例为 19%）。这与"国民大会成员代表人民，因此即使在总统不同意的情况下，也应制定法律"的调查条目的百分之三十六的最低支持率（相比之下，在所有国家中平均比例为百分之六十一）相一致。①

　　基于这些经验证据，由科尔德、诺德和艾明豪斯（Keulder、Nord 和 Emminghaus）给出的模糊的结论似乎是一个对纳米比亚相对年轻并且仍未统一的国家民主的优势与劣势的公平但同时也使人担忧的反映。就像他们的发现所得出的，这个国家基于西南非洲人民组织压倒性的选举支持的一党制必须被视作维护当前民主系统稳定的一个重要因素。

　　这在年轻的民主国家建立的早期，对执政党的支持向对制度的支持转变，将会避免合法性方面的危机。然而，与此相关的负面影响是民主主义的未来也将掌握在少数的统治精英手中。②

¹⁵⁵

议会制民主的局限

　　对这次质问殖民地自治化的发人深省的现实结果，约翰·索罗③将其描述为"无民主的自由"。对此，在解放战争期间，

---

① 布拉顿等 2004：33.

② 科尔德等 2000：261.

③ 约翰·索罗 1999.

解放运动内部活动的记录以及他们掌权后民主美德的缺乏和对于人权保护的不尊重，都是非常消极的例子。[1] 植根于少数人中极权殖民统治中的对不公平制度的反抗没能使他们免于诉诸最恶劣的对内压迫。[2] 这种限制的结果最多也只是约束一下对批评的放任不管，而对接受批评几乎不产生任何作用，这点在公开讲话中尤为明显。若不遵守就会与不忠或背叛联系起来。因此，对异议的边缘化而非消除，限制了基于改进创新并通过不断调整来重建政治体制的能力，以符合公众利益和之后他们自己的信誉及合法性。政治机构责任者这个圈子试图只局限于那些同志们，即在指挥—服从系统展示服从个性而获得声誉和尊敬的人们，而不是坚持独立和自治的民主思想的个人。

这样的结果是处在管理的高位上进行运作一个新的政治统治精英群体的形成，这一新的统治精英是基于通过解放战争中一些经选择的叙述与记忆而形成的后种族隔离社会的特殊背景下形成的。在一个特定社会力量载体的直接领导下，它建立或者说创造了新的传统以确立后殖民主义的合法性。[3] 解放者的

---

[1] 试比较莱夫和索罗 1995.

[2] 如 Lamb（2001：33）兰博有关西南非洲人民组织对流放期间的人权的虐待的解释："国际社会对虐待人权熟视无睹，反而把纳米比亚的独立看得比人权还重要。特别是在道德上认为西南非洲人民组织高于南非安全部队。这导致了不断发生虐待人权而不受制裁的环境。"有关一名 20 世纪 70 年代中期国内镇压的受害者的详细叙述，可以参见纳塔纳尔 2002。对被拘留者情况及其受到纳米比亚国会的对待的概述，参见索罗和利恩 2003。

[3] 有关赞比亚的内容参见 Kriger 1995 和 Werbner 1998，有关纳米比亚的内容参见梅尔伯 2003a。

自我神化在正统性的编造中发挥了必不可少的作用。独裁或国家从属于政党的倾向，以及基于政治目的地将社会和物质支持作为对忠诚进行奖励的制度，或者对异议分歧施以不利，都是很明显的手段。政治统治者倾向于利用租金或闲置资本进行自我提升的同时，也施行全面控制以使他们的规则得以延续。发展政策的制定及发展是建立在权利主义的基础上，这限制了人民的空间并削弱了其在制定政策过程中的参与度。[1] "国家利益"的目的是"为各种专制的做法辩护"，使得"'反国家者'或'不爱国者'当时任何抵制统治精英的群体得以被区分出来。"[2] 这些选择性运用和保留权力的机制与在解放斗争时期，尤其是流放中，呈现的民兵结构有很多共同点。

世界上许多其他社会可以发现类似的机制，但这些社会被看作是民主的国家。权力腐败不是非洲独有的常见事实。即使在有着民主稳固和规范的传统的情况下，对很多人来说，一旦他们尝试过权力的滋味，他们就很难放弃权力。在非洲背景下，参考非殖民地化的早期进程，它被贴上了"压制性逆转"的标签。在新民族主义政府统治下，他们努力反驳对他们政策提出的质疑，这些政策包括"从成为公民的、国际的政策到变为狭隘的、地方的政策等方面"。[3] 在亚力克斯·托克维尔（1805～1859）提出的分析背景中，这一点很值得关注。他在法国革命（1856年第一版）弊端的批判性回顾分析中回顾了

---

① 萨利赫 1999：163.

② 哈里森 2001：391.

③ 海顿和奥基波 2002：38.

因统治集团（1851年路易·拿破仑军事政变后成立）复辟而激发的挫败感。托克维尔关于旧制度与大革命（法语原名为L'ancien regime et la revolution）的研究，在此特例之外提供了相关的思考线索。[1] 他认为在实施新的体制系统的过程中，法国革命者保持了这个古老国家的心态、习惯甚至思想，并试图用这些摧毁旧国家。他们是在使用旧国家的瓦砾来建设新社会的根基。他得出结论，为了理解革命及其成就，必须忘掉面前的社会，转而考察先前那个被埋葬的社会。在最终的推论中，他暗示自由已经被另一种压制所取代：革命者在捍卫、建立和巩固其权力基础的过程中，牺牲了那些宣称的理想和实质目标，而那些理想和目标，正是他们以同一场革命的名义而为之奋斗的。

对于国会究竟是引起问题的一部分或是解决问题的一部分，主要取决于既定的精英们的权利决策。就目前而言，虽然在纳米比亚独立的十年之际巴胡洛（Mbahuurua）已经解决了一些争议，但这些问题仍然存在。"行政机构作为可行的民主因素，在多大程度上为其他的政治制度提供了支持？或者，换句话说，纳米比亚的行政权是促进民主的还是压制民主的？"[2]抑制和严厉打击反对立宪主义的潜在势力，是反对殖民地区解放斗争的业绩，是基于对大多数民主规律合法化的结果。布库拉玛提出，"某些解放斗争虽然妥协了，但是在独立后仍以某

---

① 试比较鄂德姆1991.

② 巴胡洛2002：61.

种方式继续对多元主义和观点多样化起到作用。"① 在此进程中获得的教训本身可能"并不有利于多样化、政治多元化的推进，以及人类权利文化的尊重和维持。"② 因此，挑战存在于过去和未来间寻找答案的过程中。再者，除了上面提到的问题外，他还提出，是什么让那些身居权利高位、拥有影响力的人们公然违法，和/或号召其他人违背他们曾誓言遵从的法律？如此公然违抗能够为持续反抗和永无止境的解放斗争播下种子，这种说法难道不是真的吗？如何应对高层次的公然反抗？珍惜并迎合过去和为了满足未来的需要及要求而建立宪政、法治、宽容，尊重法律的文化之间的正确平衡点在哪里呢？过去何时结束？未来何时开始？③

　　此外，我们还可以在总结中增加一些，比如提供何种程度的议会论坛，其中的当选代表不仅忠于自己的政党，而且首先忠于由投票给他们的选民的利益驱使的个人道德和政治意识？毕竟，这是对纳米比亚宪法文字和精神的尊重，正如之前第45条中定义的：议员是全体人民的代表，应当由公众利益及其意识所引导。

---

① 布库拉玛 2003：44.
② 布库拉玛 2003：44.
③ 布库拉玛 2003：45.

9 埃塞俄比亚的国会和执政党

卡萨洪·贝尔哈努

（埃塞俄比亚的斯亚贝巴大学政治学和国际关系方向）

引　言

本章节回顾了三个连续的埃塞俄比亚政权制度的建立模式和途径：海尔·塞拉西一世、埃塞俄比亚社会党执政委员会"德格"（一党独裁）以及埃塞俄比亚人民革命民主阵线。同时本章也试图找出埃塞俄比亚立法机关组织和运作方式的相似点和不同之处，以及其在监督和管理功能方面发挥的作用。我这么做的目的是找出在上述不同政治体制中，民主管理是否曾是埃塞俄比亚政体的决定性因素。因此，我将考察埃塞俄比亚议会在独裁政府（一种无政党的帝国统治）、埃塞俄比亚社会党执政委员会"德格"以及埃塞俄比亚人民革命民主阵线（一党主导下的多党制体系）下，其变化的角色。然而，观察埃塞俄比亚在一党或者一党占主导地位的政党体制下运转的所有历史时期内，这两种体制对一个充满生机的民主治理立法进程和结果都没有益处。

具有主流权力轨迹的混合议会

163
这部分介绍了埃塞俄比亚连续几个政权体制下，一个作为政治体系中主要组成部分的"现代"立法机构的创建过程。埃塞俄比亚内部和外部动荡的出现造成了对创建立法机关以采用非传统的管理方式和途径的需求。以此为目的的变化的运动被认为是增强现代性并且同时成为不同时期主宰埃塞俄比亚政府政权的合法性的基础。

帝国统治下的"现代"议会体制的起源

通过继承王位而获得绝对权利之后，海尔·塞拉西一世引入了第一个"现代"宪法，这是 1931 年埃塞俄比亚政局的特征。宪法规定了两院制立法机构并且认可了海尔·塞拉西对设立无可争议的行政、立法和司法权力的追求。国王作为一个管理者的合法性和行使公共权力时无所不能在不同的宪法中有不同的规定，其内容如下：

• 埃塞俄比亚领土，从一端到另外一端，作为一个整体，属于陛下（皇帝）政府所有。所有本地人（作为）帝国臣民组成埃塞俄比亚国（第 1 条）。

• 在埃塞俄比亚帝国，至高无上的权力掌握在皇帝的手中（第 6 条）。

• 皇帝应当规定所有管理部门的组织结构和法规。他也有权来任命和罢免军队的官员和文臣，以及决定他们各自的费用及工资（第11条）。

● 皇帝有谈判和签署各种条约的法定权力（第14条）。

宪法第31条赋予君主从贵族及拥有能够证明其身份资料的国家高等级平民和军人中任命上议院（参议员）成员的权力。这一点可以从以下情况中得到直接体现：国王从所有统治集团阿姆哈拉州和提格里州中，任命了最初二十五名参议员。宪法第32条规定贵族和地主不能通过间接选举机制当选议会（下议院馆）的下议院成员。按照规定，这一做法将一直持续直到"埃塞俄比亚人民"有能力直接选举自己的代表。根据雅各布[①]所言，在众议院服务的资格标准是固定的，即指定的代表应该被证实是对君主忠心耿耿，是一个爱国者，一个虔诚的宗教信仰家，性格耿直。

164

1936年至1941年间，意大利法西斯入侵并占领了埃塞俄比亚，海尔·塞拉西的改革措施以及加强中央集权的管理制度因此被迫暂时停止。意大利在东非的统治结束，在"二战"鼎盛时期的1941年，海尔·塞拉西重掌政权。由于英国军政府对海尔·塞拉西以前的司法管辖区的某些方面施加约束，他的回归最初没能表现出他已重新获得战前无所不能能力的信号。一开始，一方面是通过侵略方式反抗中央集权，以及随后海尔·塞拉西一世政府的解散；另一方面在民间又广泛传播着对有影响力的反抗领袖的崇拜情绪，这些对于绝对控制的恢复造成了威胁。然而，这种类似的障碍只是短期存在，通过运用从绥靖政策到分裂可能的对立集团等外交和行政手段的有效结

---

① 雅各布 1997.

合，障碍很快就被清除。

1941 年重新收回埃塞俄比亚主权之后，1931 年宪法和战前议会得到重新组建。省级管理层面上重新划分出 12 个省，每个省包括 20 个选举区。所有的纳税人、所有有房产的人、所有知名人士都有选举权。[1] 每个选区派送其代表去省会的行政首都，在那里有省长、教会的显要人物、内政部的代表，还有从众议院选出的代表省会的做记录的宣誓官员。[2]

在权力得到稳固的确立后，海尔·塞拉西一世的第一步就是通过对分散权力集团的致命一击重申其绝对权威，这些集团曾利用他缺席的五年时间重新上台。莱文发现了在 1941 年后期政权的三项改革。[3] 这三项改革是重建财政部长下领导的常备军，重组省级政府——所有损害局部权力中心的人和事都通过可确定归属的、传统的声明和通告予以确定。正如阿斯米拉什所认为的，这些措施为皇帝提供了前所未有的权力和特权。[4] 1941 年国家独立后不久，埃塞俄比亚的行政机构都进行了彻底革新。[5] 皇帝的忠实跟随者的保留及法院奸党在战后政府担任要职，成为皇帝权威性和影响力的坚实基础的不可忽视的力量。

既然所有的事情都按照皇帝的意愿进行，后续旨在加强中央集权的措施也开始坚定地实施起来。一系列此类措施中的第

---

① 佩勒姆 1948.
② 佩勒姆 1948.
③ 莱文 1965：179～180.
④ 阿斯米拉什 1987：37.
⑤ 克拉彭 1969：9.

一个措施在埃塞俄比亚皇家政府 1942 年 1 号法令（埃塞俄比亚皇家政府 1942）中得到明确表达，对州立政府的建立，机构、行政官员及其职责，国会和委员会的司法权、能力、责任制和组成等进行了详细规定。国王通过内政部来进行他对所有行政权力的行使。内政部被赋予监管省级各类行政单位的职权。中央部门（财政部、司法部等）需要在中央政府的核心成员的协调和监督下，处理其代表以及公共职责的相关事宜。

伴随着埃塞俄比亚解放在国内外十五年间发生的许多发展变化，皇家政府不得不在其工作中引入新要素。这使得宪政改革达到了顶峰，导致了举行选举和构建立法机关的模式和方法的改变。除了 20 世纪 50 年代早期以非自治领土民族解放斗争为特点的下级区域政治局面的变化，1952 年厄立特里亚与埃塞俄比亚的联盟明显暴露了 1931 年宪法的不足。值得注意的是，1931 年宪法与联合国授予厄立特里亚的自由宪法形成了鲜明的对比。此外，君主政权因为不愿采纳为国民谋取自由和解放的自由宪法而受到各方批评。因此，为促使厄立特里亚更接近"祖国"而引入新的自由宪法的构想也得到越来越多的正视。1961 年 4 月，帝国卫队上演的政变挫败后几个月，皇帝在回顾过去的讲话中总结了促使修订版宪法颁布的原因如下：

> 随着我们的帝国逐渐壮大富强，（1931）年宪法无法充分满足人民需求变得日趋明显。因此，我们于 1955 年公布宪法修正案……其中的条款使我们的人民得以享受直接参与政府事务的权利。我们单独或合作地工作，我们的

166   部长们以及我们的议会之间的分权也成为了永久的制度形式。①

    玛卡基斯和阿斯米拉什认为，1955 年促进宪法改革的两个基本动机和 1931 年激发这种尝试的动机是相同的，也就是君主对国际形象的担忧和通过更微妙的形式继续君主权利的中央集权化管理。② 除对两院立法机构的制裁外（众议院和参议院），有资格的选民可以选举下议院议员，尊重其言论、出版、社团和集会的权利和自由，修宪让中央政府的结构更加完整。

    1955 年修订的宪法是对前一部宪法（1931 年宪法）的完善。它在政府立法、司法和行政部门中维护了君主无可争辩的地位，如第 27 条中所规定，以下这段话确立了他的无限权力：

    国王决定所有政府部门（和）行政管理机构的组织、权力和职责，以及官员的任用、晋升、调动、停职与解雇。

    1955 年宪法第 96（b）条规定下议院选举在城乡选区实行直接普选。竞选下议院席位的候选人的资格要求：“是一个真正的居民，且在其选区内拥有房产。”建立在财产所有制基础上的资格标准自动剥夺了占人口绝大多数的城乡穷人的资

---

① 引用自埃塞俄比亚观察（Ethiopia Observer 1961：5/2.）。

② 玛卡基斯和阿斯米拉什 1967.

格，因而保证了资产阶级在政府立法机构中的牢固地位。然而尽管有如此规定，1955年宪法改革产生了这样的情况：公众投票者和候选人参与选举明显增多。

根据帝国政府（1973年）国家选举委员会显示，从1957年至1973年，竞选者人数、注册选民人数、选举日前往投票点投票的人数以及当选者人数稳步增长，从1957年[1]的约370万人，增长到了1973年[2]的约730万人。

然而，尽管如此，雅各布认为候选人数、登记选民数或席位数字的一般性增长并不能说明这代表了城乡穷人的利益。[3]社会贫穷者以及无财产的那部分人群权利被限制在通过投票选举当前社会所青睐的候选人来使得压迫制度的延续合法化。雅各布同样认为：

167

> 宪法的条款和选举法使得乡村的精英和地主容易成为候选人。他们确实容易满足不动产所有权的条件，忠于帝国政府并且接受过基本教育。他们运用其非正式的家庭与等级关系来使其提名获得支持并进一步被选举官员所接受。对他们来说，向选举委员会支付注册费或法定保证金不成问题……普通老百姓却几乎无法在选举中争取到哪怕

---

[1]　修订后的宪法公布后的第一次选举是在1957年。

[2]　选举团，1973年第五届全国代表选举电子流程名册（Electoral Board, 1973, Register of the Election Process of the 5th National Electron of Deputies）。

[3]　雅各布1997.

只是候选人的资格。[①]

克拉法穆认为，经修订的 1955 年宪法比 1931 年版更加全面。[②] 尽管是以微妙的方式，它进一步发展了 1931 年宪法集中化和现代化的主题并明确了埃塞俄比亚是皇权国家下的一个帝国。它先发制人地阻止和抵消了《联邦法案》的分歧意见，这个法案界定了厄立特里亚和埃塞俄比亚之间的关系，从而使前者与后者的关系更加紧密。从表面上看，修订过的宪法似乎强化了三权分立和君主立宪制度的基础。但是，事实上，自古以来的君主至高无上的权威未受丝毫的影响。皇帝成为了这个美丽地方的最高统治者和国家元首。马克尔德兹总结情况时指出，议会（特别是参议院）担任多种用途，如通过把仍然影响重大的贵族和该政权中已开启中央集权化和现代化动力结合在一起，为贵族创造一个光荣退休的地方。[③]

后革命时代的埃塞俄比亚立法机构

1974 年，由各种因素引起、终止了旧政权的革命进程的爆发，强调了一系列的主张和要求，而这些主张和要求，海尔·塞拉西政府从来都置之不理或对其无能为力。学生、工人、公务员和人口中其他部分的人起来反抗，暗示国家及其人

---

① 雅各布 1997.

② 克拉法穆 1969：40.

③ 玛卡基斯 1974：104.

民所遭受的各种形式的不公和不法行为。在革命进程中，过去作为镇压民意的工具服务于政权的军队和安全部队加入了不满选民的行列。

在过多的革命要求和宣言中，人们主要引用的是诸如国籍问题、信仰平等、耕者有其田、改善工作条件和劳动者报酬、宪政改革、国家重组等问题。这样的结果是，这些运动被诱导并促使当时这种现状的结束。军方通过伪装成组织性更好的、武装的群众运动，把一个由初级军官和士官组成的委员会（"德格"）作为其代表来掌权。这运动以成立"临时军事行政委员会"——又叫埃塞俄比亚社会党执政委员会——达到高潮。由于来自社会激进分子和激进思潮的压力而跟上这个呼吁，对颇受关注的基本问题采取改革的革命浪潮，只是权宜之计，埃塞俄比亚社会党执政委员会在这个情况有变的背景下，准备采取多项被认为是合法且受欢迎的愿望的措施。

当其控制了埃塞俄比亚，"德格"立即暂停了国会、终止了帝国政权的宪法。"德格"宣称在时机成熟到可以制定一项作为民选政府之法律依据的新宪法之前，欲依法执政，从而实现了上述目的。历经十多年的军事统治之后，"德格"在1985年宣称自己已经成立了一个列宁主义型的大党，即埃塞俄比亚劳动党。随之而来的是自封的立宪政府的落成，此政府被指定为埃塞俄比亚人民民主党共和国的政府，该政府的合法性根植于一部新宪法——《埃塞俄比亚人民民主党共和国宪法》。

起草埃塞俄比亚人民民主党共和国宪法的进程被军事政权严格控制和监管，劳动党的领导人也秉持相同的原则。在政府掌权者、执政党（尤其是军事领袖门格斯图·海尔·马里亚

168

姆）的指导方针及指令下，来自各种不同机构（包括国家高等教育机构）的受过良好教育且经验丰富的人才被授权起草新宪法和一份文件草案。此外，专家们曾被进一步要求公开证明草案中各条款的合法性并为其进行辩护。①

由"德格"于 1986 年任命的宪法起草委员会成员包括：起草草案文件的专家、埃塞俄比亚劳动党中央委员会成员、政府高级官员、委托方的领导、大众组织与埃塞俄比亚劳动党联系紧密的专业协会、一些知名的公众人物以及宗教领导人。354 名宪法起草委员会成员中的大多数都不具有研讨与商榷宪法文件的知识与经验，他们也没有得到来自他们"选区"的授权来从事这项任务。他们被精挑细选出来的唯一目标是通过描绘敢于引入全社会各界参与全过程作为烟幕弹。该起草委员会召开了三次会议，对草案内容进行审议，最终将草案提交给埃塞俄比亚劳动党的中央委员会审批。政党领导将草案提交受审，以此获得意识形态和政策的一致性，并且在专门为此设立的论坛上接受公众讨论，交由人们对其进行完善。②

根据一份官方文件（埃塞俄比亚人民民主党共和国 1987）记录，该草案以 14 种不同的当地语言印发了 200 万份并在国内各地散发。据称，超过 1200 万符合投票年龄资格的公民在 125 万协调员的帮助下参加了 25 000 场论坛的公众讨论。

中央委员会在 1986 年 9 月 7 日的第 5 次全体会议上通过了宪法的最终版本，并决定由全民公决来正式生效，该费用有

---

① 雅各布 1997.
② 雅各布 1997.

以埃塞俄比亚劳动党的总书记和国家军事领袖门格斯图·海尔·马里亚姆为首的 61 名成员组成的公投委员会出资。在国家的各个不同的地区，以政权忠实追索者带头的公投委员会在各地方、省、大区和投票站建立起来，以监测和协调选举的进行。全民公投在 1987 年 2 月在 25 000 个投票站举行。据统计，1403.5718 万人或者说 96% 的注册选民参与了投票。其中，81% 投票支持《起草法案》，另外 19% 表示反对。①

1987 年第 314 号宣言书的颁布为全国选举委员会的建立奠定了基础，该委员会负责协调和监督国民议会（国会—深格）的选举。根据该公告的第 64 条，在国民议会（国会—深格）中占据席位的候选人主要为埃塞俄比亚劳动党成员、隶属于埃塞俄比亚劳动党的大型组织、工会以及该党派下的军队和安全机构。根据农村人口规模 75 000 为一地区，城镇人口规模 15 000 为一地区的原则，分派建立了 835 个选区。党委决定参选的资格，有资格参加竞选的，将会在为此目的而设的论坛会议上面被介绍给选民。选民在 1987 年 6 月 14 日前往投票，选出选区一个席位的唯一候选人。据雅各布所说，在进行投票之前赢家就已经出炉了。② 选民被组织起来进行选举仪式，选举已被选中的候选人。在 15 166 463 名登记者中，有 87.7% 的人投了他们的选票。③ 1987 年 6 月 14 日，国家选举在全国各地

170

---

① 埃塞俄比亚人民民主共和国 1987.
② 雅各布 1997.
③ 埃塞俄比亚人民民主共和国 1987.

的 812 个选区全天举行。与选区数目相同的 812 个议员获选。①

　　一个值得一提的利益问题是关于国家和地区立法机关候选人的"选举"。埃塞俄比亚人民民主共和国宪法授予埃塞俄比亚劳动党、亲政府的民众组织、"革命"武装力量部队在竞选中推举候选人的权利。我们认为这些机构代表人民群众，所以行使这些权利能取得普遍的支持。对此讽刺的高潮是，在大多数情况下，被埃塞俄比亚劳动党审查通过的三个候选人（像完全相同的三胞胎一样）首先被要求在彼此的选民中拉票。当选举将近时，他们当中的两个被刷下来，只有一个能成为候选人。另外，报道称许多候选人走到公众面前之前从未踏入过这些公众的聚居地。"人民民主共和国"就是这样重新复苏的。

　　结果，拥有 813 人规模的一院制议会（国会—深格）于1987 年 9 月 9 日登上政治舞台。埃塞俄比亚人民民主党共和国国会代表结构的设计者为多元社会群体代表的平衡认真设计出了这些机制。据官方消息②，其程序是经特意设计用以涵盖来自埃塞俄比亚各社会阶层的执政党（埃塞俄比亚劳动党）议员、支持者和赞助者。这一安排将职业、教育、年龄、性别构成作为参考而得以完成。因此，依据职业来划分，代表中有农民（36.5%），有来自工业、制造业和服务行业的工人（12%），来自不同军队单位的服务人员（12.9%）和全职党派活动家（8.5%），以及来自公共服务机构的党派成员和支

---

① 　埃塞俄比亚人民民主共和国 1987.

② 　埃塞俄比亚人民民主共和国 1987.

持者（27.3%）。妇女占整个被选举代表的6.4%。

1987年1号公告宣布的埃塞俄比亚民主共和国宪法代表了20世纪70年代中期开始当地政府的发展状况。公告用一个更加受欢迎的民选政府来代替军事规章，此合法文件包括一系列与当地行政机构相关的规定。第59条确认了埃塞俄比亚政权的唯一性，以及在其管辖权内开始行使并成立新的自治区。

171

第61条明确了自治区内许多行政单元存在的必要性，而这些行政单位等级制度的界限和程度应根据国家法律而确定。埃塞俄比亚人民民主党共和国（国会—深格）的国家立法机关作为最高国家权力机构（第63条第2部分a、b和c），有权建立行政区和自治区，确定其界限、等级程度和义务、收入来源，以及在所授权范围内颁布公告。在中央政府部长委员会的职责中，包括监督行政区和自治区深格（议会）的行政委员会工作（第92条第3部分）。

虽然埃塞俄比亚人民民主党共和国宪法的第65条确保了民族代表在中央立法机关的地位，第95条规定了在行政区或自治区中，国家权利的最高机构是区域立法机关（国会—深格）。宪法列出了这个机构的责任（参考第97条第1~9部分），包括补充法律、决策、国家指令、符合民族法律的地区性的社会和经济计划预算、地区法院的选举判决等。

随后，5个自治区和24个行政区以1987年第14号公告为基础，按照埃塞俄比亚人民民主党共和国的中央集权结构被建立起来。① 有意思的是，根据该法案被授予自治权的五个自治

———————

① 临时军事行政委员会1987.

区都是叛乱愈演愈烈的动荡地区。这些地区是欧加登、阿萨布、蒂格雷、厄立特里亚和德雷达瓦。这证实了首先考虑政治又一次对有关地方管理的决议产生了影响。

临时军事行政委员会促成埃塞俄比亚人民民主党共和国成立，其目的是优先处理反对势力并且保持其在野，宣称现已形成了宪法选举产生的国民政府。一个虚假的宪法和橡皮图章式的立法机关应运而生，以作为该政权如假包换的军事组成和政权的独裁的性质的烟幕弹。本质上，真正发生变化的只是军衔的降低、最高领导层的制服、对人们有利的级别和文件以及党的制服。

1987 年的埃塞俄比亚人民民主党共和国宪法确定了国家的中央集权性，行政区和自治区都处于其管辖之下。国家立法机关被授予创立和撤销本地政府部门的权力，它有权处罚在任的或其他官员，决定他们的职责和薪水来源并颁布管理他们运行模式的规章。此外，对该区域立法机构的行政委员会的绩效监督完全受中央政府的控制。对此，令人惊讶的是，所有这些决定都是在没有征求意见的情况下达成的，更不用说人民群众的积极参与了。

国会（国家议会深格）每一年作为例会召开一次。由国家首脑和埃塞俄比亚劳动党中央委员会总书记领导的由 24 人组成的国务院，在其定期例会之间开展活动。其中共有政党领导人领导的 7 个委员会及政务委员领导的 9 个部门。他们执行国务院的任务，也即国家议会（深格）。

国务院（行政机关）理论上是最有权力的机构，它代表着这个橡皮图章型立法机构行使职责。它是一个由最有权力的人员组成的俱乐部，他们是埃塞俄比亚劳动党中最顶层和最有影响力的人：9 位政治局正式委员和 3 位候补委员、9 位中央委员成员和 2 位候补中央委员成员，以及 1 位具有相当大影响力的普通党员。这些成员中，有"德格"行政委员会的高层成员，而 8 位成员属于高层公务官员。隶属于党派的大型组织，如埃塞俄比亚妇女革命协会、埃塞俄比亚农民协会、埃塞俄比亚青年革命协会、埃塞俄比亚教师协会和埃塞俄比亚工会都有高级领导人作为代表任职于国务院。[①]

特斯玛和扎卡利亚斯表示情况尽管如此，埃塞俄比亚人民民主党共和国宪法规定下的中央集权式的国家权力在书面上被划分到国家德格、国务院、共和国总统、行政区和自治区的议会（深格）。理论上，国家议会（深格）承担行使国家重要职权的重任，因而它是最重要的国家机构。例如，宪法第 3（2）条规定"劳动人民通过由他们通过选举产生的国家议会（深格）和地方（深格）行使权力"，且"其他国家权力机构应由这些国家权力机构产生"。[②]

在最后的分析中，包括埃塞俄比亚人民民主党共和国立法机构（国会—深格）在内的关键性统治机构在面对埃塞俄比亚劳动党势不可挡的存在，尤其是面对那位行事俨然典型独裁者的政治强人时，依然是毫无效力的。鉴于这一点，埃塞俄比亚人民民主党共和国国会在最后的日子中注定不会发挥任何有意义的法律作用，不会监督和谴责行政行为和不法行为。在大

---

① 临时军事行政委员会 1987.
② 特斯玛和扎矢利亚斯 1997.

约三年的任期内，国家级及以下级别（国会—深格）的立法
机构从未提出建议进行谴责和批评行政行为、反对提案和审查
直管部门工作。

1991 年以后（埃塞俄比亚人民民主革命阵线）章程下的国会

1991 年后的埃塞俄比亚立法机构建立的宪法依据是《过
渡时期宪章》，该宪章在 1991 年 7 月至 1995 年 8 月期间作为
埃塞俄比亚临时宪法。随着军事独裁的瓦解，过渡期议会即代
表议会成为了过渡时期的最高权力机构。现有宪法被定名为
《埃塞俄比亚联邦民主共和国宪法》，于 1995 年 8 月（埃塞俄
比亚联邦民主共和国，宣言 1/1995）颁布。《埃塞俄比亚联邦
民主共和国宪法》第 53 条规定成立联邦两院制议会，成立了
分别作为上下议院的人民众议院和联邦议院。

宪法第 54 条规定，选举出来的人民众议院成员五年一任
期，以普选的方式，公开地、公正地、自由不记名地投票产
生。据此，成员应由每个选区候选人中获得多数选票的人担
任。人民众议院的成员不能超过 550 人，其中至少有 20 个席
位为少数民族保留。人民众议院在土地、自然资源、州内商业
外贸、交通、通信、国籍和移民、劳动力、政治以及民事权利
方面享有广泛的立法权。它还被授权颁布劳动法、商法、刑
法，并确定国家防御、安全和警察机关的组建。依照宪法第
93 条规定，国会可宣布国家进入紧急状态，同时在部长会议
的建议下可以宣布进入战争状态（第 54/9 条）。一般的政策

和战略，如有关经济和社会发展、财政和金融事务、国际协定，以及部长、联邦法官和委员的任命等问题，只有得到人民众议院的批准才能生效。

宪法第 61 至 63 条涉及与联邦议院有关的诸多事务，这些事务关于成员资格、权力、职能和成员国身份的废除等。第 61/1 和 61/2 条规定该组织"由国家、民族、人民代表组成"，同时各方在会议中至少拥有一个席位。宪法也规定"每个民族的每百万人口将由一个额外的代表所代表"并规定联邦议院成员由各州议会选举，或者直接由所在地区人民选举产生。

联邦议院被授予许多权力和职能（埃塞俄比亚联邦民主共和国宪法，第 62 条）。其中包括诸多权力，特别是司法审查权（解释宪法），组织宪法调查委员会决定在民族或地区州之间可能出现的民族自决、仲裁、诉讼和争端问题的权力。联邦议院的角色也包括指导联邦政府在任何地方州出现威胁宪法秩序的情况时进行干涉，决定"共同的、联邦的和各州的税收收入分配，以及决定联邦政府可能给各州提供的补贴"。

民族/地区的州议会（州议会）也都是两院制的。与联邦层面做法相同，宪法第 50 条允许民族或地区的州政府组织立法、行政和司法三个部门。州议会成员由各区域人民选举产生，并且作为党的和/或个人候选人参与竞选。州议会是民族/地区的州的最高权力机关。他们对各自地区人民及其众议院的进行双重负责。宪法中规定，若未明文规定仅将权力单独赋予联邦政府或同时赋予联邦政府和州政府，则权力归地区的政府所有（第 52/1 条）。如此，关系到国家经济政策和财政，外交事务和国防安全的权利归于联邦政府的司法权和管辖权范围

174

内，其他权利为各地区的政府所保留。这些权利包括建立不同层次的国家管理体制，制定和执行国家宪法和其他法律，制定各自区域的经济和社会发展政策，按照联邦法律管理土地和其他自然资源，向本地纳税人征收税款，建立并管理州警察队伍，维护各州内的公共秩序与和平。这项条款是经国务院以及联邦宪法条例的批准实行的，因此上述许多民族的/地区的权利与功能只发挥了部分作用。正如第 50/8 条所规定的："各州必须尊重联邦政府的权利，[同时] 联邦政府也必须尊重各州的权利"。

1991 年后，埃塞俄比亚政府根据国家"自治"的精神建立了联邦政体的分权制政治，这说明了建立一个透明的联邦政府的必要性，这种政府的上议院由"国家和民族代表"组成。建立两院制国家立法机关是为了允许地方自治，这体现了政治权力的下放。鉴于国家/地区地位在联邦立法机关的联邦议院已有体现，在地区内建立两院州议会被认为是多余的。然而，值得注意的是：在任何一个州出现侵犯人权和威胁宪法秩序的情况时，民族/地区政府和州议会的不恰当行为将会被审查并遭到谴责。在这种情况下，通过促进两院形成共同决议或联邦议院的要求可以推进联邦政府的介入。

埃塞俄比亚议会在监督和法律、政策执行中的作用是完全缺失的，或者说，即使有也是微不足道的。议会会定期审议有关国内普遍贫困、腐败及人权滥用的事情。根据行政部门的优先权，这些审议推动了相关问题的立法。众议院听取了行政部门下属不同机构的报告。即使发现政府行政部门有违反法律的行为，联邦议院也几乎不会督促行政机关审查这些违法行为并审判违法人员和机构。此方面的改进并不尽人意，因此迫切需要提高监察，并通过更严格地审查和监督来抑制职权的滥用。

例如，国会的预算与财政委员会依法享有积极参与预算过程的授权。然而，它参与的事项局限于批准财政部和经济发展署提出的政府预算草案。由于预算和财务委员会及国会其他机构并非从一开始就参与预算进程，他们缺乏信息来判断行政部门的预算要求合适与否。这是需要改进的领域之一，需要通过寻求各种途径和方法来保证议会在预算过程和其他监督功能方面的积极参与以使其得到实现。由于议会没有积极参与政府工作而导致了相关确切信息的缺失，继而使其别无选择，只能认可行政部门反馈的报告和要求。

然而，需要注意的是：目前有 12 个议会委员会在其相关权限和能力的范围内对行政部门和机构的活动及行为负有控制和监督的责任。在这个方面议会委员会碰到的问题之一是在一些需要有专业知识的专家给出建议和意见的事情上缺乏专业知识。这些国家机构的立法者因教育水平和经验缺乏而导致能力不足，使其对一些不吸引人的刺激方案不感兴趣、固执己见，这一空白本可以通过专家们用专业知识提供他们的服务来填补。

176

议会对党派政治和选举体系的依赖

撇开宪法原则和政治修辞，一个重要的事实阐明了埃塞俄比亚现有政权的本质，其统治结构和官方对多党制的贬谪在某种程度上放松了对"一党专治"政治体系的构思。鉴于埃塞俄比亚人民革命民主阵线作为执政党崛起，目前出现了两种对立的观点：一方声称以种族为界，建立一个联邦政府体系是为了巩固埃塞俄比亚人民革命民主阵线在埃塞俄比亚政坛的统治地位;[1] 另一种看法主张埃塞俄比亚人民革命民主阵线的统治是埃塞俄比亚和种族阵线的同盟结果。[2] 撇开所有这些断言，人们一定可以看到埃塞俄比亚人民革命民主阵线在"德格"后期在本国政治生活中的支配地位。表面上，埃塞俄比亚人民革命民主阵线通过其成员和附属机构几乎控制了所有的领域。而且，埃塞俄比亚人民革命民主阵线继续控制着对维持和延续其统治至关重要的安全机构和官僚。各个反对党在国家政治中微不足道的地位也曾经有助于埃塞俄比亚人民革命民主阵线作为一个占据主导地位的政治组织牢固地树立起来，并掌控极大的组织力量。

人民主权以及由民众参与通过民主选举选出人民代表这一点被载入 1995 年联邦宪法的基本原则（第 8 条）。因此，现在埃塞俄比亚的立法机关中，有若干政治代表机构。无论是在联邦一级还是在局部地区，各个立法机构都可以被视为政治代表的不同结构。此外，在沃雷达地区、克比伦地区或者南部国家、民族和民众地区，他们都有自己选举的委员会。

联邦议会是两院制，并由众议院代表（以下称为人民众议院）和众议院的联合会（以下称为众议院联合会）构成。在区级水平上，存在两院制的当选立法委员会。人民众议院负

---

[1] 奥特维 1995.

[2] 安德烈亚斯·埃歇特被引用在巴斯塔—弗雷纳 2000。

责制定法律，可以被看作联邦政府的最高决策机构。众议院联合会作为宪法法院行使职能，处理的问题不限于区域国家之间产生的纠纷，关于民族自决权的各种问题，联邦实体和其构成部分的收入来源及收入占用等问题。

人民众议院有 547 个席位。根据埃塞俄比亚联邦民主共和国宪法第 54/1 条，其成员是在全国范围内从选区①（常规和特殊）直接选举产生，任期五年。人民众议院有十二个专门的委员会，它们最大程度地遵循政府行政部门的组织而建立。② 在立法过程中，这些委员会通过组织公众讨论法案的草案并持续关注联邦各部门机构如何执行活动来配合人民众议院。人民众议院当前的多数席位（87.9%）受到埃塞俄比亚人民革命民主阵线的控制，埃塞俄比亚人民革命民主阵线支配着议会全部的常务委员会。人民众议院每年的开会期将有大概八个月，从当年的十月持续到次年的七月。在国家分裂期间，人民众议院定期根据其议程（埃塞俄比亚联邦民主共和国宪法第 58 条）而召开会议。

关于法律签署的程序，人民众议院在 1995 年 10 月批准了

177

① 在选举众议院成员的过程中存在两种类型的选区。在大部分根据沃雷达行政地理辖区而分出的普通选区内，每个选区是 100 000 人。此外还有些少数民族特别设立的选区（约有 22 个），这些选区被设置为沃里达特殊地区。
② 众议院常委会的代表包括：牧民事务部；社会事务部；能力建设事务部；信息及文化事务部；妇女事务部；预算和财务部；法律和行政事务部；农村发展事务部；基础设施事务部；贸易和工业事务部；以及外交、安全和国防事务部。

立法程序。该程序详细列出了法律制定和批准时应遵循的各步骤。据此，法案由人民众议院的成员和部长理事会提出。当人民众议院的成员提出法案时，他们必须保证得到至少 20 位人民众议院成员的认可签字。人民众议院初审过后，一个提案将被提交到主管委员会。主管委员会对案件进行审查，如果有必要，还会组织公议并且在某次开庭时向人民众议院提出委员会的建议。作出审议之后，人民众议院根据清单上的选票作出决定。到目前为止，人民众议院自主启动法案的权利非常有限。因此，人民众议院在很大程度上被限制批准由内阁会议（执行委员会）提议的议案。即使是在行政委员会提议的赞成议案中，人民众议院修改已提议案的权利仍受限制。

埃塞俄比亚人民革命民主阵线在人民众议院中的主导地位以及其党纪要求其议员在缺乏监管和讨论的情况下坚定地支持执行委员会所提法案，这破坏了立法机关监督行政部门不当行为的能力。因此，在检查行政部门方面，人民众议院的表现通常很差。到目前为止，虽然执行委员会承认政府内部猖獗的腐败和玩忽职守行为，但人民众议院没有谴责过部长理事会的任何一个成员。其大部分成员对议会流程相关经验的缺乏削弱了人民众议院对其任务的执行力。政府无法提供必要的设施，例如，供议员使用的办公室、交通通信工具以及其他物品，更进一步加剧了这一问题。

就像其他的议会体系，联邦行政机构由在人民众议院占据多数席位的党派或党派联盟的领袖建立（埃塞俄比亚联邦民主共和国宪法，第 73/2 条）。国家的总理是联邦政府中具有最高行政管理权的人，在人民众议院成员中选举出来。担任总

178

理的人的任职次数是没有任何限制的。在上下议院的人民众议院的赞同下，总理在那些被认为拥有规定资格的人员中任命联邦政府（内阁成员）的部长。即使这些人不是立法机关成员，他们仍会被任命（第74/2条）。这看上去是有意给那些对加入党派政治不感兴趣的人们发挥专长的机会。

国家总统作为名义上的国家元首，也由人民众议院提名，并由人民众议院和众议院联合会联席会议的三分之二多数票选举产生。总统每届任期6年，最多可任两届。任何人当选后，无论来自哪个议院，都应当辞去他/她的议员一职（埃塞俄比亚联邦民主共和国宪法第70条）。鉴于此，任何人若有意担任国家元首一职，都需要埃塞俄比亚人民革命民主阵线的支持，因为埃塞俄比亚人民革命民主阵线在国会两院占据重要席位。

众议院联合会可以被看作为"民族主义者委员会"，因其在原则上，包括了所有民族的代表，因此，宪法规定，在众议院联合会中每个民族至少有一位代表。此外，对于在众议院联合会（埃塞俄比亚联邦民主共和国宪法第61/2条）中寻求代表的指定民族中，每百万人口中还需指定额外的一名代表。目前，众议院联合会仅有61个民族代表。这表明，约85个民族中还有一些民族尚没有代表出席。根据埃塞俄比亚联邦民主共和国宪法，地区议会议员可以由议会内部选举产生，也可由当地人民直接选举产生。

尽管有官方或非官方的说法把埃塞俄比亚立法机关描述成一个在自由改革和参与争论中而建立起来的机构，但是我们可以很公正地说，它的存在和运作模式是由于与党派政治以及选举制度紧密联系在一起的权力关系的的作用。结合前面章节的描述可知，埃塞俄比亚国会始终表现出依靠其密不可分的主导权力的特征。在海尔·塞拉西一世、"德格"和埃塞俄比亚人民革命民主阵线的三个连续政权下，这已经成为议会的共同特性。在权利的制约与平衡机制中，议会在制约和限制行政机构行为模式方面扮演着重要的角色。但因无时无刻不受到政治因素和考量的影响，这一角色的作用受到极大的削弱。可以看出，唯一的区别存在于各个立法机构内部及在所讨论的三个政治体系下运作的内容和形式。

我们可以从前面的讨论得出，连续几代的埃塞俄比亚议会已越来越多地屈从于政权的统治者，尤其是政府首脑。这已是近几十年三种政权——帝国统治、军事统治和埃塞俄比亚人民革命民主阵线下议会的标志。尽管后者在某些方面取得了相对的进步，然而，议会在执行制约和实施监督职能中的作用仍然令人扼腕。在这点上，可以引用一些支撑这个论断的例子。

这方面的其中一个例子是关于已发生的执政政治阵线（埃塞俄比亚人民革命民主阵线）的高层领导之间的不和。埃塞俄比亚人民革命民主阵线集团中的一些曾在多年前在埃塞俄比亚—厄立特里亚争端的相关问题上反对现任首相及其从属人员的成员被指控腐败并被逮捕。而且，一项新的立法生效以拒绝实行这些人的保释。行政部门仓促拟定了对被怀疑为腐败的个人进行拘禁的法律草案，该草案被人民众议院立即批准且即刻生效。此举有悖普遍认可的强调被证明有罪之前做无罪推定的法律原则。另一个可以举证本届埃塞俄比亚议会对管理者有益的事例与议会批准关于埃塞俄比亚—厄立特里亚关系的

"五点和平计划"有关。这项计划由行政部门于 2004 年 12 月提交给国会。在内阁采取"和平计划"的 24 小时内,人民众议院匆忙召开审议并通过该提案。事实上,至少对下议院中的非埃塞俄比亚人民革命民主阵线成员而言,是在电视中总理对国会发表关于此项计划的演讲时,才首次拿到相关提案。人民众议院尽管--些立法委员恳求需要时间与其选区的选民进行商议,但是行政委员会仍然获得了压倒性的支持(其中多数人为埃塞俄比亚人民革命民主阵线代表),从而使该提案通过。

结　论

人们普遍接受的用于考察政府统治基础对政治制度是否有影响的因素是其诸如立法权、参与权、移交权和制定法律规定的权利等指标。毫无疑问,自 20 世纪 90 年代初以来,埃塞俄比亚的政治体系以广泛领域中的几项改进为代表。相较于以往,特别是军事独裁时期,社会经济和政治方面相对显著的改善是埃塞俄比亚政体在 1991 年后多年间的特点。于此相关值得注意的例子包括,通过法律承认对民主的和人权与公民自由的尊重。同时值得一提的是,定期选举是宪法赋予的,其作为政权合法性的来源,曾在过去的十年中多次举行。以上这些和其他一些改革措施催生了一批新的政党、公民社会组织、专业学会等组织。

然而,尽管这样,一些本可以使这个体系能够巩固统治的基本因素仍然缺乏。在许多例子中,从大量缺点中产生的限制已经在很大程度上导致民主的宪法和其他法律原则的无效性。

官方承诺/说辞和实际行动力之间日益呈现出不和谐现象，并逐渐侵蚀着埃塞俄比亚为开创统治领域、创建幸福生活而付出的努力。

现任埃塞俄比亚议会受其缺陷所限，无法履行其在联邦宪法中所列的指定义务。埃塞俄比亚立法机构的性能也存在几处缺陷。比如缺少两议院工作关系的明确定义，以及立法者关于联邦体系、立法过程以及议会职能的经验和接触的高度缺乏。此外，部分立法者处事缺乏使命感和责任感，这部分立法者把政党忠诚和自身利益放在首位，甚至以牺牲公众/"民族的"利益为代价。

在公共领域，埃塞俄比亚许多议员的教育和工作经验水平较低。他们对"现代"的立法机构应如何操作的认知是极少的。此外，一些议员仅仅把他们的职位视为一种谋生的途径和逃离艰辛和充满障碍的农村生活的机会。鉴于统治机构的主导地位和可观实力，绝大多数的代表依靠他们对牢牢控制政府三大分支机构的埃塞俄比亚人民革命民主阵线的忠诚赢得了自己的席位。因此，政治忠诚和政党纪律的紧迫性往往会诱导立法者做出由行政部门提议的草率的决策和政策。明显地，在它的整个任职期间，行政部门在取得它的优先获批法律草案中没有面临值得一提的威胁和挑战。在议会中反对党严重缺乏代表，为行政部门顺利通过立法机构的审查和谴责创造了有利条件。

总之，埃塞俄比亚议会是服务于执政党（埃塞俄比亚人民革命民主阵线），在一个占主导地位的行政部门的控制下运作的将现状合法化的代理机构。在这样的环境中，议会是一个政府机关而非影响和改变国家政策进程的统治工具。现实情况是一个唯一占优势的政党控制着立法机关，外加上有效反对派的缺席，这些同样意味着立法机关在执行其监管行政机关责任上的效力几乎可以忽略不计，现如今的情势如此，因此，不禁让人对立法机关作为与占主导地位的行政机构抗衡的部门的效力产生质疑，对立法机关以真正的代表机构的身份清楚地传达公众忧虑的效力产生质疑。

10 国会作为政治制度调控机制：坦桑尼亚邦吉内部运转方式

韦伯克·王

（挪威卑尔根米歇尔森研究所）

引 言

基于假设非洲的民主巩固由能够对行政追究责任、自主而又强势的国会①来负责会更有成效，本章节将会把坦桑尼亚20世纪90年代后国会的问责机制与其一党立法执政期间的问责机制作对比。本章节特地参考委员会体系和党群对国会实施问责职能能力所作出的贡献，来分析多政党邦吉（国民议会）的内部职能。这里的问责制指的是一个二维概念，广义上包含两方面：其一是答辩能力，即告知、解释及证明；其二是执行

---

① 代表的会议可以使用各种不同的名字。最常用的是议会、立法机构、国会，在本章中，这些术语将会被交错使用，而他们的含义并没有明显区别。他们都会被用作为政府立法分支机构的同义词。

能力，即执行机构（这里指国会）强行实施制裁的能力。① 实证重点是分析 1965～1992 年间一党专政下的，实为"橡皮图章"的坦桑尼亚议会，向 1992 年起通过理想化、渐进且正式地重建民主法规而形成的强势议会发生转变的过程。② 具体而言，该章节探究了坦桑尼亚国民大会的政治角色，同时批判性地讨论了国民大会在监督政府行政部门的职责上发挥了多大程度的作用。

议会委员会体系和党群往往被视为立法机关权力的所在之处。③ 政党和委员会紧密地联系在一起，并通常认为政党越重要，委员会就越不重要，反之亦然。④ 国会的内部运作方式与结构对于其影响政策结果的能力和追究行政部门责任的能力具有显著意义。新制度主义的核心思想亦强调此观点，即认为政策是由处理政策的机构所塑造的。⑤ 基于许多作者指出的立法机关的外部环境因素和内部环境因素的区别而作出的预期是，内部变量可以强化坦桑尼亚议会的问责机制，但不

184

① 席德勒 1999：14～16.
② 本章主要基于 2002 年 7 月 1 日至 9 月中旬期间实践调查得来的数据。一共访问了国会成员、政府代表、社会团体成员、司法人士、学术人士以及官僚等 35 人。
③ 斯特罗姆 1995：67.
④ 奥尔森 1980；肖 1979.
⑤ 多林 1995：15.

能决定它。[1] 尽管如此，内在的立法特征揭露了立法机构对于政策制定过程的独立性的影响程度，因为内在的因素被假定会影响立法权的分配。

从一党制国家向多党制民主国家转型

坦桑尼亚（前坦噶尼喀）于 1961 年从英国的奴役中获得独立。不久，执政党坦噶尼喀非洲民族联盟（后来改名为坦桑尼亚革命党）全国执行委员会决定将国家改为一党执政。在接下来几年里，党派和政府有时难以区分开来。[2] 政权集中于对权力和权威独享垄断的行政部门。[3]

坦桑尼亚 1977 年的宪法变更保留了 1965 年临时宪法规定的政党拥有至高无上地位的教条。国会此时发现自己降格成了执政党坦桑尼亚革命党的一个简单委员会。[4] 根据这一规定，国会议员被整合到党组织中，集体和个人都必须遵守党的决议

---

[1] 诸如诺顿（1998），诺顿和哈麦德（1999），诺顿和奥尔森（1996）（Norton（1998），Norton and Ahmed（1999），and Norton 和奥尔森（1996）），推测外部条件（如法律框架、政党和选举制度、外部机构、政治文化、合法性及司法机关）决定立法和行政的基本关系，而内部变量则能够强化其能力，但并非是决定其能力的因素。内部环境的变量，换句话说，决定了立法机关在外部环境中的强弱。虽然将内外部变量做出一个明确划分是不可能的，但这种划分可以作为一种尝试性的指导及有用的比较方法。

[2] 特里普 2000：197；巴里古 1994：165.

[3] 海顿 1994：94；奥克玛 1990：37~38.

[4] 奥克玛 1990：51；1997 宪法，第 54 章。

和服从总统并且听从中央委员会和全国执行委员会主席的指令。实际上，中央委员会和全国执行委员会是两大最有权力的党组织，而全国执行委员会则是真正的权力集团。[①] 国会在党的中央委员会中没有代表他的领导，在全国执行委员会中也没有代表。[②] 据平克尼[③]称，国会对执政党的从属性在理论和实践上都毫无争议，国会议员被形容为政治家庭的"地下室成员"。

20世纪80年代中期，政治和经济的开放进程缓慢开始。从国家独立后就开始统治的尼雷尔总统于1985年下台，阿里·哈桑·姆维尼接过大权。其总统任期内，恰逢一个严重的经济衰退期，与此同时，西方捐助者开始经济政治自由化，这也给他带来日益沉重的压力。

185

在此情形下，坦桑尼亚进行了政治改革，其后1986年又实施了经济改革。国民议会于1992年5月7日废除了宪法中一党专政的条款，执政党坦桑尼亚革命党正式从政府分离并且在7月1日正式采纳了多党制。邦吉在政治体系中的地位是通过恢复其作为一个主权体的身份来在法律上加强的。此外，它还有权支持或反对总统任命的总理人选；可向总理投不信任票，还可在特定情况下（1977年宪法第51（2）、53A、46A条）弹劾总统。另外，1977年宪法也被修改以确保直接选举出来的单选区成员得以占大多数（第66（1）条）。

---

① 梅夸1997：16.
② 米希尤1994：47.
③ 平克尼1997：24.

就国会的政党组成来说，由姆卡帕总统领导的坦桑尼亚革命党，在 1995 年（78.1% 的选票）和 2000 年（87.73% 的选票①）的多政党联合国会上获得了大多数票数的压倒性胜利。就如凡·克朗宁博格所预言的，"执政党卓越的组织、物质和象征性资源可能导致一党独大的出现。"② 多数反对党缺乏综合性的政治纲领；它们之间冲突频发，专注于个人，社会基础较为狭窄并且偏向城市。③ 该选举机制是基于票数领先即入选的原则，并旨在减少在竞选中已经处于劣势一方的议会席位。④ 同样，现在是第二次也是最后一次担任其职位的姆卡帕总统，是以压倒性选票获得选举胜利的。

政权的更迭是在坦桑尼亚革命党的指导下进行的。上述管理给予执政党领导者以操纵游戏进程、决定游戏规则的机会，这样所导致的结果是，除了能够举行定期的多党选举以外，难以承诺确保民主巩固的进程。⑤ 该体系将会给行政机构授予更多的权力，但是却缺乏一个强有力议会所能提供的审核与平

---

① 2000 ~ 2003 年国会期间，国会一共有 22 个空余席位（坦桑尼亚国会 2002：11），大部分都是属于桑吉巴选举人民联合阵线成员的，他们因为桑吉巴选举的违规而抵制了国会。递补选举在 2003 年的 5 月举行，人民联合阵线在联合国会竞争中赢得了所有的 15 个席位。这个数字，特别是有关人民联合阵线的数字，是根据 2000 年实际国会的组成而得出的，因此有一些误导。

② 万·克兰恩鲍夫 1996：545.

③ 埃瓦尔德 2002：10；穆亚 1998：11 ~ 40.

④ 参见埃瓦尔德 2002.

⑤ 特里普 2000：193，198；海顿 1999：146 ~ 147.

衡,① 这将成为坦桑尼亚深化民主最大的挑战之一。

委员会体制

正如肖所观察,"议会委员会的改变——尤其是通过结构性差异——正发生在第一世界中。同样地,议会委员会的改变——尤其是在基础结构的发展方面——发生在第三世界。②"在制定政策的过程中,必须把强大的委员会视为在议会里发挥有效影响的最低必要条件。然后,这些条件是否充足,还不太明朗。③

引入多党制以后,邦吉包含了 13 个常委会,超过了一党专政体系时期存在的 8 个常委会。而且,2001 年 1 月建立了 8 个部门委员会来审查政府预算。这些人员在性质上是在编的,但不如常务委员见得频繁。因此,常设委员会体制得到了延伸,为议会在政策过程中的独立行动创造了更多的有利条件。

根据议会常规,一党专政的邦吉在原则上是允许建立专责委员会的,但科科苏斯(Kjekshus)却提出,政府的立场似乎是,在党的严格框架之外没有必要设置特别的决策讨论会。④ 专责委员会的使用,现在可以看作是对设立常设委员会制度一个真正的补充,并已在多个场合形成。⑤ 准司法性"调查"委

---

① 埃瓦尔德 2002:5;特里普 2000:198.

② 肖 1998:247.

③ 斯特罗姆 1998:47;马特森和斯特罗姆 1995:250.

④ 耶舒斯 1974a:29.

⑤ 科索 2003.

员会已经建立，不仅与伊斯兰会议组织相关联，[①] 而且与随着部长们的辞职而终结的案件相关联。虽然 1992 年以前只有一名部长的辞职可能（且仅部分）是由于国会压力，[②] 但是1990 年到 2002 年期间部长们的辞职频率增加了。在这期间，三名部长被解职，在这三个事件中，国会至少是促成这些事件结果的部分原因。1993 年 4 月，旅游部部长——阿布巴卡尔·优素福·穆米亚，由于牵涉将位于恩戈罗的洛笠翁多控制区域租赁给阿拉伯联合酋长国一位陆军准将用作私人狩猎区的丑闻失去了在政府的职位。[③] 国会特选委员会调查了该交易。该部长的解职，可以看作是政府承认其对该不道德交易负有部分责任。国会施加的压力可能是政府承认其所承担责任的部分理由。1996 年 11 月，财政部长西门·比利尼因下级官员不当免收税款而离职。[④] 当时成立了一个专门委员会调查该事件，在其报告中，委员会总结指出，由于在不适当的范围内实行豁免权，财政部长应该被追究责任。[⑤] 那时，部长的辞职被看成是该党派透明度和责任心的提升；然而，随后又有消息称以办事能力强而著称的比利尼由于与该党派有摩擦而被驱逐出

[①] 伊斯兰会议组织事宜涉及建立国会制宪委员会的一项动议，这项动议是为了调查 1977 年党桑吉巴政府决定加入伊斯兰会议组织时联盟宪法可能存在的暴力行为。（梅夸 1995：23；马基恩比 1995：189）
[②] 1983 年，内政大臣阿达拉布·纳特皮在被国会要求承担两名蓄意越狱的囚犯成功越狱的责任而辞职。（万·东热和利维伽 1986：624）
[③] 经济学人信息部 1993：10.
[④] Kabakama 1997：24；穆亚 1998：77.
[⑤] 经济学人信息部 1996：10.

内阁。①

最近一次辞职发生在 2001 年 11 月，当时工业和贸易部长
伊狄·辛巴从政府辞职，而辞职时间正是在"调查"委员会
就关于"辛巴蜜语丑闻"的报告进行讨论的前一天，这一报
告指出其在给公司颁发许可证和给进口商品注册时有不当行
为。辞职随之给他与政府带来了巨大压力，这压力来自于国会
议员以及公众。② 在辛巴宣称辞职的前一天，有报道称，坦桑
尼亚革命党国会议员曾威胁，如果政府不能强迫辛巴离任，他
们将对弗雷德里克·苏马耶总理投不信任票。③ 换句话说，种
种迹象表明 1992 年之后的邦吉在一些争议案件之中将责任强
加于政府，这导致了部长辞职以及调查委员会的组建。这些必
须被看成是议会事务已经不被政府所欢迎的显著政治案例，并
且，议会施加的压力在一定程度上损害了政府的利益。在这类
情况下，邦吉只是看似能够同时提升答辩力和执行力。"辛巴
蜜语丑闻"的出现或许是国会到目前为止最伟大的胜利。表
面上看，在一些国会联合其他力量，比如媒体，或者党派摩
擦，进行施压的案例中，国会可能是那最后一根稻草。然而，
建立特别委员会的要求被议长办公室频频拒绝却是个问题。而
给出的理由经常是缺乏资源。④

坦桑尼亚一党制政治核心的组织结构有一个显著的特征，

---

① 科索 2002：606.
② 经济学人信息部 2001：17.
③ 经济学人信息部 2001：18.
④ 坦桑尼亚观察（Interviews Tanzania 2002）.

那就是责任总是不明确。与常务委员会相比，一党制机构存在较多的主管部门，并且机构委员会的结构和官僚机构的结构又并不类似。[1] 就像科科苏斯所认为的，除了公共账目委员会，其他委员会的定位都不明确。[2] 行政结构中存在交叉，因此使得确定国务大臣在不同领域的职责产生困难，进而使得具体政策领域的疏漏多数都无法解决。

多党制的大多数委员会是根据政策对象而组建，针对一个或多个政府部门。尽管如此，委员会数量上仍旧太少，难以有效复制现存的 19 个政府部门。该国家机构的行政结构同样已经得到了更加清晰地界定。行政部门已有所削减，现在正尝试各种方法提高它的效率，促进它的专业化。[3]

委员会的管辖范围也取决于国会议长的信誉。根据常规，对于额外责任，任何委员会都可以寻求议长的允许，但是议长并没有义务去考虑这些请求。[4] 例如，在 1998 年，议长拒绝了委员会关于审议警察暴力诉讼案件的请求。[5] 此外，常规赋予宪法和法律事务委员会以权力去仔细审查任何违反宪法规定的行为，但只能应议长要求才可以这样做。[6] 议长正是以这种方式来给国会的工作施加巨大的影响。现任议长皮乌斯·赛科瓦曾经是一名坦桑尼亚革命党委员，并通过该身份成为该党派

188

---

① 万·东热和利维伽 1986：633；耶舒斯 1972：353.

② 耶舒斯 1974a：21.

③ 科索 2002：599；哈里森 2001：662；瑟基瑞德森 2000：62.

④ 邦吉新闻 1999.

⑤ 杨古沃 1999：18；比德尔等 2002：22.

⑥ 杨古沃 1999：18；苏比拉伽 2001：23.

全国执行委员会的成员。因此，他管理政府的方式以及议会的程序受党的路线所支配。[①]

委员会的组成

就委员会组成而言，多党国会的正式程序和一党制国会是相似的。由于在一党制时代，常委会成员在 1995～2000 年间任期为一年并且委员会成员每年可自由选择其职位——这一做法导致议会事务缺乏连续性并且限制了专业性的构建。[②] 2000～2005 年间，国会将常务委员会成员的轮职时间延长至 2.5 年，因此为经验及专业性的获得创造了更多有利（如果不能称之为不完美的话）的条件。根据政党势力、成员性别、地区、个人喜好和专长，议长将多党制下的委员会成员按比例分配到各委员会。[③] 这与由政党来决定他们党委会的成员分配或者至少政党在做决定的时候具有优势地位的普遍做法是相反的。[④] 新成立的部门委员会成员会在国会度过其整个任期（五年）。

在一党制时代，坦桑尼亚的议员因缺乏必要的分析政府议案的技能而受限制。[⑤] 他们缺乏处理立法机构有关事件的专业技能，甚至无法在委员会立法议案审批中发挥作用。[⑥] 如一位行政高管指出的，"金融委员会和国会成员并不具备理解这些

---

① 穆亚 1998：80.

② 霍普金斯 1971：148；坦桑尼亚观察（Interviews Tanzania 2002）.

③ 苏比拉伽 2001：19～20.

④ 达姆加阿德 1995：314.

⑤ 米希尤 1994：54；霍普金斯 1971：165.

⑥ 霍普金斯 1971：165.

问题的知识水平。"① 玛格瓦在描述许多议员时如是说：他们
因预算与财务报告中高深的技术语言而苦恼。② 部分议会成员
认为预算书及预算评估是"极其无聊"和"特别枯燥"的。

在最近几年，拥有更高学位的议会成员人数得到了增加。
189　因此，与一党执政时期相比，他们对提交的法案进行彻底审查
的能力提高了。一个高级政府官员这样说道：

> 一杯水也是水源的反映。这是由选民选择的。这个结
> 果不见得反映了我希望看到的东西。然而，我们已经取得
> 了很大的进展。在质量方面，你会看它是呈上升趋势的。
> 议员教育程度更高了，其中许多人确实具有阅读的能力。③

尽管这方面向着更好的方向发展，但还有更多的方面需要
改进。例如，1999 年起实施的《国家良好治理框架》，认识到
如果邦吉要有效地履行职责，那就需要进一步提高议员的质量。

委员会中的党派

现行立法标准在一党专政时期为：议会议员不应公开反对
国家执行委员会所作的政治决策，对政府政策的批评或反对意
见应单独在党内讨论或议会中陈述。④ 没有证据表明议员可以

---

① 引自穆康达拉 1994：12.
② 玛格瓦 1990：130.
③ 坦桑尼亚观察（Interview Tanzania）.
④ 霍普金斯 1971：191.

在私底下更自由地谈论委员会。事实恰恰相反，在采访过三位委员会主席后，霍普金斯断言，没有一位特别有进取心，或是将委员会视为自己最重要的立法工作。[1] 其中一位主席在某种程度上还可被视为独断专权，在 1968 年时被解职并开除党籍。霍普金斯的调查结果得到了玛格瓦的支持，玛格瓦坚称只可以在政党内部会议上对其政策进行批评，而在邦吉里是不可以的。[2]

较之多党派政体，委员会体制下的党纪略显松散。党领导对委员会的控制减弱了，委员会的委员可以更自由地发表意见。[3] 议长强调说，因为委员会是举行（录像的）闭门会议的，他们的运作是以非党派为基础的，为了确保"对各事项以及所有可行方案进行合理审议"。[4] 一个反对党的议员称，"在委员会中我们就问题本身看问题，所以政党在委员会这个层面上不是很重要。"[5] 但即便如此，也仍有一些政党纪律在委员会中涉及，特别是在被认为是重要的事务方面。一位坦桑尼亚革命党主席透露"如果不是因为党的规定，他们（委员会）可以更强硬，政党核心小组可以走到旁边告诉你'请别硬撑了'，要不是因为规定，委员会会以一种更有效的方式运作。"[6] 穆亚在清楚说明"从委员会到国会，坦桑尼亚革命党

① 霍普金斯 1971：148～149.

② 玛格瓦 1990：116.

③ 苏比拉伽 2001：25.

④ 梅夸 2000：95.

⑤ 坦桑尼亚观察（Interview Tanzania）.

⑥ 坦桑尼亚观察（Interview Tanzania）.

一直控制国会事务"时便证实了这一点。①

在某些场合下，若委员会对政府议案持主要反对意见，则政党决策会议会被叫停，以此来迫使政党自律。因此，即使在委员会中，国会议员们也不能自由地监督政党路线。另一位坦桑尼亚革命党主席指出，"在这里你得经过三个阶段。首先要在政党决策会上进行激烈讨论，然后进入议院委员会进行某些讨论，最后在全体会议上进行些许讨论。"② 因此，重大辩论主要在坦桑尼亚革命党政党核心小组会议上举行。然而，在邦吉中，最激烈的讨论很大程度被限制在委员会内部。这表明邦吉逐渐以委员会为准，全体会议在向委员会转变。

立法的影响

在一党专政时期，常务委员会对立法粘滞性③的影响是短暂的。事实上，委员会几乎不能改变立法，④ 而且立法很大程度上也是草草了事。⑤ 委员会也无权提出修改建议。而且，因为在巩固他们的要求或建议时，委员会没有任何处理裁决权，政府的要求或建议在立法事务上就占具了主导地位。虽然在多党制度下，或多或少也有同样的情况，但如今，委员会体系更加宽泛和国会议员们分析立法提案的能力和机会也都有了改

---

① 穆亚 1998：118.

② 坦桑尼亚观察 (Interview Tanzania).

③ "粘度 (viscosity)" 概念由布兰德及其助手 (1969~1970) 首先提出，指的是立法机构反对由行政所提立法的能力。

④ 霍普金斯 1971：154.

⑤ 梅夸 1977：38.

善。现在，议会的实际工作也是从委员会阶段开始了。议长也称议会委员会的看法和建议经常能影响提交修改的法案。[1] 他的观点也得到了反对党和执政党议的支持，这些反对党和执政党对常务委员会的运作方式表示满意。通常来讲，这表明政府一直重视以及经常遵从委员会的建议。[2] 虽然委员会的监管依旧受到缺乏向行政机构表达不满的体制的不良影响，而这真正是增加的政治成本的因素，但相对一党专政时期令人沮丧的委员会的表现来说，这是相当大的改善了。[3] 此外还有资金和按时偿还账单的问题。[4] 现在，一些委员会已被允许进行公开听证。但是，正如众议院主席所讲，[5] 由于资金缺乏，该机制只能适用于少数选出的、至关重要的、涉及重大利益，并且得到众议院主席批准运用该机制的法案。

议会使用潜在巨大权力的可能性不应该被忽视，但没有迹象表明这种情况在一党专政时期会出现。政府因为一党制邦吉内的抵制而系统地放弃立法权是极不可能的。现实中国家执行委员会的地位相对国民大会的地位是极其不平衡的。用一位全国执行委员会委员[6]的话来解释全国执行委员会与国会在政府运作中谁起的影响作用更大，就是："很难说。从法律上说，我觉得国会影响更大，但实际上我觉得是全国执行委员会……

191

---

① 参见比德尔等 2002：22.

② 坦桑尼亚观察（Interview Tanzania）.

③ 鲁斯特邵比 2004.

④ 比德尔等 2002.

⑤ 梅夸 2000b：6.

⑥ 转引自霍普金斯 1970：769.

因为如果国会议员不认真，党会惩戒他。并且他们将不得不收回他们的决策，因为党已经控制了他们。"此外，一党议会的权威也多次遭到质疑。有两个例子能很好地说明这一点。1982年，尼雷尔总统在没有得到国会正式批准的情况下，在新年致辞中公布了新的税收政策。① 同样，坦桑尼亚银行修复工作在没有通知国会或者事先获取国会同意的情况下，就展开了。②

多党制邦吉领导下的情况可能有所改变——我们可以看到潜在的权利得到了微弱的加强。特别是其中一些最有经验的坦桑尼亚革命党国会议员，强调说，在有些情况下，政府觉察到议会中切实存在的反对派而决定不引入立法，或者撤销立法。在第二种撤销立法的情况下，立法多数是在委员会阶段就被撤回了，还没有送达整个议会的委员会。

例如，在 2003 年 2 月，政府出台了一个经济和财政常务委员会正在讨论的法案，旨在将国家小额信贷银行私有化。但是当国会明显暗示该法案将被拒绝时，政府便撤销了该法案。一个议会的法案起草人也列举了《公共服务法案》和《区域与地方行政法案》的其他例子。③ 所有这些都是在经过后期修正后才得以通过的。也有一两个议案被全票取消的例子，皆因政府拒绝采纳委员会的建议。类似政府授权金融部长注销每年由公务员产生的高达 100 亿先令的债务、损失及财产的例子也

① 马基恩比 1995：22.

② 玛格瓦 1990：96.

③ 2003 年 2 月 14 日《卫报》(The Guardian Feb. 14, 2003).

是极为罕见的。① 但国会的力量也显示了这种例子至今仍然是例外，而不会是惯例。②

政府显然考虑了在引入一项法案时议会中可能出现的反对意见。法案在委员会阶段得到的反馈似乎比较重要，有时，法案甚至在提交全体会议讨论之后被撤销。尽管如此，政府也不会因为可能在多党议会中产生反对而不引入立法。针对特别重大的事项，政府会推行党的纪律，贯彻其意志。即使在这种情况下，议会意见也得到了考虑，而议会的反对意见也并未被忽视。尽管执政党核心会议曾在某种程度上是决定立法是否应该被采用的，但重要的立法在到达议会之前在政党核心会议上就被阻止的可能性仍是极小的。从国会议员的陈述来看，我们有理由相信这只在非常情况下发生，也没有人能指明具体的案例。可以确定的是，在真正重要的案例中，政府仍然占主导地位。在这方面，被采访的国会议员、议会的观察者存在广泛的共识。③

192

国民议会中得到增强的党纪

一党制的国会议员在他们的选区中代表政府，而不是在国民议会中代表他们的选民；④ 虽然也有一些研究强调议员代表

---

① 坦桑尼亚观察（Interview Tanzania）.

② 2003 年 8 月 2 日《每日新闻报》，2002 年 8 月 5 日《东部非洲报》（*Daliy News Aug.* 2，2002；*EastAfrican Aug.* 5，2002。）

③ 2002 年坦桑尼亚观察（Interview Tanzania 2002）.

④ 平克尼 1997：124.

政党而不是政府。① 这种以选区为导向的角色大多与官方的期待是一致的，它明确了议员在选区中的主要任务是使政府和党派的决策合法化。② 之后才是助推其选民的利益和观点。③ 议员的角色认识是通过党派可以给予这些议员的批准和认可而得到加强的，因此他们对其选民来说被认为是一意孤行。全国执行委员会有权筛选国民议会的选举候选人，并且在 1967 年，全国执行委员会是有权开除党派成员的权利的，比如党派成员公开发表了批评意见。被开除党籍也会使议员自动失去其议会席位。如果你没有按照"雇佣规则"的要求行事，你将极有可能失去党籍和邦吉的席位。这在 1968 年得到了验证，那时候有 7 名国会议员被开除党籍并失去议会席位。开除原因是"因为他们在思想和行为上严重违反了党的纲领，对党和党的政策表现出明显的反对态度。"④ 同样，1988 年 7 名来自桑格巴尔的国会议员被开除党籍并被剥夺了议会席位，据称他们破坏了执政党并使联盟动摇。⑤

193　　　议员们不能公开批评执政党的全国执行委员会所指定的方针政策，并且只能有理有据地批评反对派，而非按照意识形态的原则来批评。因此，坦桑尼亚一党国会议员通常只局限于讨论较为安全的、狭隘的问题。⑥ 另一方面，这类问题也可能会

①　参见奥克玛 1990.

②　同时参见耶舒斯 1974b：81；巴坎 1979：75.

③　霍普金斯 1971：162.

④　转引自赛科瓦书中的"民主主义者"（梅夸 1995：14）。

⑤　玛格瓦 1990：114.

⑥　平克尼 1997：123.

被激烈地讨论，并且一些"尴尬"的问题也可能会被提出。①
政党代表就以这种形式产生于党规规定的严格的框架中。但是
在这个框架内，议员们则会相对自由。

在多党制政体下，党纪依然十分重要，并且在某些方面甚
至比从前更不容小觑。加强党纪不仅在选举中作用尤为明显，
并且对邦吉辩论的活力而言，其作用同样明显。然而，基于党
派发展目的的一党执政已经很大程度上从选区导向转变为以庇
护主义为中心的地方导向。此改变主要是因为分权以及经济自
由化的影响。现在，以区域为导向变得必要，而且和分离权力
党派一样重要，并且随着政策的竞争已经变得更加激烈，以区
域为导向现在已在政党结构中占据了核心地位。② 越来越多重
要的当地政客在其住家社区扮演经纪人的角色——为顾客群体
与投资群体建立联系，这个投资群体即议会议员。③ 国会议员
通过地区选举，在赢得选举之后，需要建立坚实的当地基础，

---

① 托尔多夫 1997：238～243.

② 观察家们认为，鉴于政府的退让使得坦桑尼亚政治精英们被宠坏的性格
愈加膨胀。经济自由加剧了精英们增加自身财富的动力（科索 2002：
608）并加速形成了无等级差别的精英政治（吉本 2001：842；1998：49；
科索 2002：610～611；2000：549）。那些没有能够有策略地参与经济自
由运动的精英成员们，只能继续贫穷，在他们开始各种事业的老乡村退
休和结束自己的一生。这也引发了他们在各方面参与政治的呼声。科索
（Kelsall（2000：550））认为我们可以看出精英们在控制非国有机构的努
力中寻找着新财富，这种行为能使精英们得到大量资源。此外，除了赞
助资源以这种程度的增加外，各地区也出现了一些国会成员需要寻求支
持的关键中心区。

③ 参见基恩多 1994：77；科索 2000：550；2002：611；吉本 1998：49.

这与一党制体系的情况截然不同。这极大地改变了议员对"代表"的观点。值得注意的是,坦桑尼亚革命党的全国执行委员会仍然对人民的选举权区分等级或者取消人民的选举权,但是他们却是以一种更加透明与谨慎的方式进行的。① 随着坦桑尼亚革命党内部的初选更加公开、更具竞争性,正式党筹资金的比例降低了,同时"购买"以及贿赂选民的动机也加强了。培养党派以及个人与选民关系的重要性自然也反映了国会议员的关注重点。有时候,当党纪稍显放松之时,国会议员们通常会阐述一下他们对当地前景的展望。提问时间也被看作是国会议员们证明的黄金机会,以向他/她的选民证明他/她正努力争取他们的利益。然而,在邦吉,国会议员的工作在多数情况下都要严格遵守党纪。

辩论的活力

在引入了多党体系之后,在全体会议中的辩论得到了削弱。这表明,相对于多党大会的辩论,一党执政的大会中的辩论要显得有活力和生动。当回应有关一党和多党制度有何不同时,大多数的国会议员和其议会的观察者会表示,一党全体会议的讨论要比多党讨论更有活力。

对此的一种解释是争论,是不对公众公开的,这些争论在很大程度上都是在委员会和党团核心会议上秘密进行的(特别是坦桑尼亚革命党党团核心会议)而不是在全体会议上进行的。因而,当全体会议进行讨论时,通常已经做出了针对这

---

① 比德尔等 2002:19.

些事项的决定。另一种解释是议会成员现在同样在很大程度上被强迫在这些争议上遵守党的路线，这些争议早期曾被看得不是很重要，并且可能被更自由地讨论过。正如下面将看到的强有力的党纪是通过不同的渠道来执行的，并且制裁的有效机制是相当强大的。

党 鞭 制 度

随着多党制的出现，英式党鞭制度被引进来以维持纪律。执政党和反对派都有议会党鞭，他们的作用是协调在议会中党派的活动和保证党派成员间的纪律。[①] 三线鞭令显示议会成员必须遵守党的路线。党鞭制度同样可以在特定案例中被取消执行，从而允许议员们根据他们自己的意愿来进行投票。然而，因为执政党坦桑尼亚革命党把坦桑尼亚的大部分情况都看得很重要，采用三线鞭令已经成为一个趋势。

此外，在引入多党制之后，你会在议会中遭遇反对意见，这将会促使你更想联合，尽管坦桑尼亚革命党目前为止在议会中仍占绝大多数。邦吉的高层公务员、行政人员以及议员也常常强调坦桑尼亚革命党议员的主要任务之一就是跟随党的路线走。当涉及此问题时，议长急切地强调多党制使党的纪律变得更重要，他声称，"在国民大会上议员自由表达观点是具有误导性的。"[②] 一位高级坦桑尼亚革命党议会议员这样解释：

---

① 穆亚 1998：119.

② 梅夸 2000：117.

现在，你有一个多党派体系，而我们严格遵循党派的引导。我们现在被捆绑在一起去保护我们自己不受其他政党影响。令人担心的是，如果我们不通力合作，那么政党或政府都可能面临被迫解体。所以讨论没有以前激烈，表决也是，你总是要投票给自己的党派。①

这个体系确保了坦桑尼亚革命党议员们的席位，使得该党成为会议上的中心。执政党很大程度上认为立法没有通过是非常尴尬的事，也是弱势的象征；因此，在大多数问题上都实施了党纪。反对派组织就没有那么好，更大程度上允许议员根据自己的意愿来投票。② 针对议员根据个人喜好的自由行动进行进一步调整已经成为党团核心会议召开的常见理由了。毫无疑问，这些会议是执政党用来施行党纪的。

党团核心会议

自 1992 年起，不管什么时候，只要在邦吉有重大的政策问题，党团核心会议就会召开。③ 坦桑尼亚革命党的核心会议已经发展成为一种强有力的控制机制。与其他党派相比，坦桑尼亚革命党的党团核心会议组织仍有很大的优越性，且被充分用在各种场合。④ 反对党的一位成员认为：

---

① 坦桑尼亚观察（Interview Tanzania）.
② 坦桑尼亚观察（Interview Tanzania）.
③ 梅蒂 2000：7.
④ 穆亚 1998：41~63，131.

不管出现了怎样的争议，政府总会召开执政党的核心会议。在核心会议内，他们达成某种共识，因为在议会里做出反对政府的决定是令人尴尬的，他们会在政党委员会中隐藏与缓和了所有这些反对。①

其中一位最资深的坦桑尼亚革命党议员在评论国有电力公司坦桑尼亚电力供应有限公司的具有争议的私有化时这样说道：

总统立即召集了党团核心会议并强制实施党纪。他说了类似"是我让你们的名字通过了下一届选举"的话。他说话语气真是带有侮辱性，还把议会贬低成橡皮图章式的机构。之后，坦桑尼亚革命党的议会议员大声地发言说："这是不公平的，因为我们有权质疑政府。"②

党团核心会议的力量与政党管理下的制裁机制紧密相连。苏比拉伽简单总结说，"议员的责任基本上与政党是一致的。"③ 总统在一些场合，以及近期与坦桑尼亚公共事业私有化相关的问题上，在坦桑尼亚革命党党团核心会议上亲自清楚地表明，邦吉中对一些特定的立法持反对意见的议员将不能进行再选举。

---

① 坦桑尼亚观察（Interview Tanzania）.
② 坦桑尼亚观察（Interview Tanzania）.
③ 苏比拉伽 2001：41.

196   值得注意的是，委员会的工作也是受到党纪的影响的。大多数坦桑尼亚革命党议员和学术界人士在接受采访时指出，党纪程度作为一种削弱因素在工作中严重限制了国会议员。

倒　戈

根据坦桑尼亚选举法案，凡参加选举（以及被选为部长）者必须是某个政党的成员。因此，独立的候选人就受到了限制——这种情况在多党体系和一党体系同样适用。正因为如此，国会议员无法在国会中保持独立性，也不可能改变自身政治派系。这给政党提供了一种行之有效的惩戒机制。在实践中，开除党籍意味着辞去国会中的职务，对于许多人来说，这相当于失去生计。正因为这对于一个议员而言风险很大，他们根据党的路线行事的动机也就较强。国会成员的薪酬也相当可观，还有诱人的额外福利。有人建议执行者"买通"国会议员，其中也包括对立党派的成员。例如，不限制党派向所有国会议员提供购买豪华汽车的贷款可能在确保国会议员的忠诚度上起作用。① 先不论后者的影响，就如一个坦桑尼亚革命党议会议员所言，这种现状的结果是"国议会员和部长们很容易就会遵从党和党主席。"②

---

① 穆亚 1998：131.

② 2002 年 7 月 22 日马奎塔访谈（Interview Makwetta July 22, 2002）.

结 论

　　总地来说，本章所呈现的资料表明委员会体系有助于议会的积极良性的发展。一党委员会体系在质量和运行上均不及现行体系。多党制下，委员会体系已得到改进并且愈加专业化和复杂化。加之国会议员相关技巧的提升，邦吉在影响立法程序等方面的能力也得到了提高，同时邦吉的问责职责也有些许改进。尽管议会议员们遇到了重重阻碍，比如缺少强制机制等，但他们对委员会制度仍相对满意。尽管这是良好的变化，但仍然存在一个关键的弱点，这个弱点很大程度上减少了一个活跃的委员会其工作（坦桑尼亚革命党党团核心会议功能）所能带来的潜在利益。

　　随着邦吉内委员会的相关功能、职责的强化稳固，执政党的纪律性也相应得到了增强。尤其是在 1995 年第一次多党派大选之后，党纪也受到了更加严格的控制。坦桑尼亚革命党党组织拥有完善的制度，并且有运作良好的党鞭。这与邦吉禁止倒戈以及政党能够开除党员的可能性相结合，有效地使党员遵守了党的路线。其执法者可以极大地控制以及影响后座议员的行为。在如今的邦吉中，政党代表在不论何种重要程度的所有事情中都占据了主导地位，而地方赞助人只习惯性地在其他场合发挥作用。按照规定，党内纪律和立法是相对立的，这种严格的党内纪律无疑限制了问责制实施的程度，并且大大地限制了强化后的委员会体系的影响。

197

11　1994～2004 十年间马拉维立法机关 ——行政机关间的龃龉

博尼法斯·杜拉尼和让·谢斯·万·东热
（马拉维大学政治和行政研究，马拉维松巴）

引　言

马拉维的例子可以解释关于多党派和民主的普遍信念在表面上巩固了非洲的政治。谈及非洲国家的政治，人们通常会将其理解为主顾与委托人的关系，[①] 或是无论在新环境[②]中采取何种新形式都本性难移的体制。与此相反，根据我们对马拉维民主化进程后的议会研究，发现国家组织形式是有着重要意义的。抵制总统权力的任意扩张的机会通过议会、司法机构和民间团体得到开发。可以说，在这种情况下，政治不能等同于对国家资源进行见利忘义争夺的主顾—委托人的关系。

---

① 布拉顿和范德瓦尔 1997：61～97.

② 巴亚特 1993.

马拉维多党制度下国会和总统的关系

1994 年多党制度的引入标志着马拉维政治发展的一个重要转折点。1994 年新宪法的采纳力图重新明确政府三权分立的运作模式。1994 年的新宪法在第 7、8、9 节中将行政、立法和司法重新定义为独立的关系，随后在 1995 年正式召开的宪法大会上并没有产生新的宪法。这场会议中最具争议性的议题便是总统的权力。总统被确定为国家元首以及国防总司令。然而，在宪法大会中，有一个问题引发了强烈的争议，即立法和司法权由其他机构执行，总统只保留除这两者之外的权力。[①] 实际上，他们遵照了美国宪法的模式：三权分立是核心。

尽管有很多组建上议院的请求，但马拉维依然保留了一院制的议会。根据 1994 年生效的马拉维宪法的第 48（1）节，共和政体的所有立法权都由国会授予，国会由 193 名国会议员组成，分别代表 193 条法律。国会成员五年选举一次。他们代表各自的选区，是采用票数最多者当选的制度选举出来的。1994 年宪法第 8 节要求国会将马拉维所有人民的利益都考虑进去，以摆脱党派政治的制约。

议会会议由议长主持，而该议长经议会首席议员多数选举产生。另外，宪法授权国会按照国会议事常规的要求来管辖自己的事务。议会决策以简单多数票来进行决定，即以"投票

202

---

① 班达 1998.

时在场成员的选票"的多数票来决定。然而宪法修正案则需要至少三分之二议员支持才可生效。

在宪法第 66 节中有指定国民大会的职权。除有权通过高于其他形式法律的法律外,议会的其他功能包括:

● 接收、修改、接受或拒绝政府议案和个人提交的法案;

● 在任何个人成员提议下发起并修改、接受或拒绝所有个人提交的议案;

● 开展调查和发挥权力传唤任何与议会事务运作有关的、必要的个人或官员出席。

● 对有关任何事项的提议进行辩论及表决,包括通过弹劾方式对总统或副总统进行指控或控诉。

203　　马拉维国民大会还拥有国家财政权力:政府需要国会通过预算法案,以及批准使用预算资金。

马拉维国会受命进行的工作还包括对政府行政工作以及日常运行的监督。议会委员会由来自参加国民大会的各政党的成员所组成,它是该项工作的最主要机构。一共有十三个议会委员会,即:

● 公职任命委员会

● 预算和财政委员会

● 法律事务

● 国防和安全

● 政府账目

● 农业及自然资源

● 教育、科学以及人力资源

● 健康和人口

- 商业、工业及旅游业
- 社会及社区服务
- 媒体与通信
- 交通与公共工程
- 国际关系

这两个民主议会并没有在发起立法或检察行政机关方面将自己与对方区分开来。只有政府账目委员会在这方面已经建立其轮廓。然而，对逐渐渗入的总统权力的抵抗已经成为过去十年一个不变的主题。第二次议会期间，在对一项抵抗"允许总统三次连任"的宪法修改时，这点明确地得到了体现。那种与司法和公众舆论相关的抵抗，明确地表现了马拉维的政治文化被打破，这就是本章的主要主题。

1994～1999 年的国会[①]

1992～1994 年期间，马拉维向民主的转型获得了成功。尽管事实上马拉维经历了长达 30 年的极端独裁政权，但马拉维大会党独裁者卡穆祖·班达于 1993 年接受了关于拒绝继续一党专政制度的全民公决的结果。1994 年，进一步举行了首

---

① 报纸报告是本章的主要来源。然而，在第一个议会的部分，我们没有确切的参考来源。这一部分是基于作者让·谢斯·万·东热向位于卢萨卡的荷兰皇家大使馆所做的概述报告而形成的。该报告提到了在一段特定时期内但没有指明确切日期发生的事件。我们将报纸作为关键来源。我们将其作为文化档案，我们的判断是基于日常生活的经验，同时也向关键的信息提供者进行了核对。

次多党选举，未发生任何骚乱。

　　然而，投票结果主要是根据所属区域决定。马拉维北部地区忠诚于民主联盟和他们的总统候选人恰库夫瓦·奇哈纳。中部地区支持卡穆祖·班达和马拉维大会党，而南部地区支持获胜的总统巴基利·穆卢齐和联合民主阵线。联合民主阵线取得胜利的原因是他们的地域忠诚：南部比其他地区拥有更多的人口。然而，这并不代表联合民主阵线可以占据绝大多数席位：它取得 85 个席位，相对地，马拉维大会党和民主联盟也分别获得了 56 个席位及 36 个席位。

联合政府

　　穆卢齐迫切需要建立一个联合政府，但这种想法并未得到实现。竞选运动临近尾声时，马拉维大会党和民主联盟关系解冻。1994 年 6 月竞选结束后，两党迅速结成联盟。然而，这段关系并未维持多久。民主联盟在 1994 年 9 月就转变阵营，和联合民主阵线共同组成了联合政府。这迫使政府采取了首次法外举措，因为恰库夫瓦·奇哈纳坚决要求增加副总统一职，而此职并未在宪法中规定。宪法必须做出修正，增加一个第二副总统的新职位，奇哈纳才能够上任。在民主联盟党派议员的支持下，政府在国会取得了必要的多数票，得以通过这项修正案。

　　然而，民主联盟要与联合民主阵线组成同盟的决定却在其民主联盟支持者中在事前对此事不知情的人中间非常不受欢迎。结果，一些民主联盟国会议员坚持他们的独立，拒绝追随联合民主阵线/民主联盟的党鞭。然而，1995 年 12 月，民主

联盟在原本于 1994 年获得 88.5% 支持率的东姆津巴的一次补
选中，输给了马拉维大会党，这着实让人大吃一惊。直到现
在，民主联盟还掌握着北部，这似乎牢不可破。奇哈纳在卡隆
加圣诞节演说中予以回击，他控告联合民主阵线在南部地区垄
断职权和资源。奇哈纳更多地是抗议联合民主阵线的统治导致
富人越来越富，穷人越来越穷。尽管在和解方面做出了很多努
力，但两党之间的关系已经进一步恶化。民主联盟反对既定协
议，在递补选举期间联合民主阵线强势地区扶持了自己的候选
人。1996 年 4 月，奇哈纳正式离开了联盟。

　　然而，那些在联合民主阵线或民主联盟内阁接受内阁席位
的民主联盟成员，拒绝追随联盟以外的领导者。这预示着一场 205
漫长的法律战役的开始。根据宪法规定，改变了党籍的国会议
员必须面临补选。他们只有在递补选中重新接受委任才能更换
党派。这个原则的理论基础是阻止在野党国会议员被执政党收
买。对于民主联盟的部长们来说，简单的解决方案是进行一系
列的递补候选，但是在内阁时期他们都没有冒这个险。相反，
政府在法院就此问题面对了长期的诉讼。这场诉讼是从两方面
开展的。首先，奇哈纳和民主联盟普通议员发起了对民主联盟
部长们的党员资格的攻击。该党辩称这些部长因不遵从党鞭的
领导而被除名。部长们则站在他们的立场上辩解道：他们从来
没有离开过党，因此并不需要面临补选。是党使他们变得独
立，但是在他们看来，他们并没有转而支持对方。诉讼的第二
个方面是对议会议长的权威进行挑战。他们要求议长必须规
定，部长们已经改变了党派并且需要进行补选。议长罗德威
尔·蒙岩耶姆贝是民主联盟的主席，他支持了部长。除去没有

投票的议长，包括部长在内的 8 位民主联盟国会议员，都继续留在了联盟里。因此，穆卢齐得到了来自联合民主阵线议员和民主联盟反叛者的大多数人的支持。[①]

联合抵制

马拉维国会议员的频繁死亡，使得穆卢齐可以依靠的多数派群体变得浮动不定。[②] 这群体无法召集宪法规定国会处理业务的三分之二的法定人数。这使得反对派有可能使议会程序陷入瘫痪。当联盟被打破，民主联盟的反叛者得以继续坐在他们的席位以及部长席位上时，民主联盟官员决定联合抵制国会。马拉维大会党也跟着一起抵制通过那段能使政府控制媒体托拉斯的法律条文。这个托拉斯就是出版公司的所有者，是一个以卡穆祖·班达作为主要管理者的企业。[③] 这个企业也是马拉维大会党政党财政的主要来源。

联合民主阵线政府，尤其是财政部长阿莱克·班达试图控制这一业务，争论道多亏政府支持，出版公司才得以成长到现在的规模。此时，首次出现了政府通过检查和分权制衡，将企

---

① 显然，1999 年选举中，人们不断在各地区投票促成马拉维大会党和民主联盟的联盟是必要的而且也使这一联盟得到了实现。在这次选举中，戈万达·查库安巴参选总统，恰库夫瓦·奇哈纳（民主联盟）则成为了戈万达·查库安巴的选举同伴。

② 在多党民主统治的前 4 年，19 个国会成员（11 个联合民主阵线成员，4 个马拉维大会党成员及 4 个民主联盟成员）在任职内殉职。（来源：马拉维选举委员会）

③ 有关马拉维政治经济中的媒体托拉斯作用，参见万·东热 2002。

业夺取到政府手上的可能。在首席检察官的授意下，检查长于1983 年以谋杀姆万扎的四个联合民主阵线同事的罪名及其他罪名起诉了卡穆祖·班达，以此让卡穆祖宣告无法再掌管他掌控的部门。这本可以使政府成为他的财产的监护人。但这一尝试以失败告终，因为医学专家宣告卡穆祖·班达仍然神志清楚。这一新闻案例在 1995 年持续了整整一年，而且被告会输这一点变得更加明显。在这一背景下，1995 年 12 月，阿莱克·班达宣布新闻集团存在着众多的欺诈行为，并要求警方对其进行起诉。但是，警察没有发现任何理由来准备进行对这些罪行的起诉。之后，阿莱克·班达立马督促国会通过一个法案，将新闻集团无补偿性地国有化。他没有遵守先前签订的要求法案的呈上和讨论间隔最短期为 21 天的规定。该法案本不应该被呈上，因为它在会议最初阶段受到抵制而并没有到达法定人数。虽然联合民主阵线在当时有 84 个席位，并能从民主联盟那里获得 8 个。但它需要 118 名议会成员来达到法定人数。

206

该案件由马拉维大会党，而非新闻集团的所有者卡穆祖·班达向法院发起追索权是很重要的。媒体托拉斯的所有权是重要的，但这不是案例的本质所在。因为其政治本质，这些围绕媒体企业的法庭案例对宪法有着直接的影响。马拉维大会党挑战该条与媒体有关的法案的理由有两个：预先的通知时间不合规定，并且未达到法定人数。但政府反驳道，议长作为国会规则的守护者可令法案继续。他们同样辩解道，宪法在议会期一开始就规定了法定人数，而不是像提出该媒体法案时那样有一个常规座席的要求。1995 年 7 月，法官邓斯坦·姆瓦恩古鲁给出的最高法院裁决，支持了马拉维大会党一方，这令人大吃一惊。法官的释义更多的是法律精神而不是法律条文，他总结道，在没有法定人数出席的情况下而通过法案，这不能达到宪法制定者的宗旨："任何国会议员都能限制国家这一点并非符合宪法制定者的初衷。"如果某个人坚持说只有在开庭伊始才需要法定人数，那么它则是一个无效力的条款，这说法显然漏洞百出。他同时将此法案裁决为不符合宪法，该法案中记载的财产所有权也是一样。对财产权的征用仅可能针对公共事业，并且只有在有足够的补偿和可供业主上诉法院的条款规定下才有可能进行。这么做的目的是为了防止因政治原因而没收财产，这在一党执政时是很常见的。宪法优先于任何议会的判决。如果议长的决策和宪法有冲突，那么其结果也是无效的。姆瓦恩古鲁能够明确建立高于国会的司法特权。当政府部门不遵从判决时，司法部门也可强制执行其决定。姆瓦恩古鲁命令政府归还媒体托拉斯的资产。

政府上诉最高法院、法院支持政府，这并不令人吃惊，因为穆卢齐已经任命了许多新法官。他们狭隘地诠释宪法，认为在每次会议伊始时达到法定人数就已经足够了。他们同样发现，政府能够以国家利益需要为教条而凌驾于宪法之上。他们在塞浦路斯、巴基斯坦、加拿大、美国（第二次世界大战期间）和罗得西亚（单方面独立宣言期间）找到了支持的案例。这些政府发现他们正面对着怀有敌意而又混乱的局面，这种局面正需要这样的权力。给予行政部门自行处理事务的自由的后果是十分深远的，这也可想而知。他们发现议会制定自己的法规，自行选举议长是和宪法直接相关联的。国会认为自己是

207

最高立法机构，且其内部法规不需经过司法审查。

有一些对依照法律程序所做的裁决提出异议的案例出现，但是此类案例越来越少。1996 年 4 月，通过一名天主教主教的调节，国会的联合抵制结束了。并令总统承诺对宪法进行重新审查以阻止新的类似民主联盟部长们的情况的出现。用马拉维大会党赫瑟威克·恩塔巴的话来说就是，"宪法修正案（将会结束）政治工作分配中的讨价还价和国会里的欺诈"。另一个终止联合抵制的重要原因是参与联合抵制的国会议员被切断了任职津贴等资金补助。最后一点是，联合抵制从始至终就没有什么民众吸引力。而且适得其反的是，人们普遍感觉到，国会议员没有在做他们应该要做的工作。同时，抵制也是在新的财年之前就结束了，避免了政府瘫痪，因为在马拉维，国会控制着财力，并且没有国会的批准，国家就没有有效预算。

议会中的雄辩家转而支持对方

当联合民主阵线/民主联盟的联合政府破裂时，8 位民主联盟的国会议员，其中包括几位政府部长，留在了联合政府中。联合民主阵线政府依赖于民主联盟的反叛者们，打破这种依赖并获得绝大多数席位对联合民主阵线来说是很有吸引力的。政府诱使马拉维大会党国会议员们转而支持对方，并且时不时能够达到目的。查卡卡拉·沙齐亚就是其中一个例子。他是西利隆圭马拉维大会党中心地区的议员，他在竞选上花了一大笔钱。然而，这个区域仍然保持稳稳的马拉维大会党地区。另外一个案例出现在南恩桑杰地势较低的郡，时任马拉维大会党副主席的戈万达·查库安巴就来自那里。对那个地区，存在

208

着对许多不合常规之事的控告。这些事导致选举委员会收到许多投诉。但他们没有理由推迟选举。之后，马拉维大会党求助于法院。法院也仅仅因程序理由而命令选举延期，理由是：选举委员会还没有进行过及时沟通。而之后选举委员会也只听说需要延期一个人，那就是滕加尼主任。他因是联合民主阵线的支持者而出名。另一个受质疑的国会议员西蒙·坎弗拉在1997年5月举行的最终选举期间，仍然保留着他联合民主阵线候选人的席位。在1994年到1998年间，共进行过23次递补选举。这些并没有导致对党的忠诚的重大改变；只有三个案例——分别在北部、中部、南部，发生了对党的忠诚的改变。

递补选举中的暴力行为

到目前为止，选举委员会的职责已多次提起，对递补选举的抱怨层出不穷，但选举委员会极少接受这些抱怨。他们只在一种情况下举行了一次新的选举。卡希姆·齐伦帕为了争取在恩科塔科塔的缺位而发起运动，但是因为议会马拉维大会党成员的死亡而失败了。有人看到他给排队等候的选民分发软饮料和小圆甜饼。令人困惑的是，他在两个案例中都赢得了大多数人的支持。好像没有必要违规操作。在他后来的国会任期内，冲突变得更加严重了。在1997年奇拉朱卢县的马拉维大会党竞选期间，闹事者出现在现场，放火烧了一辆路虎和有线广播系统。闹事者穿着带有卡穆祖·班达头像的衣服，并自认马拉维大会党成员，不过警察局并没有起诉他们，选举委员会也并未随之采取什么措施。

最严重的一个案例是1997年初在布兰太尔中部迪兰地地

区举行的递补选举。迪兰地地区是一个动荡的政治舞台，该区域在 1992 年多党主义运动开始时也很重要。该地区也被视作为某种对联合民主阵线政府的政绩表现的公民表态。所有三个党派都提出了候选人。暴力事件首次出现在民主联盟集会期间。自称为年轻的民主联盟成员的麻烦制造者们再次扰乱了会议。纵火随后发生：马拉维大会党候选人的房屋被焚毁。马拉维大会党候选人便撤退了。后来来了一个新的马拉维大会党候选人，但再一次，这个人也在选举前的几天退出。马拉维大会党选区领导召开秘密会议要找另一位候选人。但他们后因被指控集会破坏和平而在那里被逮捕并拘禁。联合民主阵线于是赢得大多数人的支持：他们与其他候选人的得票比率为 4002：135。马拉维大会党一个候选人都没有提名。地方法庭随后释放了马拉维大会党被逮捕的领导。之后，一位出租车司机证实，他曾将马拉维大会党的上一届候选人送到选举委员会主席——姆索沙法官的家里。

209

大部分此类案例中，受伤害的一方会向司法机关求助以反对选举委员会。法院起初会提出仲裁意见，但随后就拒绝参与这些案例了。

法律选举操纵！

在 1999 年的选举中，政府为了确保在投票选举中的胜利，再一次采取了高压操作手段。选举委员会提议将选区数量增加至 70 个。在提案中，北方席位的数量从 33 增到 46，中部席位的数量从 68 增到 85，南方席位的数量从 76 增到 118。相对于人口比例，南方地区所占席位最少，因此增长的空间也会最大。这一增加的理由是为了更好地平衡各个选区的人口比例。而执政党的根据地正是在南部地区。在一次激烈的国会辩论中，增长的比例下降了，从 70 个席位降至了 17 个。来自于资助选举的捐助者的压力或许在很大程度上对这个变化起到了主要作用。最后共识达成，即选区的数量增加 17 个（北部增加 1 个、中部 5 个、南部 11 个）。这有效地表明国会席位从原来的 177 个增加至 194 个。这种改变选举区的努力并未使政党胜利的概率发生改变：联合民主阵线赢得了南方 5 个新席位，独立党赢得 3 个席位，马拉维大会党也赢得 3 个席位。

1999 ~ 2004 年的国会

1999 年的选举似乎给总统和国会的政治构成带来了一个微小但是决定性的转变。巴基利·穆卢齐在马拉维大会党和民主联盟的联合支持下继续连任总统。他的联合民主阵线党在 192 个竞争议席中赢得了 93 票。马拉维大会党的议员人数从 56 个增加到 66 个，然而民主联盟的议员人数从 1994 年国会的 36 个减少到了 29 个。四位候选人首次以独立票进行选举。① 然而，局域支持分布几乎没有变化。穆卢齐在人口最密集的南方地区赢得了 75.5% 的投票，此地正是 78 位联合民主阵线的议会议员的来源地。尽管如此，穆卢齐在总统选举中获得了大部分的选票（51.4%）。如果算上四位独立党代表的投

---

① 在马拉维大会党候选人死亡后，姆钦吉地区一个职位也没有拿来竞选。

票，联合民主阵线也具有微弱的优势（192 个席位中的 97
个）。① 如果总统能够依靠议会多数票，那么建立和谐关系指
日可待。

但那并没有发生，而且在 1999 年至 2004 年间，行政部门
和国会之间的关系不时变得紧张。在第一次议会期间，冲突不
是围绕发展政策或实体立法，而是围绕宪法问题。最为重要的
就是：总统任期。一项宪法条款②将总统的任期限制为最多连
续两任。1999 ~ 2004 年这段期间也因此成为穆卢齐的最后任
期。那个时期的政治由国会掌控，也使得穆卢齐能通过国会再
次当权。第一份提交的宪法草案是关于放宽任期的限制，而第
二份提案是将缩小了的总统任期从两年增加到最大的 3 年任期。

联合民主阵线内部的选票竞争

在 1999 年普选前几个月，联合民主阵线政党联盟内首次
听到希望穆卢齐第三度担任总统的呼声。在 1999 年选举之后
的就职仪式上，穆卢齐说他还有 "26 年可以统治这个国家"，
含蓄表达了任期延长的渴望。③（这一呼喊后来得到了包括邓

---

① 这些独立党代表是那些在联合民主阵线初选中落选的人，他们后来不与
任何党派联盟而独立参选。当他们获得席位后，他们全部都立即加入了
联合民主阵线。

② 宪法第 83（3）条规定："总统，第一副总统以及第二副总统可以视其能
力而定最长在职两个任期，但如被选举或任命为总统或副总统办公室成
员，在被选举或任命时直到下一次总统选举前都将被视为一个任期。"

③ 1999 年 6 月 22 日《国家报》，"穆卢齐开始第二个任期"（The Nation,
June 22, 1999 "Muluzi Goes into Second Term."）。

波·勒马尼在内的其他联合民主阵线领导人的回应。邓波·勒马尼是联合民主阵线最具影响力的成员之一，曾经声明"不管能否得到三分之二议员的支持，宪法都会得到修改，从而为穆卢齐的第三届任期铺平道路。"① 从那时起，联合民主阵线联盟就为延长穆卢齐任期而开展活动。他们被给予了很大的活动空间，使得他们在总统联盟内能做出案例。在 2001 年 8 月这样的联盟中，联合民主阵线的南方局部统治者戴维斯·卡皮托指出，"全国的 27 个区都一致同意穆卢齐在 2004 年参加总统选举，并且联合民主阵线会向国会提交宪法草案以使该提议成为可能。"②

在最后一个宣告即将生效的时候，联合民主阵线的布朗·姆平甘基拉发出了否决的呼声，称不论是宣告的内容，还是它的对象，联合民主阵线都在寻求穆卢齐更长久的任期。穆卢齐自己则从未正式承认参加竞选。它被描述为一种自下而上的自发运动。联合民主阵线官方也伪饰成对穆卢齐的任期没有作出过决策的一方。③

提议的宪法修正案的第一项法案是由一个民主联盟议员提出的下院议员法案。只有第二项才是由联合民主阵线作为一个政党提出。这种模棱两可是可以理解的，作为穆卢齐可能的继

---

① 1999 年 10 月 14 日《每日新闻》，"联合民主阵线同意巴基力的第三任期"（Daily Times, Oct. 14, 1999 "UDF Agrees on Bakili's Third Term".）。

② 《每日新闻》，2001 年 10 月 8 日，"关于穆卢齐事件立场的地区声明"（Oct. 8, 2001 "Districts Declare that Muluzi Stands".）。

③ 2002 年 1 月 25 日《国家报》，"不给穆卢齐第三个任期"（The Nation, Jan. 25, 2002 "No Third Term for Muluzi."）。

承人，三个将参与下届竞选的第三个任期候选人不喜欢该法案是不会令人感到惊讶的。这表明联合民主阵线内部公认的有潜质的候选人与他发生了冲突。他们是联合民主阵线的创始人布朗·姆平甘基拉与卡希姆·齐伦帕，还有马修·奇卡恩达教授，他在1999年作为财政部长被引入内阁。这三个人都于2000年初退出穆卢齐的内阁。齐伦帕与奇卡恩达的撤职并不一定导致联合民主阵线队伍的重大剧变，而姆平甘基拉的撤职则使其成为必然。他立即组织了一个压力集团，即全国民主联盟（NDA），以反对穆卢齐延长任期。六位联合民主阵线的国会议员①加入了姆平甘基拉的全国民主联盟。全国民主联盟是作为一个与联合民主阵线竞争的组织而出现的，但不出所料的是，联合民主阵线的领导层并不接受这个现实，并将姆平甘基拉和他的全国民主联盟同僚们开除出党。

拉拢反对党建立一个多数党

穆卢齐必须在联合民主阵线内赢得第三任期，但这还远远不够。宪法修正案需要获得三分之二的支持率，即128张票才能通过议会。如果所有的联合民主阵线国会议员包括独立派（97票）支持穆卢齐，那么修正案还需要反对方31张支持票。

马拉维大会党内的意见分歧为他们提供了一个争取选民支持的机会。马拉维大会党副主席约翰·坦博在与戈万达·查库

---

① 包括了国会成员利兹·平贾吉拉、格拉山·诺拉、詹姆斯·玛胡穆拉以及皮特·图帕。他们之后都支持乔·曼杜瓦和联合民主阵线创始成员之一的哈利·汤姆森。

安巴的党主席之争时惨败而归。在查库安巴竞选总统的活动上，坦博坐在民主联盟主席齐纳纳后面，这使得他的羞辱感更加强烈了。

穆卢齐在1999年选举前夕开始设法取得约翰·坦博的支持就不足为奇了。联合民主阵线与坦博马拉维大会党党派之间的非正式联盟在坦博选举中显现出来，坦博在2000年中期议会选举中担当起议会反对派领袖。这件事发生在联合民主阵线成功地迫使坦博的主要竞争对手戈万达·查库安巴在国会停职一年之后。他为了回报政府在其被提拔为议会反对党领袖中的支持，坦博被希望帮穆卢齐增强政府的支持以获得宪法修正所需要的三分之二的多数票。①

似乎另一主要反对党民主联盟为扩大影响力也乐于支持政府。2002年2月8日，试图用法律手段改变选举结果的举措失败后，民主联盟与马拉维大会党之间的联盟正式解散。② 在这一正式解散后，民主联盟领导人很快决定第二次与联合民主阵线合作。联合民主阵线和民主联盟的合作在2003年4月9日达到高潮，其时穆卢齐让民主联盟主席恰库夫瓦·奇哈纳和

---

① 2000年7月25日《每日新闻》刊"联合民主阵线支持穆卢齐"。需认识到选举失败意味着在非洲政治中严重的财政枯竭且没有机会重新挽回。这可能是坦博和奇哈纳改投他人原因之一。约翰·坦博及其亲戚西西莉亚·卡扎米拉（卡穆祖·班达统治期间的官方主席）被牵涉在关于卡穆祖·班达资产的冲突中。在他们改投他人后，该冲突再没有被提起。

② 反对党派们挑战1999总统选举和国会选举的结果。他们的主要观点是，UDF操控了国会选举，穆卢齐没能确保多数选票，并且要求重新举行总统选举。关于法庭争辩的完全讨论，参见帕特尔2000：42~45。

其他四名民主联盟议会成员加入其内阁。除了他的部长职位外，奇哈纳恢复了其第二副主席的职位，1996 年他就是从这一职位上被解聘的。

恰库夫瓦·奇哈纳成为了宪法修正案最为明确的支持者之一。这导致了一次党派分裂。2002 年早期的一次民主联盟会议要求其国会成员不要支持任何针对延长穆卢齐任期的修正案。这导致了民主联盟内部国会派系的一次分裂。部分国会议员追随奇哈纳。正如上文所提到的，为了修改宪法关于公开任期动议的第一项提案其实是由民主联盟的一名国会议员赫瓦里·姆希斯卡向国会提出的。另一位著名的民主联盟国会议员格林·姆万蒙德维控诉其领袖因收受钱财而支持该议案。[①] 约半数的民主联盟国会议员公开断绝与其党派领袖的关系，并且投票反对延长任期和第三任期的议案。

通过法律修改获得多数支持

联合民主阵线参加竞选的第二个部分涉及一系列的法律变革，其目的在于设法削弱参加第三期竞选的阻力。此类策略的第一步就是在本章前面提到的增加议会席位这一失败的尝试。这一策略失败之后，联合民主阵线在 2001 年初提议授权总统可任命 20 位国会议员。这一做法巩固了总统的地位，因为受任命的议员势必会对任命他们的总统忠心耿耿。因此，在诸如修正延长总统任期制度等重大问题上，这 20 位国会议员势必

① 2002 年 7 月 5 日的《每日新闻》（Daily Times，July 5，2002.）。

会站在总统一边。

然而，国会在讨论这一提议时，并未从议员方面得到足够的支持。面对极有可能出现的失败，执政党被迫搁置这一提议，延缓投票表决。①

通过改变规则创造大多数支持

减少法定人数

在议会第一阶段，反对派的联合抵制似乎是使议会瘫痪的有效方法，因为其使得开始议会的法定人数不能达到要求。宪法第 50 节规定，开始会议的必要法定人数应为国会成员的三分之二以上。它为阻止宪法修正案允许穆卢齐连任第三个任期提供了机会。联合民主阵线在 2001 年 5 月对修正案做出动议申请，这点并不让人感到意外。政府提出将会议的法定人数减少到成员的三分之一。一部分在野党清楚认识到这是穆卢其为得到第三任期的策略："是一个为穆卢齐再次任职清除障碍的方法。"②

该提案随后经过修改并于 2001 年 11 月 6 日通过，将

---

① 政府并没有承认其在选举中存在任何错误或应受谴责的做法。2003 年 4 月 30 日的《每日新闻》"马拉维政府有关中非长老会教堂宗教大会主教教书所提事宜的回应"。（Ibid. April 30, 2003, "Response by the Malawi Government to the Issues Raised inthe Pastoral Letter of the General Synod of the CCAP".）

② 2001 年 5 月 16 日《国家报》（The Nation, May 16, 2001.）。

50% +1 定为所需的法定人数。① 这几乎获得了议会全体成员的支持（148 人出席，146 人支持）。它就这样有效阻塞了反对派的道路。

宪法第 65（1）节的修正案

在首届议会期间，政府特别通过议长在议会中施加影响。在媒体托拉斯一案中，它已经受到了最高法院判决的支持。在民主联盟的案例中，议长利用其影响力对执政党灌输政党纪律，以巩固国会多数党地位。正如它所提过的一样，宪法可以被更加狭义地解释为叛党行为。而这个行为已经在议会上阐述过。

一些联合民主阵线议员因为反对总统竞选第三任期而与其政党发生内讧，进而建立全国民主联盟，在这个时候，前述问题就更加突出了。全国民主联盟被认为是一个强势施压组织而非一个政党。官方上，他们仍然声称效忠于联合民主阵线。虽然这些议员被联合民主阵线免职了，他们仍然能够作为反对派议席的独立议员而留在议院。

宪法第 65（1）节规定了议长的权力，但不论是议长还是司法人员都仍然有可能对其产生狭隘的解读。因此，在 2001 年 6 月 13 日，政府将一个关于修改第 65（1）节的草案搁置一旁。最终，该法案作为《2001 年宪法（修正案）（第二部）》获得通过，并试图扩大议长的权力，该法案如下：

214

① 2001 年 7 月 7 日《国家报》，"国会通过法定人数法案"（Ibid. July 7, 2001, "Parliament Passes Quorum Bill."）。

　　议长应当宣布身为国民大会任何一个政党代表的人员在其选举过程中应空出其席位。除了这些成员之外，还包括任何放弃原党派身份及已经加入其他政党或其他从事实质性政治活动、有实质性政治目的的组织或协会的成员，也应该空出其席位。

　　在最后一句话中，言论自由的隐患得到明显体现。事实上，这给了议长主导权来决定是否允许反抗活动。

　　修改法案在 2001 年 6 月 19 日呈请投票。192 名有投票权的国会议员中，有 131 名议员都是联合民主阵线的立法者，加上忠于约翰·坦博①这一派的国会议员，他们都投了赞成票。39 个民主联盟议员和马拉维大会党查库安巴派的成员投了反对票，另有 4 票弃权。在坦博的支持下，该项法案获得了所需的三分之二的多数选票，被制定成为法律。②

　　这项法案遭到来自马拉维大会党和民主联盟两方国会议员们的反对，他们不支持与联合民主阵线结盟。他们争辩说，修正案被故意设计以使政府能摆脱议会中的反对声音。这项法案一通过，联合民主阵线就写信给议长宣布七名全国民主联盟议员的席位不再有效，这些议员是布朗·姆平甘基拉及其妻子丽齐、詹姆斯·马库穆拉、彼得·楚巴、格雷西姆·诺拉以及马

---

① 2003 年 10 月 11～12 日《国家周末报》，"我的日记"（Weekend Nation Oct. 11～12/2003, "My Diary."）。当该法案于 2001 年 6 月 14 日呈报到国会时，时任反对党领袖的约翰·坦博召集了所有马拉维大会党国会议员到他的 10 号议院要求他们支持该法案。

② 2001 年 6 月 20 日《每日新闻》，"法案在反对声中得到了通过"（Daily Times, June 20, 2001, "Bill Passed Amid Protests."）。

拉维大会党的戈万达·查库安巴与赫瑟威克·恩塔巴。经过漫长的辩论，这七位国会议员于 2001 年 11 月 7 日被除名。修订法案第 65 节出台后，很多国会议员成为其受害者。其中包括前联合民主阵线国会议员让·扎普·斯诺克和乔·曼杜瓦，他们均于 2001 年 10 月被除名，罪名是参加了一个捍卫宪法的论坛。该论坛是一个由民间团体、宗教领袖及政治家组成的保护性组织，旨在反对那些企图通过修正宪法以创立总统第三任期的制度。该法案的其他受害者包括前民主联盟国会议员，他们与自己的党派划清了界限，并组建了真正的民主变革运动这一组织。

民间组织及法院对穆卢齐霸权主义的抵抗

很明显，此修改案有选择性地针对那些反对人士以及联合民主阵线中那些对其政党失去信任的议员们。议长有更多的理由来反对追随坦博和奇哈纳的人。他们因投票反对联合民主阵线，即支持政府而被发现。

这促使公共事务委员会寻求司法解释，并宣称修改的部分与宪法保障的人权相悖，因为它违反了结社自由。[①] 公共事务委员会是一个处理民事案件的非政府组织，由天主教和新教教会赞助。政治行动委员会也认为被修订的第 65（1）节是违宪的，因此应视为无效。它违背了宪法第 32 节规定的结社自由权以及宪法第 40 节规定的政治权利。

_____

① 民法条款 1861 号，2003（Civil Cause No. 1861 of 2003.）。

在对待这件事情的判决上，高级法院注意到，若如第 65 节所规定的，国会成员履行职责时受到一定的限制，这将对选举议员的选民期待有很大的负面影响。法院法官进一步争论道：

修正案的影响是如此广泛。不管议员席最初的形式是否如大众传闻的那样，它已经通过了国会成员的决议，可供国民大会以及属于在国民大会中代表最高政治派别成员们使用。修改后的第 65（1）节使得议员席奇迹般地在任何时候任何地点都能将国会成员联合起来，尤其是某些反对顺应政治性自然的组织或联盟的个人或活动。议席的扩展超出了国民大会的数量，其数量已经达到了严重干涉宪法第 32 节和第 40 节所规定的人们所享有的结社自由权以及政治权利。

这一判决的作用是在议会中明确宪法第 65 节的用途，意味着基于已修改的第 65 节，所有从国民大会除名的国会成员将会复职。

企图冲破司法阻力

穆卢齐早在第一届国会任期期间就遭遇司法阻力。法官邓斯坦·姆瓦恩古鲁在媒体托拉斯的案例上做出了不利于政府的裁决。然而由总统新近任命的法官组成的最高法院驳回了姆瓦恩古鲁的决定。司法部也不愿意扮演司法和国会之间的中间人角色。

大约在 1999 年大选时，当司法部多次否决政府时，这才发生了改变。但是他们不能始终如一地做出裁决，例如，反对派在选举结果的诉讼上输了。然而，当穆卢齐试图伪造议会对此法案 2/3 的多数支持时，遭到了司法部门的抵制，因此政府与司法部门的关系变得越来越尖锐。在这场角逐中，穆卢齐试图放手开除议员，但法院阻止了。穆卢齐下令禁止为阻止其尝试修宪以延长任期而举行的公共游行，也被法院一致否决。

国会议长猛烈回击，宣称国民大会公共任命委员会"将毫不犹豫罢免任何由于明显缺乏专业能力或政治激进主义而看来不熟悉马拉维宪法的法官。"① 这次威胁之后，2001 年 11 月联合民主阵线在一次国会上提出了一项动议，目标是以最高法院法官的裁决带有政治性为借口解雇他们。② 该动议旨在针对法官阿纳克莱·希佩塔、邓斯坦·姆瓦恩古鲁和齐玛苏拉·费里。经过一场激烈的争辩之后，由执政党大力支持的这项议案，通过了罢免 3 个高级法院法官的决议。

然而，罢免 3 位法官的提议受到了来自反对派、政党、教会、非政府组织和马拉维的主要资助国的广泛批评，指责政府不应干预司法独立。国会的决定同样遭到质疑，因为事实上它并未尊重三权分立的概念，通过对国民大会制造司法回响，这有违宪法的精神。穆卢齐总统自己对于是否同意议案也犹豫不决，最终，在 2002 年 5 月他还是被迫解雇了这些法官。③

---

① 2000 年 9 月 27 日《每日新闻》，"关于对戈万达进行判决的呼吁"（Daily Times, Sep. 27, 2000, "Speaker to Summon Judge over Gwanda."）。

② 《每日新闻》，2001 年 9 月 30 日，"联合民主阵线设计对抗法官"（Ibid. Sep. 30, 2001, "UDF Plots against Judges."）。

③ 《每日新闻》，2002 年 9 月 8 日，"穆卢齐清除了法官"（Sep. 8, 2002, "Muluzi Clears Judges."）。

民间组织的影响和镇压的威胁

在关于同意穆卢齐再次连任的修正案的斗争中，议会起着至关重要的作用。然而，如果当时没有非政府组织，国会的作用很可能会失败。联合民主阵线似乎成功地使反对派之间持续分裂，并使自己渔翁得利。政府似乎可以通过关于法定人数和第65节的修改法案，这为穆卢齐第三次任职扫清了障碍。按照以上所指出的，当国会议长威胁掌权时，是公共事务委员会要向法院提出求助的。鉴于反对党的分裂，各教派格外一致地表示强烈反对。他们大肆地发表言论并且表示密切关注，就像游行中表明的一样，以此来反对穆卢齐第三次连任的可能性。这导致了穆卢齐和联合民主阵线愈加压制性的立场。

217　年轻民主党人的威胁

联合民主阵线战略的另一方面涉及使用暴力，尤其是来自于党内青年派别、青年民主党对批评者的粗暴压制。在这次暴动中，受害者包括那些反对提案的国会成员，特别是那些反对党。此暴动其他受害者包括独立的媒体、民间团体、大学生、教会领导，以及因那些反对其第三个任期选举而参加游行的公众成员。臭名昭著的马拉维大会党政权青年分子，大部分案例中的年轻的民主党人士对反对第三任期的反对者们在警察面前施加迫害，那些警察们都无法采取任何行动。[1]

非政府组织法案

政府试图通过 2001 年 1 月提出的一项法令来监管非政府组织。根据该法案，所有非政府组织都需要有一个非政府组织委员会，该委员会被赋权作为所有非政府组织活动的监管者。该法案还禁止非政府组织"搞党派政治、竞选和政治活动"。[2]

无论是议案还是法案都受到民间社会的严厉批评，他们称其"破坏宪法概述的民主原则，同时也破坏了在协商过程中建立起的非政府组织和政府之间的信任；特别是，强制性要求非政府组织同时要在马拉维非政府组织委员会和非政府组织委员会登记，以及政府严格控制非政府组织委员会的成员组成，被批评为企图使非政府组织密切受控于政府。[3] 在一次阻止政府通过这一法案的尝试中，民间团体组织找到了一项高等法院禁令来阻止议会辩论并通过该法案。然而，在该项禁令被认定之前，法案就在议会上仓促完成，于 2001 年 1 月 12 日通过，并在法院交付裁决前被制定为法律。

---

[1] 2002 年 9 月 11 日《国家报》，"公共事务委员会关于反对第三任期的声明"（Nation，Sep. 11，2002，"Public Affairs Committee（PAC），Statement Against the Third Term."）。

[2] 非政府组织法令第二十条。

[3] 2001 年 1 月 11 日《国家报》，"公民社会组织媒体公开"（Nation，Jan. 11，2001，"Press Release by Civil Society Organizations."）。

确保穆卢齐第三个任期的法案及其命运

《开放任期法案》

法案的呈请使第二次民主议会达到了高潮，该法案提议去除对总统任两届、每届任期 5 年的限制。《开放任期法案》首次在 2002 年 5 月 24 日提出，此法案是一项由普通议员提出的法案，其意图是为了消除总统任期期限限制。[①] 此法案的合理性是"宪法第 83（3）节，对总统任期期限作了限制，该法案被认为侵犯了人民根据自主选举总统，并且他们希望他或者她尽可能多次连任的选举权利。"

"开放任期"法案于 2002 年 7 月 4 日呈请给议会，并由民主联盟议员赫瓦里·姆希斯卡推进。那些宣称支持这项议案的有联合民主阵线国会议员、马拉维大会党的约翰·坦博派以及民主联盟中忠于该党主席恰库夫瓦·奇哈纳的国会议员。国会外，联合民主阵线成员领导了支持第三届任期议案的运动传统的领导者，尤其是总领事会的临时领导，也游说国会议员投票支持该法案。

领导批判这项提案的是忠于戈万达·查库安巴的马拉维大会党议员们，和曾打破奇哈纳和布朗·姆平甘基拉的全国民主联盟之间等级的民主联盟议员们。非议还来自于民间社会组

218

---

① 2002 年 5 月 24 日《马拉维政府公报增刊》（Malawi Government Gazette Supplement, May 24, 2002.）。

织、宗教领导者、非政府组织和专业协会，包括马拉维法律协会和反马拉维大会党及民主联盟的部门。

在 2002 年 7 月 4 日议会就法案进行投票时，它未能获得所需的三分之二的多数票使法案成为法律。这项法案的通过需要 193 位国会议员中的 128 人投赞成票。然而，125 位议员（全部来自联合民主阵线、马拉维大会党和民主联盟派，分别忠于约翰·坦博和恰库夫瓦·奇哈纳）支持这个法案。来自马拉维大会党和民主联盟的 59 位议员对此项法案投了反对票。此外有 3 人弃权，5 人缺席。这意味着此项法案缺少三票赞成不得通过。

《开放任期法案》未获通过，随后穆卢齐总统承认了失败，并召集该法案的支持者和反对者进行和解。

第三任期法案

尽管穆卢齐做出了让步，开放任期法案的失败没有让他失去候选人的资格。2002 年 7 月 20 日，在一个联合民主阵线的区域和地区行政会议上，又一次"委以穆卢齐在 2004 年总统选举的候选人资格"。会议赞成法案的修订版作为政府法案呈交到国会，这个法案让穆卢齐的候选人资格延长，可以拥有第三任总统职位，但不是无限期连任。① 2002 年 9 月 8 日推行的新法令指出延长总统任期为三届。该法令明确规定更改第 83 （3）节，"马拉维任一总统至多连任三届。"

219

---

① 2002 年 7 月 22 日《每日新闻》，"第三任期拒死挣扎"（Daily Times, July 22, 2002, "Third Term Refuses to Die."）。

联合民主阵线及其在民主联盟的新盟友一起利用一切机会强烈抗议该法令。支持该项议案的主要观点是：两届任期不足以实现穆卢齐总统及将来其他总统的所有发展计划。

然而，就像失败的《开放任期法案》，第三任期的尝试也受到了反对派和包括教会在内的社会团体的广泛批评。民间组织汇集在一起并形成了旨在参加竞选和游说议员们投票反对第三任期的宪法防务论坛。在一份声明中，宪法防务论坛反对第三任期法案，并呼吁男女老少共同抵制任何出于个人政治目的而滥用政治职权的行为。①

该法案也目睹了联合民主阵线政党内部成员之间的分歧进一步扩大，并失去了它在马拉维大会党前联盟中的支持率。尽管几乎所有的联合民主阵线议员都支持这一开放任期法案，但很多联合民主阵线国会成员都打破了他们政党内部条例，并加入到反对这一法案的队伍中。宪法防务论坛声明中最著名的包括联合民主阵线国会议员们、卡希姆·齐伦帕、让·斯诺克以及乔·曼杜瓦。工商部部长彼得·卡来索也公开出面反对第三任期竞选，紧接着在选举的前夜因此被免去内阁成员的职务。与此同时，之前支持该任期法案的约翰·坦博的马拉维大会党派突然转变态度，与之前被疏离的主席戈万达·查库安巴联合起来，游说他们的支持者对该提案投出反对票。②

---

① 2002 年 10 月 8 日关于第三任期宪法修订的宪法防务论坛声明和决议。兰普，Nov. – Dec. 2002。

② 2003 年 1 月 16 日《每日新闻》，"戈万达·坦博对国会成员的警告"（Daily Times, Jan. 16, 2003, "Gwanda, Tembo Warn MPs."）。

虽然新法案得到了民主联盟一部分成员的支持，但是显而易见，约翰·坦博决定和戈万达·查库安巴统一战线，以及联合民主阵线和民主联盟的大部分国会议员公开反对领导人的情况会使得三分之二的多数票成为幻想，法案也不会成为法律。预感到会失败，穆卢齐在 2002 年 10 月前夕的例行国会会议上发表演说，呼吁国民大会不应把第三个任期的法案当成是首要任务，而应把工作重心转到当时举国上下关心的饥荒问题上。①

尽管在 2002 年 10 月的议会上并未提起该项法案，联合民主阵线还是坚持游说持反对意见的国会议员。同时执政党试图用钱来诱导一些反对派议员来支持该法案，在同一时期，一场有组织的暴力运动由联合民主阵线年轻势力所领导，即年轻的民主人士，反对法律制定者以及对第三任期法案进行反对的民间组织成员。②

然而，法案被搁置只是暂时的。很明显，联合民主阵线努力保证能修改宪法草案的必要人数。在 2003 年 1 月 27 日召开了国会紧急会议，第三任期议案最终提交讨论。除了联合民主阵线支持外，据说许多马拉维大会党反对派立法者也已经受金

---

① 2002 年 10 月 1 日《国家报》刊 "饥荒优先，而非第三任期法案"（Nation，Oct. 1，2002，"Prioritize Hunger，Not Third Term Bill."）。
② 2002 年 10 月 22 日公共事务委员会声明（Public Affairs Committee Statement，Oct. 22，2002.）。

220　钱诱惑而支持该议案。① 不过，在随后的辩论中，显然，该议案不会得到三分之二的支持，将其变成法律。政府后来被迫让步，两天后将法案提交国会法律事务委员会。②

第三任期法案第二次被搁置两个星期之后，穆卢齐总统宣布不会再连任第三届总统，他说"宪法有明确规定，大家也无需再问他是否会连任。"③ 不过，考虑到该议案之前没有正式撤销，以及在 2002 年 7 月，穆卢齐在提出《开放任期法案》的尝试失败后曾作出类似的声明，议案是否永久被搁置，或者一旦政府相信该法案在国会中能够获得足够数量的支持时，该议案会不会重新浮出水面都尚无定论。强调对法案复活的恐惧是联合民主阵线支持者的持久运动，旨在要求穆卢齐做出行动，进行一场针对此问题的全民表决，而不是只把它委托给议会。④

联合民主阵线没有选择，只能放弃让穆卢齐延长任期的努力。然而，仅在 2003 年下半年，随着联合民主阵线批准宾

---

① 2003 年 1 月 28 日《国家报》报道，戈万达·查库安巴在国会上暗示，一些马拉维大会党的国会成员已受贿。他们被限制在马拉维大会党领导团队的秘密议院里，直到关键投票时才会被带到议会去。

② 2003 年 1 月 29 日《每日新闻》刊"第三任期得到延长"（Daily Times, Jan. 29, 2003, "Third Term Deferred."）。

③ 我希望感谢我的导师伊丽莎白·丝德洛普洛斯，感谢她对本章的宝贵贡献。我同样要感谢国会议员嘉文·伍兹先生、道格拉斯·吉布森先生、匿名国会议员和国会官员，以及肯·安德鲁先生、前国会议员以及国会公共事务常委会主席，感谢他们参与本章调查的访谈。

④ 2003 年 2 月 10 日《每日新闻》刊"第三任期备忘录"（Daily Times, Feb. 10, 2003, "Referendum for Third Term."）。

古·瓦·穆塔里卡作为 2004 年总统大选中该党的总统候选人，第三任期法案就被正式撤销了。然而，司法部长彼得·法奇非但没有承认这项决议来自于内部对法案的排斥，反而辩称这项决策是基于政府的愿望："政府渴望通过限制宪法所规定的总统任职年限来跟从非洲的变化趋势。这种趋势对我们来说是不利的，我们不得不屈服。"①

结　论

马拉维案例说明了穆卢齐政治建设的成功只是片面的而已，而非世袭主义与"肚子的政治"。这很大程度上是由于自从 1994 年多党制的引入，国会起到了一个重要作用。这个作用不是因为对特定政策的不同，而在于努力限制总统和统治党的权力。然而，在国会期间的第一个五年，这个决定似乎倾向于总统，国会在第二阶段又有效地制止了扩大总统权力。

议会这个特殊作用在一定程度上可能是因为马拉维的政治环境。

第一，执政党联合民主阵线在第一段任期内并未获得绝大多数席位，并且在第二段任期中仅获得微弱的绝大多数席位。因此，在执政期间，穆卢齐总统以及联合民主阵线不能对国会进行实际掌控和领导。这一点很不像其他的非洲国会，在其他

221

---

① 《每日新闻》，2003 年 6 月 13 日刊 "政府推出第三任期法案"（June 13, 2003, "Government to Pull Out Third Term Bill"．）。

非洲国会中，胜出党在首届选举中占国会的绝大多数席位。[1]

第二，司法机关承担起保护宪法的职责。虽然司法机关认识到自己的独立性与权力受到了总统的挑战，但它通过大量决策来扶持国会的权力，并允许国会行使对行政机关的监督职能。

第三，国会获得了来自民间组织的大力支持。这一关键性的法院案例建立了在宪法范围内合法的自由优先权制度，该案例由一家教会赞助的非政府组织支持。曾有一度，执行部门通过党派分工而获益，似乎占据着既定的主导地位，而国会也取得对抗总统统治的自治权。

第四，国会的抵制不可以和草根阶级的抵制分开而论。支持扩大总统权力的政治家将面临的是一个艰难的再次竞选。

第五，草根阶级的动员仅仅发生在围绕宪法修改中提议总统就职两届以上的提案，此提案发生在国会的第二阶段。在国会的第一阶段，国会和总统的斗争不是草根政策的显著问题，它并没有激励司法部门达到在第二届时所达到的程度。

第六，马拉维的主要援助国已经权衡了许多场合，为分权原则的遵守提供了充分理由。当第三任谋求连任似乎主导政府议事日程时，援助国的干预对迫使政府暂停议案、关注国家更迫切问题起了极为重要的影响。

2005 年的选举导致了政党内部权力的进一步分化。目前，9 个政党以及 38 位独立代表代表国会。宾古·瓦·穆塔里卡被穆卢齐精心挑选为联合民主阵线的总统参选人。穆塔里卡得

222

---

[1] 布拉顿 1999：20.

到 36% 的投票并赢得总统选举。然而联合民主阵线却仅仅得
到国会 187 个席位中的 49 个席位。它不再是国会中第一大党：
马拉维大会党获得了 58 个席位。组建联合政府不可避免。穆
塔里卡一就职，就着手发动了一场反对前政府腐败的运动。这
与国会下属的公共账目委员会对于同一议题发表的激烈文章同
时发生。这使得穆塔里卡自然与穆卢齐和联合民主阵线发生冲
突。穆塔里卡现在宣布总统一职高于党派政治，从而使其摆脱
与联合民主阵线的关系。显然，回归由一个强大的保护人主宰
的旧政治模式已经毫无可能，尽管这场政治博弈将会继续围绕
权力而运作，而非马拉维将来的政治愿景。

12　南非国会的失意瞬间

蒂姆·休斯①

（南非国际事务研究院，南非约翰内斯堡）

引　言

　　政府行政部门与立法部门之间关系的性质只有在经受考验的时候才会暴露出来。对于一个正在成长为新型的宪政统治的国家，例如，当代的南非，尤其如此。这个章节考查了在这种关系下的一种有创意的探索案例，也就是国会以及尤其是公共账目常务委员会在战略防御措施计划中评估防卫部门对于武器装备的收购（以下简称"武器交易"）方面风险的作用②。国

---

① 我希望感谢我的导师伊丽莎白·丝德洛普洛斯，感谢她对本章的宝贵贡献。我同样要感谢国会议员嘉文·伍兹先生、道格拉斯·吉布森先生、匿名国会议员和国会官员，以及肯·安德鲁先生、前国会议员以及国会公共事务常委会主席，感谢他们参与本章调查的访谈。

② 南非国会是拥有 400 个席位的两院制国会，并拥有 90 个成员的省级国家委员会，本章所言的国会指代的是国家议会。

民大会对武器交易的调查为我们提供了一个角度，透过它，行政部门与政府的立法部门间错综复杂的关系或许可以被更好地理解。同时，它也提出了关于现在和未来的宪政民主性质的重要问题。

努力解决过去的难题

即便是在 1910 年南非宪法联盟运动中，这个国家也是一个不寻常的有关体制案例，而非权力分离运作的国家。不单单是探索中的政治形式使政治实体分离开来，它们的地理位置在名义上也再度加强了这种分割，行政部门设在比勒陀利亚，立法机关设在开普敦，而司法部门设在布隆方丹。同时，在 1984 年之前，南非名义上已经采用了一套威斯敏斯特式（首相制）政府体制，权力已经日渐被融合在一起，并且集中于行政部门内。一系列的宪法和立法的撤销显示了种族隔离思想和政策胜过了司法和代表的宪法规定。仅在个别情况下，司法部与限制性立法抗衡来保护自己，且仅在两种情况下，政府通过由白人作为唯一的全民进行公投而直接为宪法变更寻求政治授权。①

226

① 1983 年首次引入三院制立法机构，并为所谓的有色人种和印度人新建立了两院（除了白人已有的 1 个议院外）。1992 年又发起了第二个请示书并得到通过，该请示书是在非洲国民大会上发起关于协商德·克拉克总统政府事宜的。

在 1996 年基本法被采用之前①，所有的宪法制定和修正都在试图巩固政府行政机构的最高权力，尤其是 1984 年通过的总统制宪法。而且，在 1990 年前的南非统治中，有两种相关的趋势已经出现。第一个是对进步人士的驱逐，之后是有限制地重新将有色人种纳入政府正式的宪法代表中。第二个趋势与第一个相关，指的是 20 世纪 80 年代，P. W. 波塔在其总统任期的最后几年，对国会以及某种程度上对内阁的排斥。

一方面为了应对不断加剧的紧急状态所带来的威胁；另一方面凭借其自身个性以及他人的劝谏，P. W. 波塔建立了国家安全委员会，即一个由军官、警官参政要员组成的核心集团。这一举措使其有效地获得了 20 世纪 80 年代后期国家政策的制定和实施的实际控制权。这一发展是之前所发生事情的一个极端例子。在南非，没有自由民主就不会有权利法案的诞生。这两者本应使得种族隔离变得无法实现，或者本都会在种族隔离意识形态和政府统治下被消除。此外，20 世纪南非主流的意识形态已经是（并且仍将是）民族主义（南非白人和黑人）。这样的主流意识形态仅仅只受到了社会主义的挑战成为较低级的自由主义，它使得议案中关于个人权利的条款变得不合时宜。因此，在 1994 年以前，除了将大多数公民从正式的政治进程中实际地排除在外，南非没有管理一个立宪国家的经验，也没有能够有效制衡政府各机构的正式机制。

---

① 南非在 1994 年举行了其首届民主选举，但是直到 1996 年 5 月之前都被过渡宪法所统治。国会在 1994 年被选出作为制宪大会，该大会起草和通过了最终的宪法。

虽然种族隔离时代的社会和经济规范的传统可能从未被消除，且种族资本主义的结构性条件仍然在持续，但在 20 世纪最后十年的前期，政治协商者和宪法律师们能够为一个民主的南非制定出反进步的宪法。这些法律同时试图认清和改善过去的不平等以及促进将来的民主统治。南非民主大会宪法委员会和其继任者制宪国会所面临的挑战非常大。除了正义和公平的引导性规范外，宪法起草者们热衷于阻止中央集权模式和政府权力滥用。这一命令有两个维度：第一是对多元民主的理念服从，第二是在南非的多种族社会中为少数民族群体提供保障的需要。

制度的砖和砂浆①

1996 年宪法制定了两院制体系，和之前的三院制体系形成了对比。② 国民大会的组成成员不能少于 350 人，也不能多于 400 人。③ 这些是通过比例代表制政党名单中选举出来的。从国家候选人名单中选举出 200 位成员，而余下的一半从 9 个省级党派名单中选举出来。在 1994 年引进比例代表制/政党制的决定很大程度上是由于渴望在议会中确保拥有广泛基础的代表，是一种对排斥或者代表名额不足的逆向恐惧，以及对多数

---

① 理解 1994 年之后的南非政府结构的一本有用的书是《膨胀 1998》。

② 1983 年宪法给联盟主义规定了一种赢弱的形式，这种形式建立了 3 个以民族和人种做区分的国会议院，一个只有白人的议院，一个有色人种的议院，还有一个印度人的议院。

③ 自 1994 年开始，国会总会有 400 个国会成员。

派系统将产生的少数派的恐惧所驱使的。虽然该选举制度已保证了在国会中少数民族和少数党派代表的数量，但是也有一些批评者存在，尤其是那些认为党员体系和选区之间的分离应是基本原则的人。①

在 1994 年、1999 年和 2004 年的三次民主国家大选中产生的结果如表 12.1 所示。

对于南非国会来讲，大多数选举特征都很明显。首先就是非洲国民大会占据压倒性优势并且还在不断增加选票。1994年的选举结果对一个被限制行使权利达 30 年之久的政党来说是一项非凡的成就。虽然该党在 1994 年与 1999 年大选中都未取得三分之二的多数（单方面修订宪法时所需达到的），1999年大选后，来自少数民族阵线独立代表的支持有力地给予了执政党足够的人数支持来修订宪法。在第二次修宪会议期间的说明允许成员在总统决定窗口期内"倒戈"而不用失去议员席位，导致了国民大会中议员更大的流动性。第二个特征是前任执政党国家党的崩塌与瓦解，该党转向支持了民主联盟、非洲国民大会和独立民主党。其在 2004 年大选时作为非洲国民大会选举伙伴时的拙劣表现导致其政党的残余实际解散并归入非洲国民大会。第三个趋势是以祖鲁族与夸祖鲁族原住民为主的英卡塔自由党的衰落。最后一个趋势是在国会中民主联盟作为

① 2002 年，总统姆贝基建立了一个任务小组，以审查在弗雷德里克·凡·左·斯拉博特领导下的南非选举改革的模型。虽然斯拉博特推荐采用将多成员和国家人民代表体系相结合，这些建议并没有在 2004 年的选举中得到采纳。对此观点的讨论，参见康拉德·阿登纳基金会 2002。

反对党的巩固与发展，虽然它和英卡塔自由党作为竞选联盟加起来都没有获得 20% 的普选选票，更不用说它声称可获得的 30%。因此，非洲国民大会不仅在议会中政治权力中起主导作用，同时它也在连续的选举中增加人数，它没有面临外部政治威胁。最终，在 2004 年竞选中，非洲国民大会在全国所有九省中全部获胜，而在此之前，它已在除了西开普省和夸祖鲁—纳塔尔省外的其他七省完全掌握政权。

表 12.1　1994、1999、2004 年南非的选举结果非洲国民大会（%）

	非洲国民大会(%)	英卡塔自由党(%)	新国家党(%)	民主政党/民主联盟(%)	其他(%)
1994	62.65	10.54	20.39	1.73	4.69
1999	66.36	8.59	6.87	9.55	8.63
2004	69.69	6.97	1.65	12.37	9.32
得失比 %	+7.04	-3.57	-18.75	+10.64	+4.63

国民大会主要行使着三个方面的职能，即审议立法、通过立法以及监督行政部门。此外，作为总统选举团，国民大会每五年在大选官方结果出来后的特定开庭时间上选择行政总统。总统依次任命自己的内阁（目前是 28 人）。在第一次会议中，国民大会选举了主持会议的官员，比如发言人以及其代理人。[1]

本章节的目的在于介绍最终于 1996 年 5 月通过的宪法许多其他方面的特征所具有的特殊作用。最为重要的是，不同于

---

① 自 1994 年开始，国会的议长和副议长都是女性。

所有的以往版本，1996 版先表明立宪国家的基础就是宪法，而不是国会或者总统制。与过去迥然不同，1996 年最终版本的宪法不仅包括保护和促进个人权利的严格条款，还设定条款，明确各政府部门间的制衡。宪法为政府职能提供一种合作形式，使其必须高效、透明且负有责任的运行，并强调共和国的统一性。然而，宪法还描述了推进行政监督的立法机关的具体权力。南非宪法的第四章（第 55 节）表明国民大会必须提供能够保证所有国家政府的行政机关对其负责的机制。此外，它还必须监督国家行政机关的活动，包括立法的执行以及任何国家机关。① 如果国家主席渎职或者能力不足，国民大会可以控告/剥夺其权力。此外，国会可以在未获得内阁同意的前提下，通过一项动议，在这种情况下，国会必须被撤销而后由国家主席重组。

此外，国民大会可以在提供证据之前，在宣誓和确认时召集任何人出现，或是制作文件；要求任何人或是机构做出报告；基于国家立法或是规则和秩序，强迫任何人或是机构遵守传票并从任何相关人或是机构处接收申请、陈述或是接收提交书。②

1997 年，第二届议会将其名称从参议院改为全国省份大会。顾名思义，成立该院是为了加强一级（国家）、二级（省级）和三级（地方）政府层级之间的治理和代表的联系。全

① 1996 年 108 项，南非人民共和国宪法案（Constitution of the Republic of South Africa Act（108）1996.）。

② 同上，56 项。

国省份大会有 90 位成员，9 个省每省 10 人。全国省份大会成员是由省立法机构以及南非地方政府协会代表团提名的。四个特别代表来自省一级立法者，其中包括省长，而且可能时不时地出现变动。其余的六名代表都是永久性的。成员们按照他们政党在省级立法机构的比例按照相应比例被选出。全国省份大会模糊了国民大会的审议和立法作用，但是重要的一点是，它也可以发起或者制定法案，在此法案中，省级立法机关和国民大会拥有联合立法的权力。附件 4 的这些（宪法）法律条款涉及的领域有农业、教育、保健、环境和住房。

1994 年后议会功能的关键是建立一个综合性的委员会体制。委员会被设计成拥有多种功能以提高立法流程的效率、深化和提升议会的审议功能，并通过听证会与提交意见书来使得民众能够最大化地参与立法流程。但是，委员会的组建是为了加强国会对行政机关进行有效监督的能力。目前，正在运行的议会委员会有以下类型：国民大会理事会部长委员会（后文会更详细地讨论）；特别委员会（该委员会是在处理达到目的的相关的具体事宜后即解散的）；宪法规定的联合委员会（人权、公护人、防卫和财政）；法令委员会（情报）；国民大会和全国省份大会（成员利益委员会和政府账目常务委员会）的联合委员会；常务委员会；联合特别委员会；联合常务委员会。

230

根据国民大会规定中的第 199 条规定，发言人联合法规委员会成立"一系列的组合委员会并把一系列的政府事务分配给每个委员会"，每个委员会负责监督：

- 国家行政机关在其业务职责内对权力的行使；

- 其作为国家行政机关而对立法的执行；
- 在其职责范围内的任何行政机构；
- 其他任何被授予监督权的相关团体或机构。

议会委员会在其权限范围内有对国家立法机构监督、调查、询问以及提出建议的权力。委员会被授予与立法程序、预算、合理化、重建、运营以及这些国家或制度机构的结构或者成员、政策相关的权力。而且，委员会负责讨论所有议案和与它相关的修正案。因此，其权力很大。最重要的就是公共账目常务委员会，它负责监督政府的所有支出，是一线监督机构，也负责保护与南非政府相关的纳税人。

此外，对为了特别是持有受控的行政权力而设立的大量其他独立机构，也在宪法的第9章做出了明确的规定。这些组织有时被称为支持民主宪政国家机构。宪法的第181节规定，这些机构必须公正，必须无畏、无私、无偏见地行使权力、履行职能。另外，其他国家机构通过立法和其他措施，必须协助和保护这些机构以确保它们的独立、公正、尊严和有效。没有人或国家机构能够干涉这些机构的运作。这些机构对国民大会负责，必须将其职能活动及表现向议会汇报，每年至少汇报一次。与这个案例关系最密切的是公共保护办公室和审计总局办公室。

公护人的职能

公护人有权力如在国家立法中规定的那样参与国家事务的调查，或者对办事不力或产生不当和偏见的、有嫌疑的政府进行公众管理；对这种行为进行报道，并且采取合适的补救措施。[①] 公护人拥有国家立法规定的额外权力和职能。然而，公护人不得调查法院判例。公护人必须能够接触到所有的人和所有的社区。公护人发布的任何报告必须公之于众，除非在特别情况下，国家立法要求某项报告需要保密。公护人任期为七年，不可续任。

审计长的职能

宪法第 188（1）节认为，审计长必须审核和报告账目、财务报表及所有国家和省级国家机关和主管部门的财务管理；所有的自治市以及所有其他国家或省级法律要求由审计长进行审计的机构或会计主体。除了第（1）小节规定的以及法律规定的职责，审计长可审计报告账目、财务报表以及任一资金来源为国家税收、省级税收或自治市的机构，或任一由任何法律授权因公共用途而接受资金的机构的财务管理状况。审计长必须向与审计有直接利害关系的立法机关以及其他通过国家立法规定的权力机构提交审计报告。所有的报道必须公诸于众。审计长有国家法律规定的其他权力和职能。审计长的任期是固定的、不可延长的，任期时长在五到十年之间。在国民大会的推荐下，总统任命审计长。审计长的独立性和自主性由国民议会规则第 66 条规定保障。

---

① 南非人民共和国宪法案，182 项。

熟练的裁缝，不合身？

在 1994 年，虽然议会正处在独特时期，它正在再创一个历史上绝无仅有的机构——"人民议会"，但它也面临着许多运作上的和程序上的挑战。

首当其冲就是让大多数刚被推选出来的议员们了解并熟悉议会的模式。新的国会议员顾名思义没有或者没接触过关于国会内部的运作方式或纪律的经验。作为民间领导或者工会成员，很多人在逃亡、坐牢、游击战中度过了几年。没有新任的非洲国会议员在国会里任职过，尽管一些人在地方当局和班图斯坦管理部门担任过公职。鉴于新的宪法迫使国会促进公众参与所有的活动，部分挑战是保留在先前议会制下时有功能性的机构，并将新规定、新委员会和一个公开透明的做法融入于内。

第二大挑战是开始一项艰巨的任务，也就是要着手于废除和撤销法律法规书上遗留的歧视性法律，起草新的、民主的、进步性的、具有改革能力的法案。自 1994 年以来已经颁布的新的法律文件大约有 800 份，这是一项庞大的任务。

第三项挑战也是最让人迷惑的挑战就是给予国会实质性的宪法权力，尤其是那些考虑、审查、复核政府政策、议案和部门运作的国会委员会。这里，委员会成员的分工并不明确。有些委员会，例如，司法和财政委员会格外地勤勉，彻底审问并确实重写了法律。其他委员会表现不是那么突出。各个委员会的相对绩效部分由委员会主席的领导天性决定，同时也由这些委员会的架构及运作环境决定。例如，从 1994 年起负责外交事务的委员会就很少考虑立法，只关心自身的部门改革草案及争议，以及外交政策方面的部门简报。

第四个与之相关的挑战便是发展、理解国会监督和承担责任的角色并将它付诸行动。这成了最令人烦恼的挑战。然而国会监督作用的原则在宪法中已清楚阐明，但该原则的实际操作却困难重重。在政府的司法部门和行政部门间没有实现权力完全分离的环境下，首要的困难同时出现在宪法上、程序上和政治上。的确，行政部门完全来自国会并且大部分是来自多数党。除了总统在国会选举之后需要脱离立法机构外，所有内阁成员及其副手都直接成为国民大会的成员。而且，南非的比例代表制政党名单选举制度严格确保了对核心党团的忠诚度，而不是对选举的选民，并且这对国会议员的独立地位也产生了不利影响。质疑或批判部长或者代表都会妨碍在议会内部的晋升。而且，在多数党、非洲民族国会之间，普遍的意识形态和非洲民族主义的民族精神也能促进团结，而不是促进批判性共事或者公众辩论。在公共账目常务委员会的武器交易听证会（举行听证会当然不是始于此事）之前，已没有任何非洲国民大会议员质疑国会内阁人员的例子，即便是关于诸如艾滋病和死刑等道德问题。

1994 年后，国会体制的最后特性是其被全国团结政府所操控，而全国团结政府中副总统和许多内阁职位则被在野党所掌握，该体制已进一步阻碍了有效的行政监督的实施。这个过渡性安排吸引了国家党（直到 1997 年）、英塔尔自由党以及阿扎尼亚人民组织进入政府。只有民主党（现为民主联盟）

233

拒绝了成为内阁的盛情邀请。在 20 世纪 90 年代，全国团结政府的建立在提升凝聚力的方面起到了相当重要的作用，该联合政府的运作无疑使得强烈的反对意见平息下来，并反过来使得政府向议会负责。

然而，值得赞扬的是，在 1999 年 1 月，国会委任一个外部的法律专家组针对其为宪法服务的职责和义务来进行说明、汇报和给出建议。在 1999 年 7 月的汇报中，专家报告对宪法第 55 (2) 节规定的义务性质进行了概括和解释，阐述了这一条款规定国民大会可对"国家机关"和"国家行政机构"进行问责。这一报告就国会能否对所有国家机关起到切实可行的有效监督作用提出质疑，并强烈主张国会有必要通过新的具体立法明确规定和维护自己的监督角色。这项报告也力促第九章所阐述的对支持民主宪政国家机构独立性的保护。在这方面，报告建议把机构的资金基础从行政中分离出来，以消除政治对这些机构的潜在影响，从而确保他们独立运作的可靠性。此外，报告指出各部门委员会情况通报会的数量在减少①，暗示议会被行政部门边缘化。

三年以后，监督和问责的议会特别小组委员会作了对独立咨询机构的最终报告的回应。总之，特别小组委员会强烈指责咨询机构的疏忽、不足之处以及缺乏实用性的建议。结论是国会已经开始加强其监督和问责权力，并对顾问报告中的很多中心论点提出了异议。最后，它建议在对未来的议会监督方式作出决定之前，由议会联合规则委员会来进行进一步的监督检

---

① 科德，杰格旺斯和索尔 1999.

查。尽管特别小组委员会的最终报告作出了一些具体的建议，但其中最具有实质性的是接受了问责标准法案，以提供关于行政监督的国会角色的形式和实质。① 到目前为止，在采取新举措或者"监督和问责"咨询的实践发展方面，或在特别小组委员会的工作中做出实质性的发展，都是很困难的。

除了减弱的监督趋势，大党派实质性的主导地位和反对派分崩离析的本质确保了非洲国民大会在议会成员数量上的绝对优势。与此相对的，少数在野党的成员同时也被迫尝试一起合作。② 显然，这样的情况对于有效监管来说很成问题。而且，过分冗杂的结构限制已经导致委员会不能达到最佳的工作状态，并且不能进行彻底的和稳健的行政监督。首个困难就是在政府部门和议会委员会之间达成一种明确的关于此关系的性质与责任的合作默契。即使部长们、副部长们和理事长们不会试图逃避审查和监督并建立起一种透明的合作关系，用来保证监督的程序也不会一直有效。

此外还有两个现实问题。第一个问题是递交国会的部门简报的格式和简报所涉及信息的范围。简报提供的信息并不是一直都是委员会想要或需要知道的。当然，在议会成立早期，这可能是因为委员会成员们对于他们应该向各部门作何要求还没有清晰地理解。鉴于以前种族隔离政府遗留的不透明性，"卫道士"式的旧官员们也许会对其操作被透明审议感到不舒服，

---

① 南非，国会 2002.

② 有这样一个案例，小反对党的国会成员们在多达 7 个委员会中任职，有些人甚至同时在一个会上作为两个委员会的成员。

因为之前未曾碰到这样的情况。更具体地说，部门提交给委员会的书面材料往往是大量的和技术性的，有时候这样的书面材料有好几百页内容。当委员会没有充足的时间在部门做陈述之前来阅读、考虑和讨论提交的书面材料时，这一问题就会加剧。某些委员会在部门简介会的前一天，甚至是在简介会上，才能收到递交的书面材料，这很常见。

235　　　第二个结构限制是委员会人数容量的紧张。虽然政党组织秘书试图确保相关经验及委员会位置之间的匹配，但是委员会的国会议员和政府部门官员之间的关系是一个由业余到专业的过程。这对于南非而言并无特殊之处，当然，在新民主政体的第一次议会中，众多委员会议员的相关技术水平有待提高。此外，委员会缺乏足够的研究资源去有效地审问部长、副部长，还有他们的高级官员部门简报要求出席的高级官员有以下特征，即应具有多年相关经验和资格，并拥护他们的部长。此外，政府部门的论证常常带有法律性质，使得委员会成员经常处于不利地位。在某种程度上，每个委员会的研究员的分配改善了这一情况。但是，单纯就技术基础而言，委员会仍然一直试图对行政部门进行有效监管。

　　　一个更深层次且与此相关的缺陷是，行政机关对委员会反馈的正式沟通渠道或是要求都很少，反之亦然。一旦议会委员会收到年度部门的简报，就不能有正式的要求和足够的依据来对政策作出重大调整。

　　　在讨论议会以公共账目常务委员会的形式进行强硬监督之前，也需注意国民大会议院的讨论和质疑的质量在降低。国民大会的结构形态使得政府和反对派不能在国会讲台前交流。相反，执政党和反对派成员占据着演讲台，总是发表已准备好的言论（通常是严肃和单调的）。而提议虽常见，但临时辩论是极少的。此外，从 1999 年当选开始，姆贝基总统已将总统答问的时间减少为每三个月一次。对总统问责变得罕见，这与英国首相每周举行的问答形成鲜明的对照。

国会和武器交易：对监督和问责的考验

像当代南非的所有事务一样，种族隔离的腐蚀是崩溃的源头。武器交易的实质性基础是南非国防军装备的破旧状态，这很大程度上是由于强加于国家党政府的几十年的武器禁运和财政限制，这种禁运和限制主要是国际银行制裁和一系列昂贵的地区战争的双重影响而产生的，尤其是受到安盟的支持。1985年，国际信贷额度的削减导致南非财政部和联邦储蓄银行尝试执行国际收支顺差的综合差额来保护财政和现金债务账目。实际上，这转化为了昂贵的（且不可替代的）军事装备，比如喷气战斗机和海军军舰，并迅速过时且不可持续。

然而，虽然提出更换陈旧而维护成本高的的装备很容易，但此类更换的范围、内容和时间安排以及采购过程却产生大量的争论和不同意见。意见的分歧主要集中在四个方面。第一，国家威胁（或其反面）的鉴定需要一揽子采购。第二，鉴别和寻找解决此类真实或者潜在威胁的合适装备。第三，购买此种设备的付款时间和付款方式，是一次性付清还是分期支付。第四，支付能力和国家优先权——经典的"大炮"（军用物资）与"黄油"（民用物资）的矛盾问题。

236

议会国防委员会前任主席宣称：是议会委员会拒绝了当时在任的国防部长乔·莫迪塞要求使用二手军事装备的提议。当时的提议是为了更换南非国防军老化且陈旧的装备，这一提议最终促成了 1996 年的防卫白皮书和后来的防卫审查。[1] 如果是这样的原因，那么 1998 年 4 月议会对防务审查的过于表面化的处理方式和验收，也最终导致了其自身武器交易的最低谷。而国防委员会亲自监督了运输，脱离了南非国防军的过度保密的操作，并审慎检查了大规模和复杂的武器的交易，他们充分认识到了自己技术上的落后。除了直接的金融和宏观经济影响，这一揽子计划还催生了对销贸易或者为总额为 1040 亿南非货币兰特的补偿创造了条件，并创造了大约 6500 个工作机会。[2]

大部分的武器交易都值得检查，但是整个采购计划的全部份额刚开始定为了 298 亿兰特，在签署协议时却增加到 330 亿兰特（在签署时以 6.25 的汇率计算，相当于大约 50 亿美元），这使得它成为了南非最大的单项政府采购计划。撇开政治和战略的争论，这笔交易数量之巨大使其提升到一个对南非纳税人和事实上的非纳税人都具有极其重要影响的地位。而且，尤其在考虑到该笔交易所产生的长期影响，其中所涉及的

237

---

[1] 莫迪塞 2004.

[2] 虽然对潜在的武器贸易实行了冲销、补偿贸易、创造工作岗位等，处罚条款有关不交货冲销的目标只有协议价值的十分之一，而不是冲销的完全价值。这是由政府主张的，认为这已比国际惯例的协议价值五分之一高出一倍。有一些交易冲销已经实现。关于冲销安排的更多信息参见里格利 2003。

问题范围之大与复杂，使得国会和其中的一些委员会（公共账目常务委员会、国防委员会、工商委员会）面临着解释清楚该笔交易正当性的工作，以及诸如实施充足的监管以及组织执行委员会来负责其行为实施的问题。

根据 1996 国防白皮书，一个内阁小组委员会和之后的整个内阁都支持南非国防审查，这是一份关于南非国防力量整个运营和要求的共 15 个章节的报告。国防审查第 13 章规定了国防部门的设备要求和收购政策。在 1998 年 4 月，议会批准了这一审查，因此提供了一项开启国防部收购武器装备的战略防御计划的任务。1998 年 11 月，随即出现了第一个问题，即在短短七个月内，谁将会是内阁宣布的提供新设备的首选投标人。然后，考虑到这个国家的社会经济优先事项，副总统塔博·姆贝基任命了亚延德拉·奈杜，后者的任务是检查所提出的武器计划的支付能力。在这点上，这一武器交易的对等贸易和抵消计划对国内投资的吸引及其创造工作机会的潜力就成为了有高度意义的方面。不到一年之后，在 1999 年 9 月，内阁宣布其对提出的武器交易的各个方面都表示满意，包括其补偿交易和对等交易，并批准了八年时间里 213 亿兰特的支出（可能会上升为十二年的 299 亿兰特）。鉴于抵消交易和对销贸易的重要权重，国防部、金融部以及贸易和工业部门成为政府谈判小组的组成成员。也是在 1999 年 9 月，泛非主义者代表大会议会成员帕特里夏·德·里尔在议会上宣布她收到相关非洲国民大会议会成员提供的文件，该文件指出在批准武器交易合同过程中存在大量不法行为，这是第一次对于贪污、受贿及腐败的指责进行曝光。

由于宪法中规定总审计长检查一切政府支出，特别是武器交易（考虑到它的数额）的要求，首席检察官（AG）开始审查在与主承包商签订合同中的选择过程。[①] 与宪法的要求和精神一致，总审计长将其发现对国会的公共账户常务委员会作了报告。总审计长确定并报告了一些关键的值得担心的地方，包括投标过程中选择了更贵的承包商，但是补充说，"独立、公平和不偏袒（方面）可能有更大的意义……潜在的且可能已经存在的利益冲突没有通过这一过程解决"。另外，总审计长发现其中存在"偏离原本采用的价值观体系实质性的偏差。"而且报告中指出：

> 我的观点是在非执行案件中，担保者可能不足以确保全国工业参与计划的委托交付。这可能会破坏战略防卫计划，而该计划也是武器装备计划交易对等贸易单元中的一项主要目标。

总审计长的评审继续指出这个过程的组成单位与国防部处理国际邀请的要求不一致，也不符合确立的收购武器装备政策的过程。没有完全坚持国有南非阿姆斯科公司的程序，预算不足且发现有会计错误。总审计长的评审总结说，"很多关于可能的合同中的不规则行为的指控指向了次级承包商的存在……我建议启动这些方面的法务审计或者特别调查。"一旦收到总审计长的报告和推荐，国会就会提交给公共账目常务委员会考察。

---

① 南非，共和国 2000.

提交公共账目常务委员会，留有退路

与英联邦国家国会实行的惯例一致，自 1994 年以来，南非的国会公共账目委员会便一直由一名反对党成员担任主席。新议会第一任主席是民主党肯·安德鲁，在第二次议会中，英塔尔自由党的葛文·伍兹博士是主席（他继续在内阁任职直到 2004 年的选举）。这一持续惯例在 1999 年选举会后与非洲国民大会所有委员会部长职位需经选举的趋势相违背。

如将审计长审查的公共账目常务委员会处理定性为削弱其宪法的力量可能是一种误导的说法。然而，公共账目常务委员会参与对武器交易的询问成为对此的重要的试金石，从广义来讲，国会诉讼资格不单与宪法有关，同时也与第 9 章的执行部门和审计长和公护人的机构有关。2000 年 10 月 11 日，公共账目常务委员会听取了普通审计报告，此行为就如同在平整的面上竖起了一系列具有重要意义的木杆。除了公共账目常务委员会成员和议会国防委员会主席外，出席 10 月 11 日听证会的还有专项调查部门负责人、法官爱德华·西斯、审计长、财政部长、政府武器收购部门负责人、武器装箱对销贸易的谈判者、南非阿姆斯科公司的首席执政官和董事长、国防部长和南非国防军的高级军官。值得注意的是，公共账目常务委员会的主席拒绝给南非国防军向委员会进行一个展示的机会，而宁可宣称国防部已经呼吁听证会回答由公共账目常务委员会提出的问题。这开创了一个重要的先例。

除了对公共账目常务委员会提问的一些不充分回应外，最

239

具特殊意义的是由隶属执政党的委员会成员不屈不挠地发问。非洲国民大会委员会成员拉鲁·齐巴在对非洲国民大会的坚定分子收购主任齐皮·晒克发问时，这样表述道：

> 您的回复是不可接受的。法定费用答案不准确，我想在七天之内将全部计算结果呈交给委员会。总花费将会是多少——500亿兰特、600亿兰特或是700亿兰特？没有这样的计算，您怎么促进这样的收购？将这些协议的附件及合同与图表于三到四天内一起上交给此委员会。

非洲国民大会在公共账目常务委员会的主管安德鲁·费因斯坦，尽管语气上较温和，向他的政党成员晒克仍提出以下几个问题：

> 我们为什么不花费大多数的预算在武器上以平衡经济发展？我是一个经济学家，它对我来说没有任何意义。国际文献表明这些偏移量随后将变少或消失，或者供应商会将处罚计入成本因素。为什么南非与国际经验会有所不同？我们需要合法、有约束力的合同……是内阁的误导吗？内阁制定的决策基于什么呢？总审计长注意到在预算拨下来之前，这个一揽子计划就已经协商好了。是尾巴摇动狗吗？利益冲突什么时候发生？是部长告知了利益冲突

吗？你声明你的利益冲突了吗？①

　　质问的此种形式说明了由公共账目常务委员会在听证会上采纳时的严肃和无党派方法是其报告应用于武器交易中的指导精神。2000年10月30日，公共账目常务委员会以战略武器购买检查形式向议会呈交了他们的发现：代表委员会关于公共账单的最后报告。这份报告总结出鉴于之前的证据，该报告总结了在调查中的这件事的严重性、有待回答的问题的范围与属性以及总审计长的推荐，以及公共账目常务委员会推荐进行一项独立专业的法庭调查。然而，公共账目常务委员会称由于在调查中的这件事错综复杂的特性，最重要的是应该组建一个多部门的调查团队来进行这次调查。公共账目常务委员会推荐该团队由宪法第九章规定的普通听众和公护人办公室、严重经济犯罪办公室和西斯法官特殊调查单位以及"其他适宜的调查机构"组成。公共账目常务委员会提议，其会为此独立调查机构准备一项书面简报，并且它将会每隔一定时间向议会汇报。同时，公共账目常务委员会将继续审查武器交易，也将包括内阁大臣的质问。关键的是，国民大会在2000年11月2日采纳了公共账目常务委员会的报告并且没有任何争议。国会是否意识到了公共账目常务委员会报告和建议里的政治和宪政意蕴，这个问题还有待揣摩。就宪法第九章的机构而言，实际上是一个行政部门，假设其本身完全采纳报告的内容和建议，我

240

————————

① 南非，国会 2000. 注：晒克的兄弟是并曾一直是，一家公司的具体受益人，这家公司在武器交易中获得了合同。

们可以理解该行为是国会授予委员会的一项重大任务，那就是推开其活动和权力的界限。另一方面，如果国会没进行辩论，没有完全采纳报告结果，将反映出其对制度的控诉。

除去公共账目常务委员会由国会授权这一点，调查团队调查对于他们的角色和授权提出了较少的质疑。面对他们可以预见的违规和他们可能会驶入的潜在的惊涛骇浪，2000 年 11 月 13 日的公共账目常务委员会会议，讨论了各自的专业领域和相关机构的重叠部分。[①] 然而，由 11 月 13 日召开的会议对以下方面的目标做了明确规定：调查、经济来源、所需资源、行政安排、需要遵循的程序、专门技术的契约、调查及识别的广泛框架和所需部门文件的管理。这个在审计长的主持下相互配合而成的团队，承担了 2001 年 7 月的汇报工作。

就在那时，行政机关逐渐意识到已经到了转折点。此时，议会在公共账目常务委员会的幌子下成功地使四家强大的专业调查机构采取行动，以检查一项由行政机关发起的项目的底细。正是那时候，行政机关开始动员起来应对快速发展的形势。行政部门的首轮攻击是将西斯法官与特殊调查单位踢出团

241

----

① 公共账目常务委员会主席嘉文·伍兹召开了与联合调查小组成员的会议，在该会议上研究解决了劳动分工问题。考虑到宪法、立法机构及政治命令，2000 年，伍兹已经询问过独立法律律师意见。他还写信给曼德拉总统的前法律顾问芬克·海森，该信被发言人富林·金瓦拉博士留下，并请其提供一个关于公共账目常务委员在调查团队中应如何应对 4 个机构的法律意见。海森回应了一个法律建议，提出了一个联合调查小组中个人组织所需的特别的宪法和法律模型，以向公共账目常务委员会和国会汇报。但是他认为，公共账目常务委员会不应该指导联合调查小组的活动。

队。西斯和他的团队在政府贪污方面大大地发展了其专长。司法部长佩纽埃尔·玛图纳，试图以现任法官不能领导特殊调查单位为由，使西斯远离公共账目常务委员会调查团队。在2000年11月28日，立宪法院认为，西斯在特别调查组中所扮演的角色是不符合宪法的。伍兹写信给信姆贝基总统，以此作为回应，要求总统下达总统令，允许特别调查组重新加入调查。司法部长玛图纳反对这样的"总统令"，建议总统宣布不会出具这样一份赋权总统令。因为姆贝基不满于西斯参与的事实被封锁，所以上电视斥责了西斯扣留重要信息的行为。姆贝基展示了一些图表，声称要列举西斯对武器交易的理解的荒谬依据。这些图表后来被认为是新闻调查的记者的工作草图，而不是西斯的。

2001年1月12日，贸易和工业部长欧文、财政部长马缪艾尔、国防部长勒克塔和公共企业部长拉德比一起开除了执行官萨尔沃，因为他把政府案件向南非公众公开。① 部长们争相抢夺公共账目常务委员会/审计长年度审计报告的优先获得权，他们争论的重点是是否曾经有过过错使交易中资金的计算存在着夸张和误读，从而使武器交易成本不断膨胀。但是，最具有深刻意义的是，部长们针对的是总审计长和公共账目常务委员会。根据部长们的了解情况，该总审计长说道：

可能并未充分参与高层决策过程中。因此，（首席检察官）的推测是基于片面的信息。审计长足以将其观点

---

① 南非，政府2001.

作为对结果的保证。我们相信我们遵守了所有的国际惯例，而且审计长将交易的反向贸易方面视为交易的主要目标时，他就是不正确的。总审计长没有处理好关于初指令价值的事情，并且其需要与国防部进行更多的讨论来澄清此事。

公共账目常务委员会要达到预期目标并不轻松。部长们控告委员会没有了解到武器采购流程的巨大复杂性，并导致了虚假的和错误的假设。公共账目常务委员会对部长没有完全理解武器交易的讽刺并没有起作用，部长们反而指责公共账目常务委员会未接受大臣的帮助或者甚至没有通过解释交易细节来请求大臣的帮助。然而，部长们更有力地通过抨击表明了他们的战略路径，坚称公共账目常务委员会牵涉除审计长以外的调查机构的行为是越权。公共账目常务委员会调查中，最终决定成败的重要因素是 2001 年 1 月致伍兹的一封公开信，该信是由众议院中政府事务的领导人、副总统雅各·祖玛①所发，他质疑了公共账目常务委员会调查的依据和方式。

讽刺的是，对公共账目常务委员会的猛然的致命一击不是来自行政部门，而是来自议会内部。2000 年 12 月 27 日，国会新闻发言人弗雷纳·金瓦拉公布了一份声明，在该声明中她

---

① 国家公诉理事会（蝎子组织）会长布勒拉尼·恩库贾随后公开声明，小组已经发现在武器交易中作为调查一部分的对祖玛总统首次提出腐败控诉的证据是正确的，但是还不足以对其发起进行定罪的控诉。对祖玛总统的一个助手的调查还在继续，根据这个调查的结果，并不是完全不可能对其进行定罪。

提出了对特别调查组卫生部及公共账目常务委员会严重经济犯罪调查小组的质疑。此外，她裁定公共账目常务委员会已经超越其在外部单元中的被授予的权力，并以自身利益为目的进行工作。她进一步声称没有特别委员会的全面咨询以及支持，委员会主席可能不会向委员会提交行动、听证或者调查的全过程。就这一点而论，金瓦拉暗示说伍兹的行动已越权。

2001 年 1 月 22 日，公共账目常务委员会的非洲国民大会成员转而支持政党的政策路线，并且公开宣布他们关于公共账目常务委员会的第 14 次报告与伍兹的解释不同，为此他们拒绝坚持特殊调查单位应为调查小组服务。这为排除西斯的特殊调查单位扫清了道路。在同一天，安德鲁·费因斯坦研究政府账目的非洲国民大会研究组组长被送上了断头台。① 他被非洲国民大会的副党鞭乔夫·道奇所取代。非洲国民大会党鞭托尼·叶珍尼②证明了公共账目常务委员会中政党控制的紧缩政策的合理性，他评论说：

> 因为是非洲国民大会政府受到攻击，这些变化并未受到反对，至关重要的是委员会的非洲国民大会成员（公共账目常务委员会）问责权和非洲国民大会领导力之间的界线得到强化。我不想诽谤。我们确实想要改善我们的

---

① 费因斯坦随后从国会辞职并离开了南非去伦敦工作。

② 叶珍尼随后被蝎子组织（国家公诉理事会）控告欺诈和腐败并被判其在担任国会国防委员会主席期间，在武器交易中收受一个成功合同商的贿赂。他被判为刑事犯罪。

能力，但是同时需要与非洲国民大会有政治关联的人，这样可以使得非洲国民大会从总统往下能够行使对政治的控制。①

243 　这些变化标志着公共账目常务委员会中对两党合作的致命打击，也严重质疑了执政党承诺开放、有责任、透明性的基本原则。此外，它标志着为寻求党内的团结并保护行政机构而不是控诉它，使公共账目常务委员会的存在被破坏。这种破坏至此已经不能挽回了，而在审计长②的保护下联合调查小组仍然继续进行着其简报，由于西斯没有特定的技能和经验，调查的可信度也始终受到质疑。2001 年 5 月，在其举行第二次武器交易委员会报告时，公共账目常务委员会已经变成一个分裂的实体，它甚至无法在程序性问题上达成共识。非洲国民大会成员指责主席强行控制委员会；官方反对党，即民主联盟，则认为自己与委员会的第二份报告没有关系。对于该报告，民主联盟列举了八项有实质内容的修正条款，其中一些意义深远，直指宪法训令、委员会的权限及职责的核心。但这些修正条款全部被驳回。

　　2001 年 11 月 15 日，联合调查小组向国会公开了报告，

---

① 　转引自 Paton 2001.

② 　联合调查小组最终由公护人、审计长、国家公诉理事会组成。公护人负责调查的公共局面和联络其他调查机构，审计长负责总体上的调查和报告，特别负责调查武器交易的内容和过程（包括风险、利益冲突以及国家的成本），国家公诉理事会在众多事务中负责检查任何有关武器交易的犯罪问题。

并澄清了政府在武器交易中没有任何不当行为。虽然该报告强调了招标过程中的不足和缺点，但是这些都是技术性的。按照这份报告中的调查结果及公诉部门的工作情况，检举只针对个人，尽管被检举人与内阁大臣及非洲国民大会关系密切，也并不能对政府的廉正及名誉造成威胁。然而，联合调查小组的报告受到了广泛的非议，导致审计长采取了非常规步骤，就该联合调查小组报告又起草了一份特别报告，反驳并揭露了这种"涂脂抹粉"的辩解及为了删除潜在危害的详细情况和证据所施加的行政压力。

2002 年 2 月 25 日，随着联合调查小组报告的完成以及一个无法和解的分裂的委员会的主持，公共账目常务委员会总统葛文·伍兹辞去了他的职位。2002 年 2 月 26 日委员会会议记录显示了辩论的激烈程度，大家就会议的一部分是否应该录像、文字记录是否应该公诸于众而争论。宪法、国会及委员会规定的公开、透明、无障碍的核心原则受到了被废除或者说被废除的潜在可能性的威胁，国会和委员会也证实了其陷入武器交易这个大漩涡之深。①

结　论

就其所产生的冲突而言，南非是一个在政治上不能被承认的国家。但按照所有标准，该国正迅速从过渡民主制国家转向联合制国家。其已进行过三次愈加和平、民主、自由、公平的

① 所有国会委员会的记录均可在以下网站获得：www. pmg. org. za。

244　选举。其宪法被公认是很开明、很进步的。而且，国家首脑、国会，实际上所有政党都宣称要尊重宪法。今天的议会与排外、冷漠的制度形成鲜明对比，后者服务于种族主义者，曾未经审查就批准连续几届种族隔离政府的违宪、不合法政策。如今，国会对广大南非民众是开放、开明的。困扰着国会的经验和能力的问题是受到时间约束的，而且很可能可以通过实践和资源来克服。然而，宪法和国会自身的法案委员会都赋予了国会非常可观的监督行政部门的权力。这个问题与其说是一个正式权力的问题，倒不如说是一个程序和实质的问题。无疑，这些问题从某种程度上来说是与宪法相关的。目前按人口比例分配的代表名单体系已经对选民代表性和响应性产生了不利的影响，然而对政党的忠诚度却起到了促进作用。考虑到在立法机关与行政机关之间的权力的相对融合，以及其中所有的内阁成员均来源于议会，对党的忠诚度同样提升了对行政部门的敬畏和职业恐惧。接下来的问题是倒向党派代表，即多数党在国会中所占有的席位有 70%，而官方反对党的席位只有 12% 多。这不是议会的过错，但直接关系到其是否能够以及确实愿意执行行政的有效监督。

　　本章认为，即使在某些地方，该问题直接上升到国家级重要性高度，在一个被艾滋流行性疾病困扰、失业率达 34%、住房和土地严重短缺、还有着根深蒂固的结构性贫困、却在国防武装上花上数百亿兰特的国家，我们注意到，国会和它的监督委员会——公共账目常务委员会仍然坐以待毙。面对武器交易，国会在最大程度上尝试使用宪法和程序权力。在最后的分析中，对党忠诚度、行政压力和国会自身的无能无可争辩地使

320

它成为一个更弱的机构。然而，公共账日常务委员会关于武器交易的工作并非无用功。行政部门、相关部长、个别议员和关键人物都被招来问话，检举正在进行中。南非公民已经意识到影响他们的政治、社会和经济健康的关键问题。或许是厌倦了谎言，或者更糟糕的是，虽然已经停止了反抗，但南非媒体已经提供了一个论坛供公众发表意见或辩论。然而，尽管大量武器交易具有其重要性，但它给南非带来的代价也证明了其宪政民主太过年轻。

13 结 语

（荷兰/苏丹）M. A. 穆罕默德·萨利赫

（莱顿大学政治学系，荷兰海牙社会科学研究院）

在这个概要性的结论里，我试着通过回答以下三个实质性问题来探索非洲立法的特征：1）与在行政过程中扮演稳健角色相比，非洲的立法在回应公众利益事件方面更为有效，这是否是使非洲立法显得独特的原因？2）为何行政机关在一党制和多党制民主体系中同样具有优势？3）非洲立法机关运行中受到的约束是什么？总地来说，本书各章阐释了非洲立法机构不能被作为传统议会的复制品而被废除，不仅是因为它们是现代的政治机构，而且因为它们是运行于现代主义主导的政治中的。另外，与西方对应的政府机构相比，它们不能说是完全独特的，因为它们需要发挥与西方相应机构相似的作用。就像这样，非洲立法展现了所有现代西方议会、集会或立法的机构礼节和程序，并且通常会想方设法摆脱人民代表这一角色的责任。尽管如此，因为它们是它们所代表的政治文化和社会的镜子，非洲立法无疑反映了立法内部及各部分之间存在的种族、区域和文化方面的差异。

这些章节阐述了导致议会不同之处的一系列因素，包括：

1. 如其他研究所表明的，社会经济发展水平与赞助减少、排外、贿选以及民主政治占主导地位有着直接联系。并且其他政治赤字的做法对民主的巩固而言也是很重要的因素（本书胡特和休斯的观点）；

2. 传统的（或者殖民地时期前的）议会、国家和王国（埃塞俄比亚、加纳、南非）的存在或消亡，与他们所认为的非洲现代西方式的国家处在不断地斗争中。这种传统议会（地位角色的关系和任免权）的价值在于其在非洲现代议会运作中的共鸣，特别对于南非而言，它们也成为了现代政治进程的一部分。奥罗武（Olowu）关于地方议会的章节就是这种传统与现代机构共存于统治之中的证明，这些机构的设立是为了更接近人民而非各种国家议会。然而，就如奥洛乌简练地指出，地方议会所面临的限制不容小觑；

3. 殖民时期之后的政党体制的主导类型，即一党制占主导的政党体制（马拉维、马里、坦桑尼亚和赞比亚）或种族主导政党制（南非），以及涌现的非洲政治精英是如何使之向民主转型的；

4. 公民社会的优势和劣势及其在如下方面享有的自由度：保护其选民的利益，向政府、政党和议会提出要求，以及其在保护其需要保护的社会力量时维持其高的道德标准；

5. 政治首脑的影响，特别是受这些精英利用传统机构来确保他们参选机会的方式的影响，这种方式将恩庇侍从关系最优化，又使两者之间的相互依赖关系降到最低。正如上文所提到的，在大多数情况下，诸如跨越了传统政治、道德、文化和区域差异的文明社会组织现代等社会力量调调整了传统机构。

这些差异的累积效应最终到达顶峰，迸发出一个充满活力、复杂、时而动荡的承载着过多的能动性与不可预测性政治环境。从某种意思上来说，非洲的立法机关总是被迫向不同的方向发展以便履行好主要的传统功能并扮演好现代立法机构的角色。多亏了大约20年前开始的民主化进程，国会已经成为了公众的焦点、以民主化创造的政治声音的形式存在的力量以及过去独裁的、不安的黑暗数十年里政治兴趣。

249　　向民主制转变的一个重要特征是积极主动的民间团体、利益集团和联盟协会的出现。这些政治组织越来越关心议会辩论、制定的法律及通过的重大政策的结果，因为这些对其所在选区及广大公众有着直接的影响。根据本书有关赞比亚、南非和马里的章节的叙述，这些政治机构与国会相结合，一起努力扮演好行政监督者的角色。对于国会的广泛信任是非常重要的，因为它能支持和阻止施加于国会议员的行政压力，这些压力是为了保证国会议员履行对政党的忠诚，而（如果他们所在党派是执政党的话）这种忠诚往往被曲解为对行政部门的忠诚。对一党制执政体系的复辟幻想仍然困扰着非洲的立法机构，而且行政机构和国会议员仍期望政府掌权。这样的趋势放大了民间社会组织及其支持国会回应人民要求的重要性并且支持国会回应人民关注公正监督行政权。

在回答非洲国会是否可以履行民主统治的责任这个问题时，我借用最近发表在非洲经济委员会上的一篇名为《追求非洲良好统治》的文章来回答。该报告提到：

> 非洲立法机构现在设有针对公共机构的国会监管，会从人民利益出发制定法律，会在预算基础上行使权力并改进公共问责制。来自南非、纳米比亚、毛里求斯、加纳、贝宁、博茨瓦纳、莱索托、摩洛哥、塞内加、莫桑比克和冈比亚的人们都认为立法机关应该独立于来自行政机构的外部控制。在 12 个国家中，50% 以上的受访专家认为其立法机构在所有或大部分主要领域的立法是独立于来自外部机构的控制的——而在另外的 15 个国家中，只有低于 50% 的受访专家支持这个观点。①

显然，对立法的广泛支持（如在本书中关于南非、马里和马拉维的章节中的表述）体现出，一些非洲立法机构已经能够在地方和国家层面上保持一致，同时发展了以国会监管形式服务国民的政治能力。

本书各章节的问题仍然是关于是否所有非洲国会都均已能

---

① ECA 2004：4~5. 该报告是对 28 个非洲国家（贝宁、博茨瓦纳、布基纳法索、喀麦隆、乍得、埃及、埃塞俄比亚、加蓬、冈比亚、加纳、肯尼亚、莱索托、马拉维、马里、毛里求斯、摩洛哥、莫桑比克、纳米比亚、尼日尔、尼日利亚、卢旺达、塞内加尔、南非、斯威士兰、坦桑尼亚、乌干达、赞比亚和津巴布韦）的调查的结果。

够履行应对政治问责的全部功能以及是否能够重建民主统治。
然而在一党制时期或由一党制向多党制发展的初期，要执行立法监督和确保行政问责可以说是十分困难。过去，当立法、行政和司法权力没有充分分开时，或者很难经得起竞争式民主的考验时，情况尤其明显。尽管行政机关是由通过选举程序和国会多数选举而产生的政府所组成的，非洲的立法机构已经长期经受行政机关施于它们的巨大压力。鉴于立法机构运行环境的限制，立法机构关于作为人民代表的角色的管理责任已经得到了适度履行。这些限制将会在本章的小结处进行阐述。

本书的国会、民主和统治

非洲的议会民主经验与其从向多党制民主的过渡过程中所获得的经验有密切的关系。然而，为这些经验提供养分的却是早至殖民时期所遗留下来的多党制民主历史经验。从殖民时期到殖民之后时期的立法演变是本书的第一个二级主题。我向读者介绍了从殖民统治时期到独立时期影响了非洲立法和议会制度进化的历史发展。我试图解释一党制、军事政权和专制时期非洲立法变化的命运以及他们对非洲当前民主经验的贡献。同时为了解释议会制理论和实践之间的矛盾，而将非洲议会制度与人们普遍假设的议会功能作比较，间接提出非洲议会制度的独特性。我认为非洲的国会是独一无二的，因为它们虽然处于现代政治的背景下，但仍然表现出很多传统的非洲政治文化，因此总是在传统和现代中摇摆不定。在这一方面，如果非洲议会全面履行了其监管的职责，或者以高效和有效的方式推行了政治责任，我推测，相较于处理立法机构与行政部门之间的关系，非洲议会能更有效地应对社会问题及公共利益问题。

胡特发现了议会统治与民主统治之间的一个重要联系，并且对非洲、亚洲及拉丁美洲的复杂的机构关系及联系，以及它们应履行的职能方面进行了比较分析。他关注国家政治体制特征间的关系，这些关系中很多都与国会职能及其统治质量有关。胡特的章节运用了一系列新近有关政治机构和统治的数据。他总结说，整体而言，它的研究证实了国家越富有，统治越好的推断。相对于亚洲、拉丁美洲和加勒比地区的民主国家来说，非洲那些民主国家的统治就相对比较差。而且在非洲国家之间，统治质量的差距也非常明显，其中最穷的国家统治质量最差。另外，国际依赖和对初级产品的依赖也似乎会对非洲民主的统治质量有负面的影响。胡特章节中的第二组分析表明几乎没有几个与非洲议会有关的特征对民主表现具有显著影响。其中尤其是国会相对于行政部门的角色、联邦制度以及选举的激烈程度及民主经历的长期程度，都影响着非洲民主朝着积极的方向发展。总之，这一结论与本章前部分所提及的联合国经济委员会（2004年）对非报告的结论紧密相连。

奥洛乌的研究阐释了地方议会和自下而上的民主化的意义。他审查了许多非洲国家的地方政府议会表现的证据，将它们与国会相比，鉴别出它们的弱点，然后基于一些有效的地方政府的案例，进行了进一步地分析。他认为，在最近的三十年里非洲的政府步入了民主分权的全新阶段，这一变化与其雄心勃勃的经济和政治改革项目是密切相关的。有共识认为民主分权本质上与早期专制政体统治下的经验是不同的。

251

然而，尽管将包括授权监督在内的实质行政和金融职责及资源转移给地方议会和政府，地方政府还是未在履行其监管职能方面形成强制力。面对国民大会和议会遇到的困难，地方议会无法将行政问责制推广到地方政府。而且，因为垂直问责的质量不尽人意，地方政府议会也只是在地方层面上复制了国民议会所固有的缺陷，甚至是进一步放大了这些缺陷。

252 多伦斯普利特（Doorenspleet）在整体及国家关系层面上，对马里人、对议会的理解及其是否满意议会表现方面提出了有趣的分析。虽然本章的重点是马里，但本章使用包括马里在内的大量其他非洲国家的数据，就非洲人关于民主的认识提供了比较视角。多伦斯普利特的研究阐述道，马里国会已经获得了广泛的支持，因为人们相信国会具有一种重要的、潜在的或者具有象征意义的功能来为真正的民主政权的创立和维护提供支持。多伦斯普利特在解释为什么马里人理所当然地这样理解议会功能时，她认为这种议会角色定位是具有批判意义的，但也是有问题的。认为其具有批判意义是因为这种定位认为国会似乎担负起了他的监管职责，同时认为它在某种程度上存在问题则部分是因为国会并不能履行实际的发展愿景。马里议会的正统性与大多数非洲国家不同，多伦斯普利特就此进行了回答。她认为，部分是因为马里的立法支撑符合人民对民主统治下更好的经济绩效的"认知"，进而影响选民能获得的信息的质量及人们对民主的总体支持度。

有关非洲国家的发达与否与民主的关联性这个问题变得越来越突出。因此通过质疑未完善的非洲民主有多大的可能性能够带动经济发展是必须的。显然，民主完善与经济发展两者只选其一而放弃另外一个几乎是不可能的。本章的剩余部分直接或是间接地讨论民主与旨在提高非洲新生的民主统治质量的正在发展的、有关政治机构（国会、政党等）可获得的人力及财政资源而举行的运动的联系。

尽管立法机关力图履行其在宪法中规定的职能，行政机关却不知疲倦地试图控制立法机关。本书有三章重点关注了在20世纪90年代末民主发展进程及多党制民主期间新增的立法统治角色的重要性。民主准则的前提是立法应控制行政，而这种准则在某些情况下被颠覆了，行政机构持续向立法机构施加压力，不断试图控制立法机构的立法职能，以便其可以通过民主检验和民主平衡进行顺利统治。虽然这是一党制的特征，但正如本书一些章节所揭示的，甚至在多党制民主时期，非洲行政机构[①]的主导地位及其控制立法的野心也都没有减退。

加纳的案例是由博夫—亚瑟引入的，他记录了当前议会惯例的变革，以及过去十年间发生的变化，比如国家民主大会（NDC）统治期间和新爱国主义党派统治时期的变化。根据博夫—亚瑟的看法，鉴于加纳近年动荡的政权历史，加纳的民主进程是有成效的，且不大可能被推翻的。这一解释是建立在将加纳的国会与行政机构相比较，加纳国会展现了其在政治上的成熟和警惕的背景下提出的。但是，博夫—亚瑟的章节对加纳议会议员对议会广泛职能和对议会期望的理解能力方面提出了质疑，他们的行政理解促使行政过程将议会变得无力影响世界权力结构并形成了自己的政策和期望的发展结果。博夫—亚瑟

253

---

① 万·克兰恩鲍夫 2003；多仁斯普利特 2003.

研究中的隐意是个可悲的事实，即加纳的不发达是其实现加纳和发展中国家真正民主繁荣的最显著的制约因素。

本书中，蒙巴采用了纵向分析来解释第一共和国（1964～1972）、第二共和国（1974～1990）和第三共和国（1990至今）的国家统治期间赞比亚行政控制立法的斗争：

- 一党制下的议会和总统过大的权利；
- 多党制民主开始后，一党制体系未能揽权；
- 通过多党制民主运动政见不同的党派组成了政府。

赞比亚的立法机构不够成熟，并且其实行多党制也仅有十年。为立即形成的"议会多数派"而进行的轻率的政党联合伴随着总统高于一切的权力，使赞比亚多党制的立法机构屈从于行政权力。然而无论如何我们只能公平地承认，在极少数案例中，立法机构能够有效扮演其监督角色，进而能颠覆行政机构为服务私人利益而修改宪法的企图。这些出现在联合政府的政治派别斗争中的颠覆行政机构企图的积极干预，即使是精英的利益集团也不能解决。显然，使立法机关有权力履行其监督职责的关键因素在于竞争性政治而非精英对如何分享战利品的政治共识。

254 　　贝尔哈努对埃塞俄比亚的三个连续且独特的政权下立法机构的表现进行了详细分析：在海尔·塞拉西一世统领下的帝国；"德格"军国社会主义统治下的军国社会主义政权；以及在埃塞俄比亚人民革命民主阵线统治下的"多党制民主"政权。他在立法机关的组织和运作形式以及它与行政机构的关系方面将这些议会体制进行了比较和对比，并就其是否做到了有效监督和问责职能进行了讨论。贝尔哈努认为，三个议会体制在独裁统治（无党派的帝国统治）、"德格"政权（一党军国社会主义政权）和当前的埃塞俄比亚人民革命民主阵线联合政权（多党制占据压倒性优势的政权）下的共同特点是受到压制立法机构。贝尔哈努的章节叙述了埃塞俄比亚三个不同的议会制度之间最大的共同点在于，它们毫无例外都是处在政治行政机构的控制之下。

尽管本书多章均阐述了行政机构在不同程度上对立法的控制能力，但是对于非洲，这种行政对立法的异常控制也非唯一。正如胡特的章节所描述的一样，鉴于非洲议会制度的发展比较落后，显然，相对于其他成熟的民主国家，金钱的力量在非洲国家，对于政府施加的影响会更大。

虽然是含糊的结论，但本章以下部分表明，在非洲现在的民主环境下，如果行政部门强行控制立法机构，而立法机构与之过分抵抗，立法机构就不能发挥其立法的统治作用，特别是不能通过国会委员会（坦桑尼亚案例）和公众问责监督（南非案例）对最高立法机关负起行政责任。

立法机构试图控制行政部机构

非洲立法机构被普遍表述成"行政党派下运作的橡皮图章"。这种评论忽略了这样一个事实，即多党民主有它自己的动机，这也预示了其与议会成员及其代表的社会力量的利益冲突。政党的联合（马拉维、赞比亚和马里）表明统治联盟在所有关乎它们党的"意识形态"导向和党的支持者的问题上努力达成协议。同样地，一些案例研究（坦桑尼亚、马拉维

以及南非）也描述了立法机关控制行政机构的斗争。在这些
案例中，立法机构陷入了构成与破坏政府的双重角色，同时又

255 担负着向政治行政机构问责的角色。王审查了坦桑尼亚议会与
其他诸如最高审计机构、反腐机构、监察及人权机构以及媒
体、政党及社会团体等监察机构共同履行其垂直问责监督职能
的能力。因为议会委员的低效率会对议会的监察职能产生负面
影响，而这些低效率的体现包括延迟的报告、缺少审计预算的
能力或者无法正确理解政府绩效审计的内涵，因此坦桑尼亚的
经历恰好证明政府展现出了其或高或低水平的问责制能力。

　　自 1994 年首届多党选举中巴基利·穆卢齐以简单的多数
票当选形式上台当选总统以来的马拉维最近的政治发展就是立
法机构与行政机构间持续斗争的例证。班达政权倒台后的这次
马拉维第一届议会选举的特征就是政党联盟形成，这届选举证
明这种简单多数票形式的冒险性，政府便开始借助其他战略，
例如，采用倒向投票及强硬方式进行递补选举。这时期政府和
议会之间的关系特点是冲突、高上庭率以及试图引进议会修正
案。公众社会成为在这些冲突中的关键。例如，公众社会组织
开创了法庭判例的先河，建立了从本质上保障人权相对于任何
改变宪法的尝试的优越性。在马拉维案例中，博尼法斯·杜拉
尼和让·谢斯·万·东热阐明了议会联盟的难以管理常常导致
总统和国会之间的冲突。有趣的是，作者提出了与执政党、联
合民主阵线总统候选人宾古·瓦·穆塔里卡的选举结果几乎完
全一样的预测，宾古·瓦·穆塔里卡在那次选举中赢得了在
2004 年 5 月 20 日的总统和议会选举，打败一个四分五裂的反
对党。

休斯的章节中讲述了南非武器交易丑闻以及立法机关是如何对该事件进行处置的。他认为，面对武器交易丑闻时，南非议会试图充分行使其宪法和程序性权力，并且试图最大限度发挥其统治角色。然而，根据休斯的说法，可以认为对党的忠诚度、来自行政机构的压力以及议会自身的无效性使其成为一个较弱的政府机构。然而，公共账目常务委员会对武器交易的处理不是徒劳无功之举。行政部门、相关的军事部门、个别议员以及关键人物已经被问责，起诉也正在进行中。南非民众已经意识到了影响他们政治、社会和经济健康稳定的重要问题。南非媒体或许是因为厌倦了故事，或更糟的情况是选择了屈服，它们成为政府散播重要信息的平台并且成为疏导公共舆论和争执的工具。与立法机构相比，行政机构通过一些方式使得自己的权力最大化。然而，根据休斯的观点，南非议会未能保留行政问责功能。然而这个情况并不适用于除南非议会以外的其他与行政机构政治意见迥异的问题上面，比如为确保抗艾滋病毒药物已经作为免费处方药分发给病人而开展的艾滋病毒/艾滋病活动家们的活动。

构成这个二级主题的各章节显示，立法机构在财力上努力确保落实收入和支出措施以服务分配了公共资源的公共事业。非洲的立法机关与西方的不同。由于金融管理的退化以及向地方和自治市等基层政府组织斥资减少，西方的立法机关在预算方面的作用已经减弱。非洲的立法机关自发地或因民间社会组织的压力，在金融审查、采取反腐措施以及向国家元首和公共机构要求更多的金融透明度和问责方面更加活跃。

256

立法和行政竞争以控制司法

大多数有关特定国家的章节阐述了在确保权力分立过程中所遇到的困难是关系脆弱的这一特点。尤其是在卡萨洪（埃塞俄比亚章节）和梅尔伯（纳米比亚章节）所描述的一党制和执政党占主导的体制。根据这两位作者的观点，政党占据主导地位的体制造成了多数人的暴政，在这种暴政中，立法机构和司法机构处于通过半革命性质的"执政党"实施议会绝对多数派来支持的强大行政机构的统治下。梅尔伯的章节具有启发性。他观察到，当做出不支持政府的政治意愿的决定时，司法机关的独立性遭到公开质疑。党内官员，包括国会议员和部长，一再明确地表达了其违宪的要求，而这些要求又未被领导者更正，这种情况甚至包括了更具竞争力的多党政权统治下的非洲民主国家，比如博夫—亚瑟（加纳章节）、蒙巴（赞比亚章节）、博尼法斯·杜拉尼和让·谢斯·万·东热（马拉维章节）以及王（坦桑尼亚章节）所介绍的那样。20世纪70年代以来，加纳的司法机关和行政机关的关系相当不稳定。特别是在加纳的例子中，一党制下使行政机关从属于执政党的控制。根据博夫—亚瑟所述，随着体制向多党制民主的发展，这种情况相对有所好转。然而，在萨福所阐述的加纳案例中，立法机关能够越过行政机关行使监督职能，但是它持续履行其追究行政责任的关键角色的能力被议员们过分的党派化思想所削弱。① 据萨福的这个研究，在议会和行政机构之间，司法部门指出通过向法院诉讼来坚持或辩护法定权利的案例的确压倒性地超过了大多数，而司法部门和公安部门的情况一样有待查证。

蒙巴所讨论的赞比亚案例也描述了相同的模式，尽管我们可见赞比亚处于以下情形下，即宪法审查委员会表达了它想要增加宪法办事处数量的意图，这些办事处将会有助于国民大会和意在提高问责能力的措施。在这些办事处当中，产生了议会司法特派员的职位，以此来取代现有的总调查员。经过与司法服务委员会的磋商后，委员们建议，此官员应归入国民大会并由其任命。因为总调查员通常扮演着监察专员的角色，其主要职能是保护市民免受管理不善的影响，要求增加办事处的请愿人认为不能指望任何由执行部门任命的，且对其负责的官员能有效地检查和控制行政部门。原总调查员的机制是自相矛盾的，因为它违背了这样一个概念"一种权利应该受到另外一种不同权利的制衡"。② 马拉维提供了一个有趣的案例，就是总统和立法机构都试图运用司法部门来增加自己的优势。博尼法斯·杜拉尼和让·谢斯·万·东热发现，从历史上看，这两个民主议会在向民主过渡时期并未区分自己是属于立法部门还是行政监督部门。然而，在过去十年里反对干涉总统权力是永恒的主题。第二次议会期间，对于总统权力的抵制也表现在对于宪法修正案的抵制上，因为该修订案将允许总统竞选第三次连任。这股阻力，连同司法和公共舆论，体现了与马拉维所提

---

① 萨福 2004：3.

② 赞比亚，政府 1995a.

出的政治文化存在的明显的区别。高等法院对这件事的裁决让人出乎意料，它裁定反对授予总统第三个任期。这一审判明确建立了司法部凌驾于议会之上的特权。

休斯和王所著的章节主要分别探讨了南非和坦桑尼亚的这些棘手问题。尽管这两个国家所拥有的历史经验不同，但却遵循着同样的模式，虽然可以肯定地说，南非可能比其他大多数国家体现更大程度上的司法独立性。

258

国会责任

国会责任是政治治理的核心，它强调法治、责任、透明和监督。通过国会这一机制，立法机构可以让政府对被统治者负责，从而让政府在办公和提供服务上更加高效。涉及坦桑尼亚（王）、赞比亚（博尼法斯·杜拉尼和让·谢斯·万·东热）和南非（休斯）的章节对议会职能给予了特别关注，回应了世界银行对议会在责任周期内关于信息、行动和反馈的特征描述。[①] 特别的，议会责任的五种类型及其与所分析案例的相关性，可以结合本书中呈现的案例在此得出以下总结：

● 政治责任由议会在其终极问责机制，即建立和撤销政府的角色组成。这可以通过赞比亚国会对贪污、裙带关系和利维·姆瓦纳瓦萨总统违宪行为的控诉来体现。虽然本次行动被否决了，但它破坏了总统声誉，并且使总统为其第三任期所做的制宪努力付诸东流（博尼法斯·杜拉尼和让·谢斯·万·

---

① 世界银行 2000：14～15.

东热）。

• 委员会调查工作包括国会委员会对政府绩效的调查，并且对外公开其调查报告。两个案例研究体现了非洲议会行使了这种问责。第一个就是在本书中休斯分析的南非武器丑闻。第二个是坦桑尼亚国会，一个国会议员个人发起了一个行动，要求政府解释财政部长和石油进口国之间所谓的贿赂交易。而坦桑尼亚则成立了一个国会特别委员会来调查这件事。在其报告中，委员会总结指出财政部长应该为给予进口国不应得的豁免而负责。因此，在 11 月 3 日，总统办公室宣布总统已经接受了比利尼部长的辞职（本书中的王的部分）。

• "钱袋权"说明了国会在授予政府筹集和支出预算时所担当的角色。这几乎是一个所有非洲的国会都会行驶的常规活动。与其他议会相比（例如，东欧和中欧国家），几乎很少的非洲议会拒绝预算，虽然反对派经常行使其权利来拒绝或寻找修订案，而这些并不被组成政府职权的大多数人所支持。

• 议员担任总调查员体现了国会议员在代表选区公民进行调查及解决问题时所担当的角色。在前言中，我引用了 1999 年肯尼亚国会议员解决裂谷和马里战争中种族冲突的例子，他们通过联合当地的酋长、宗教和社区领导、政党支持的民众社会组织和议会议员来解决这些冲突。对于这些案例，尼日利亚的当地议会也参与了冲突的处理，特别是在尼日尔三角洲地区和北部的宗教暴力事件中。[①]

• 议会作为公民的论坛，体现了国会担当论坛的功能，在

① 参见萨利赫 1999；2001.

这个论坛里，公民和他们的团体以及他们的组织可以公开诉苦，表达他们的关心以及提出建议。例如，南非的报告中（费舍、克拉夫奇克和沙皮洛 2000）呼吁议会及民间团体参与和监督预算的透明度和公众参与预算过程是可圈可点的。[1] 然而，即使在南非，没有出台对不确定的负债和预算外活动的立法，一直与该国对透明度的要求存在差距。[2]

最后关于议会作为公民论坛这点也证明了让多种社会力量参与议会的重要性，比如女性、青年人和少数民族。唯一明确讨论这一问题的章节是在特里普的文章中，它之所以意义非凡，是因为它所探讨的是近代非洲立法最重要的发展之一，以及不断提升的议会议员性别问题的敏感度。女性在议会中的出现是她们斗争的结果，但也得到了国际妇女运动的支持，并且也是国际妇女运动的一部分。促成女性选票配额出现以及更好的代表性的因素是多样的（国内和国际的女性运动、传播的因素、标志的感染力和创造新的资助线），因此由于不同原因被不同政治领域的不同参与者（女性团体、政治党派和政府）所接受，包括立法机构。是批判地接受女性配额或是表面上接受女性配额的分歧仍在慢慢加剧，并需要更多的研究和社会政治的拷问来证实这种分歧对于女性利益和关注与对立法机构行为的影响。

虽然非洲立法经历了一些必须克服的难处，它们已经有能力发展制定预算的权力，能用这种权力，至少在理论上，要求

---

① 南非 2000.

② 南非 2000：13.

政府修改预算草案或拒绝通过整体预算。非洲行政机构意识到了立法给予或拒绝完成预算的权利。

除了在审计上的地位，1999 年非洲议员建立了非洲国会议员反腐网络，总部设在乌干达坎帕拉。非洲国会议员反腐网络的主要目标是承诺并发展执行国会监督责任的能力，尤其是有关财务的监督。另一个重要目标是与公民社会组织合作，共同对抗腐败。[①] 肯尼亚、南非、坦桑尼亚和乌干达均成立了非洲国会议员反腐网络国家章程，这同样形成了一个反腐联盟并扩展到了非洲南部和东部。非洲国会议员反腐网络和建有反腐败委员会的国家有着几个相同的特点，那就是资金短缺，这大大限制了民间社会团体之间有效的反腐联络，也限制了立法机构制定新法或者填补当前立法空白的能力。

非洲的议员依旧面对着巨大的行政压力，有时迫使议会屈服以保证政府权力或由于害怕下次选举落选而抑制对反对政党的资助。遗憾的是，行政部门具有使公共账目委员会资金短缺的能力是真实的。大多数非洲议会和监管委员会，包括反腐败委员会和管理层，普遍对此表示抱怨。

非洲议会特殊吗？为何由行政部门占主导地位？他们又面对着何种限制？

在结束之前，我会尝试简要地回答本章节开头部分所提出

[①] 更多关于非洲国会议员反腐网络的信息参见内罗毕会议前言（非洲国会议员与反腐网络 2003）。

的三个问题。第一个问题是，非洲的国会不同于其他国会吗？本书的作者们认为，非洲议会的一般功能并不异于其西方议会的功能。然而，就它们执行这些普世的国会功能所处的政治文化而言，它们大不相同。非洲国会是社会的脉搏，不仅是现代力量（公众、民权社会和政党）的代表，也是非洲种族、区域利益和裙带关系的奴隶。非洲议会议员常常担负繁多的职能，比如，处理局部冲突、参与从结婚典礼到葬礼的各种社会事件。

261　　然而，不同于西方议会，非洲议会面临的大多数问题均是因发展不足而导致的资源分配和管理的利益冲突。随着管理政府资源和人员的控制或监督与问责规定成为行政和立法部门之间意识战争的主要较量点，本书的作者们先后将行政—立法纠结的关系归咎于此。

　　第二个问题是，为什么行政机构能够在一党制和多党制这两种体系中都占主导地位？本书的作者们认为，独立之后长时期孕育出的军事政权、一党执政以及民事独裁政府促成了以国家为中心的统治的产生，因此模糊了国家和公民之间权力的界限。相关地，对于一党制政府中，立法机构对行政部门屈从的态度在转型以及民主价值观得到巩固和发展之前将会持续相当长的一段时间。国会委员会虽然存在，但其代表职能质量欠佳，对国会权威意识淡薄，以及国会议员的无等级性使得立法者受到来自党派的巨大压力而被迫妥协，而不是挑战行政部门，甚至当他们应当这样做时也并没有这么做。大多数的非洲政党缺乏内部民主，这一点引起人们对国会议员应忠于国家还是资助其执政党表示质疑。在此情形下，非洲国会议员的效忠对象分成两派，一派忠于政党领袖（通常是总统或首相），另一派忠于受政党纪律委员会监督的国家。

第三个问题是，非洲立法机关面临着诸多限制和冷嘲热讽，前者源自于在向民主过渡时期其享有的政治和公民权利之间的差距，后者则是由民众生活水平停滞不前而导致的。非洲民选政府不能证实贫困公民所认识的民主和发展之间的真实联系，这表明立法机构必须更加努力地工作，通过保证行政机构对被管理者负责来展现他们的能力。民主准则和价值观内化的不足，加上自身短暂的且不时被扭曲的民主体验使得非洲国家的政体空有民主外壳，或缺少真正的民主人士。这些情况使人们进一步质疑民主机构能否提供更好的经济和民生收益的能力。

尽管民众对于非洲立法机构在意愿上存有好感，但他们的实际行动却承受着巨大的限制和压力。这包括支持议会和议会委员会的人力以及财政资源的匮乏。这就导致了人们越来越依赖于议会之外的支持，这一现象也成为了大多数非洲国家议会的一个共同特征。外部支持的形式通常是培训、（视听、计算机以及通信设备等）文档流通中心、议会委员会，以及出席多个议会会议的形式。不幸的是，议会不仅对接收捐助者的资助处处谨慎，以防其向国外压力让步，也要防止资助的不合法性、不可信、不可预测性，以及防止在资助获得通过后，议会对资助的需求的迫切性。

在一党执政转为非民主统治的很长一段时间内，大量非洲国会议员被社会主义化。一党政权和军事政府的长期酝酿推迟了议会的民主制进程，而且在大部分情况下模糊了政党、政府和国会的关系。鲜有议会成员掌握所有关于多党制民主中议会程序的知识。一些议员在处理现代立法程序没有经验，且作为人民的代表却不能够理解其职责和权利，更不用说议会委员会的工作内容，而这个委员会本应处理复杂的当代问题，包括全球化、自由贸易、恐怖主义和国际犯罪。

虽然相比于早期独立时期的议会议员，如今非洲议员们受到了更好的教育，不过今日的议会议员也不得不处理一系列的问题，包括全球化、移民、难民、转基因食物、信息和通信技术、法律和行政法规框架和政策。除了我在导论的章节中已经叙述过的议会的传统功能，有些议会的议员们也很难理解与国际、地区和国家相关的问题，但这些却是他们必须努力解决的问题。

错误地认为，议会是政府的延伸机构，这使得选民们嘲笑对分权的普遍认识。对于许多普通的非洲人来说，国会的主要作用就是与政府以及当地的政府进行合作，以解决他们当前的个人问题或当地问题。除了政治文化外（如种族、社会责任和政治庇护关系），国会议员常常受到社会责任的制约，使得议员们在婚礼、丧礼以及公众节日的贡献中需要付出大量消费支出，有时也要负担学费和医疗处方费。这些经济负担使国会议员们处于巨大经济压力之下，且可能会导致经济的不安全和容易受到行政部门操控的问题。

大多数非洲立法是建立在脆弱的公民社会基础上，以致于难以涉及公众，游说政府以及政治党派，亦或是在减少执行压力方面为议会带来帮助。虽然，例外无疑是存在的（例如，在本书中介绍的马里、南非和马拉维立法的案例），但总体说

来，非洲的公民社会组织在监管政府腐败与议会不作为方面并
不成功。公民社会与立法机关共同努力修正或者是引入新的立
法以此来组织行政机关再次损害公共利益来谋取私利，这是几
乎不会发生的事情。政府间立法机构在不同政府间的摇摆大大
损害了国会充分行使其问责职能的能力。也就是说，公民治理
（媒体、联合会、专业人员和商业协会的积极参与）与政治议
会管理的联动是微弱的，并且如果要加强立法权，则这种联动
是需要特别注意的。

总之，统治贯穿了社会经济、政治结构和制度，因此它需
要多个利益攸关方和合作方的合作与协调，从总体上看包括国
家诚信体系、立法机构、行政、审计长、公共服务、司法、媒
体、公民社会、监察员、反腐败委员会、监督机构、私营部
门、国际社会等。议会治理扮演的是其他部门的配角，但当其
他部门未能执行治理任务或给予支持时，它便可以发挥实效
的。但是，议会统治角色的意义来源于其在公众生活中作为人
民主权的代表地位，及其跨在政府和统治之间模糊区域的
本质。

图表一览表

图

表

缩写词和首字母缩略词一览表

ADEMA（Alliance for Democracy in Mali）

　马里民主联盟

AFC（Alliance Forces for Change）

　变革力量联盟

AforD（Alliance for Democracy）

　民主联盟

AG（Attorney General）

　首席检察官

ALF（Africa Leadership Forum）

　非洲领导人论坛

ANC（National African Congress）

　非洲国民大会

APNAC（African Parliamentarian Network against Corruption）

　非洲国会议员反腐网络

ARMSCOR（Armaments Corporation of South Africa）

　南非阿姆斯科公司

BBC（British Broadcasting Corporation）

英国广播公司

CC（Central Committee）

中央委员会

CCAP（Church of Central Africa, Presbyterian）

中非长老会教堂

CCM（Chama Cha Mapinduzi）

坦桑尼亚革命党

CDC（Constitution Drafting Commission）

宪法起草委员会

CEDAW（Convention on the Elimination of Discrimination Against Women）

消除对妇女歧视委员会

CNID（Congrès National pour l'Initiative Démocratie/National Congress for Democratic Initiative）

全国民主倡议大会

CoD（Congress of Democrats）

民主党大会

CODESA（Committee of the Convention on Democratic South Africa）

南非民主大会委员会

CPP（Convention People's Party）

大会人民党

CUF（Civic United Front）

公民联合阵线

DA（District Assembly）

地区议会

DCE（District Council Executive）

地区委员会执行官

DEC（District Executive Council）

地区执行委员会

DoD（Department of Defense）

国防部

DTA（Democratic Turnhalle Alliance）

特恩哈尔民主联盟

ECA（United Nations Commission for Africa）

联合国非洲委员会

ECN（Electoral Commission of Namibia）

纳米比亚选举委员会

ECOWAS（Economic Community of West African States）

西非国家经济共同体

EHRCO（Ethiopian Human Rights Council）

埃塞俄比亚人权委员会

EIU（Economist Intelligence Unit）

经济学人信息部

EPA（Ethiopian Peasants' Association）

埃塞俄比亚农民协会

EPRDF（Ethiopia People's Revolutionary Democratic Front）

埃塞俄比亚人民革命民主阵线

ETA（Ethiopian Teacher's Association）

埃塞俄比亚教师协会

FDC（Forum for the Defense of the Constitution）

宪法防务论坛

FDD（Forum for Democracy and Development）

民主与发展论坛

FDRE（Federal Democratic Republic of Ethiopia）

埃塞俄比亚联邦民主共和国

FPTP（First-past-the-poste）

得票多者当选议员选制

GCA（Global Coalition for Africa）

非洲全球联盟

GCC（Gaborone City Council）

哈博罗内市议会

GDP（Gross Domestic Product）

国内生产总值

GNU（Government of National Unity）

全国团结政府

HIPC（Highly Indebted Poor Countries）

重债穷国

HIV/AIDS（Human Immunodeficiency Virus/Acquired Immune Deficiency Syndrome）

人类免疫缺陷病毒/获得性免疫缺陷综合症，艾滋病

HOF（House of the Federation）

联邦议院

HPR（House of People's Representatives）

人民众议院

HRM（Human Resources Management）

人力资源管理

ICT（Information and Communication Technology）

信息与通信技术

IDEA（Institute for Democratic and Electoral Assistance）

民主和选举援助学会

IEG（Imperial Ethiopian Government）

埃塞俄比亚皇家政府

IFP（Inkatha Freedom Party）

英卡塔自由党

IPU（Inter-Parliamentary Union）

各国议会联盟

LASDAP（Local Authority Service Development Plan）

地方政府服务发展计划

LC（Local Council）

市政委员会

LCAC（Legal and Constitutional Affairs Committee）

宪法和法律事务委员会

MAG（Monitor Action Group）

监察行动小组

MCP（Malawi Congress Party）

马拉维大会党

MGODE（Movement for Genuine Democratic Change）

真正的民主变革运动

MMD（Movement for Multiparty Democracy）

多党民主运动

MP（Member of Parliament）

国会议员

MPR（Mouvement Patriotique pour le Renouveau/Patriotic Movement for Renewal）

复兴爱国运动

NA（National Assembly）

国民大会

NARC（National Rainbow Coalition）

全国彩虹联盟

NCC（Nairobi City Council）

内罗毕市议会

NCOP（National Council of Provinces）

全国省份大会

NDA（National Democratic Alliance）

全国民主联盟

NEC（National Electoral Commission）

全国选举委员会

NEC（National Executive Committee（Tanzania）

全国执行委员会（坦桑尼亚）

NGOs（Non-Governmental Organizations）

非政府组织

NIP（National Industrial Participation）

全国工业参与计划

NMB（National Microfinance Bank）

国家小额信贷银行

NORDEM（Norwegian Institution of Human Rights）

挪威人权机构

NUDO（National Unity Democratic Organization）

全国团结民主组织

NWMN（Namibian Women Manifesto Network）

纳米比亚妇女宣言网

OIC（Organization of Islamic Conference）

伊斯兰会议组织

PAC（Public Accounts Committee）

公共账目委员会

PAC（Public Affairs Committee）

公共事务委员会

PDRE（People's Democratic Republic of Ethiopia）

埃塞俄比亚人民民主共和国

PM（Presiding Member）

议长

PMAC（Provisional Military Administrative Council）

临时军事行政委员会

RDR（Rassemblement pour la Démocratie du Ravail/Rally for Labour Democracy）

工党民主集会

REWA（Revolutionary Ethiopian Women Association）

埃塞俄比亚妇女革命协会

REYA（Revolutionary Ethiopian Youth Association）

埃塞俄比亚青年革命协会

RPM（Rassemblement pour le Mali/Rally for Mali）

马里集会

SADC（Southern African Development Community）

南部非洲发展共同体

SANDF（South African National Defense Force）

南非国防军

SCOPA（Standing Committee on Public Accounts）

公共账目常务委员会

SISCD（State Institutions Supporting Constitutional Democracy）

支持民主宪政国家机构

SNNPR（Southern Nations, Nationalities and People's Region）

南部国家、民族和民众地区

SWAPO（South West African People's Organization）

西南非洲人民组织

TANU（Tanganyika African National Union）

坦噶尼喀非洲民族联盟

UDF（United Democratic Front）

联合民主阵线

ULA（Uganda Land Alliance）

乌干达土地联盟

UNCW（United Nations Conference on Women）

联合国妇女大会

UNDP（United Nations Development Program）

联合国开发计划处

UNIP（United Nations Independence Party）

联合民族独立党

UNTAG（United Nations Transitional Assistance Group）

联合国过渡时期援助小组

UPND（United Party for National Development）

国家发展联合党

UWONET（Uganda Women Network）

乌干达妇女网

WPE（Worker's Party of Ethiopia）

埃塞俄比亚劳动党

ZAR（South Africa Rand［currency］）

南非货币兰特

参考文献

Afreds, Johanna. *History and Nation-Building*: *The Political Uses of History in Post-colonial Namibia* (Uppsala: Department of Economic History, Uppsala University, 2000).

阿弗雷兹，约翰娜：《历史与国家建设：殖民后的纳米比亚对历史的政治运用》，乌普萨拉：经济史学院，乌普萨拉大学，2000。

African Parliamentarian Network Against Corruption. *Challenges to the Fight Against Corruption*, Conference Proceedings (Nairobi, November 3~4, 2003).

非洲反腐败议会网络：《反腐败斗争面临的挑战》，会议记录，内罗毕，2003年11月3~4日。

Almond, G. A. and S. Verba. *The Civic Culture* (Princeton: Princeton University Press, 1963).

阿尔蒙德，G. A 和 S. 韦尔巴：《公民文化》，普林斯顿：普林斯顿大学出版社，1963。

Apter, David E. *The Gold Coast in Transition* (Princeton: Princeton University Press, 1955).

阿普特，戴维·E：《转型期的黄金海岸》，普林斯顿：普林斯顿大学出版社，1955。

Arsano, Y "People's Choice and Political Power in Ethiopia: Elections and Representations Under Three Regimes" in Tafesse Olika and Kassahun Berhanu (eds.), *The May 1995 Elections in Ethiopia: The Quest for Democratic Governance in A Multiethnic Society* (unpublished manuscript, Addis Ababa: 1997).

阿萨诺，Y.：《埃塞俄比亚的人民选择和政治权力：三种统治下的选举和代表制》，载塔法斯·奥丽卡和卡萨胡·伯哈努合编《埃塞俄比亚1995 年 5 月选举：多种族社会对民主管理的追求》（未发表的手稿），亚的斯亚贝巴，1997。

Austin, Dennis. *Politics in Ghana*, 1946 ~ 1960. (London and New York: Oxford University Press, 1970).

奥斯汀，丹尼斯：《1946 ~ 1960 年的加纳政治》，伦敦和纽约：牛津大学出版社，1970。

Ayee, J. "Ghana: A Top-Down Initiative" in D. Olowu and J. Wunsch (eds.), *Local Governance: in Africa: The ChallengesofDemocratic Decentralization* (Boulder: Lynne Rienner, 2004), 125 ~ 154.

阿依，J.：《加纳：自上而下的运动》，载 D. 奥罗武和 J. 文施合编《非洲本地管理：民主分权的挑战》，博尔德：林恩·林纳，2004，第 125 ~ 154 页。

Ayensu, K. B. and S. N. Darkwa. *The Evolution of Parliament in Ghana* (Accra: Institute of Economic Affairs, 1999).

安耶苏，K. B. 和 S. N. 达卡：《加纳议会的演变》，阿克拉：经济研究所，1999。

Banda, J. R. "The Constitutional Change Debate of 1993 ~ 1995" in K. M. Phiri and K. R. Ross (eds.), *Democratisation in Malawi: A Stocktaking* (Blantyre: 1998), 316 ~ 334.

班达，J. R.：《1993 ~ 1995 年的宪法修改辩论》，载 K. M. 菲利和 K. R. 萝丝合编《马拉维的民主化：重估》，布兰太尔，1998，第 316 ~ 334 页。

Banfield, E. C. *The Moral Basis of a Backward Society* (New York: Free

Press，1958）.

班菲尔德，E.C.:《落后社会的道德基础》，纽约：自由出版社，1958。

Baregu，M. "The Rise and Fall of the One-party State in Tanzania" in Jennifer A. Widner （ed.），*Economic Change and Liberalisarion in Sub-Saharan Africa* （Baltimore：Johns Hopkins University Press，1994），129 ~ 157.

巴里古，M:《坦桑尼亚一党制国家的的崛起和衰弱》，载詹妮弗・A. 威德纳编《撒哈拉以南非洲地区的经济变化和自由化》，巴尔的摩：约翰霍普金斯大学出版社，1994，第 129 ~ 157 页。

Barkan，J.D. "Legislators，Elections，and Political Linkage" in Joel D. Barkan and John J. Okumu （eds.），*Politics and Public Policy in Kenya and Tanzania* （London：Praeger Publishers，1979），64 ~ 92.

巴坎，J.D.:《立法者、选举与政治的联系》，载乔尔・D. 巴坎和约翰・J. 奥库姆合编《肯尼亚和坦桑尼亚的政治与公共政策》，伦敦：普拉格出版社，1979，第 64 ~ 92 页。

Barro，R.J. *Determinants of Economic Growth：A Cross-Country Empirical Study* （Cambridge：MIT Press，1997）.

巴罗，R.J.:《经济增长的决定因素：跨国实证研究》，剑桥：麻省理工学院出版社，1997。

Basta-Fleiner，L.R. "Can Ethnic Federalism Work？" Paper Presented at the Conference，Facing Ethnic Conflicts （Bonn：Center for Development Research，2000）.

巴斯塔—弗雷纳，L.R.:《民族联邦制能否运作？》，应对族群冲突会议，波恩：发展研究中心，2000。

Bauer，Gretchen. "Challenges to Democratic Consolidation in Namibia" in R. Joseph （ed.），*State，Conflict and Democracy in Africa* （Boulder and London：Lynne Rienner，1999），429 ~ 448.

鲍尔，格雷琴:《纳米比亚巩固民主的挑战》，载 R. 约瑟夫编《非

265

洲的政府、冲突与民主》，博尔德和伦敦：林恩·林纳，1999，第 429~448 页。

——. "Namibia in the First Decade of Independence: How Democratic?" *Journal of Southern African Studies*, 27/2001), 33~55.

——:《纳米比亚独立的第一个十年：如何民主？》，《南部非洲研究杂志》2001 年第 27 期，第 33~55 页。

——. *The Greenwood Encyclopedia of Women's Issues Worldwide: Sub-Saharan Africa* (Westport: Greenwood Press, 2003), 271~293.

——:《格林伍德世界各地妇女问题百科全书：撒哈拉以南非洲》，西港：格林伍德出版社，2003，第 271~293 页。

Bayart, J. F. *The State in Africa: The Politic of the Belly* (London: Longman, 1993).

巴亚特，J. F.：《非洲国家：心腹政治》，伦敦：朗文出版社，1993。

Baylies, C. and M. Szeftel. "The Rise of a Zambian Capitalist Class in the 1970's" *Journal of Southern African Studies*, 9/3 (1982), 201~202.

贝里斯，C. 和 M. 塞弗特尔：《20 世纪 70 年代赞比亚资产阶级的崛起》，《南部非洲研究杂志》1982 年第 9 卷第 3 期，第 201~202 页。

Bayme, von, K. *Parliamentary Democracy* (Basingstoke: Macmillan, 1999).

贝米，冯，K.：《议会民主》，贝辛斯托克：麦克米伦，1999。

Beck, L. J. "Democratization and the Hidden Public: The Impact of Patronage Networks on Senegalese Women" *Comparative Politics*, 35/2 (2003), 156.

贝克，L. J.：《民主化和隐藏的公众：人脉网络对塞内加尔妇女的影响》，《比较政治学》2003 年第 35 卷第 2 期，第 156 页。

Beck, T. et al. "New Tools in Comparative Political Economy: The Database of Political Institutions" *World Bank Economic Review*, 15/1 (2001), 165~176.

贝克，T. 等：《比较政治经济学的新工具：政治制度数据库》，《世界银行经济评论》2001 年第 15 卷第 1 期，第 165～176。

Befekadu Degefe and Berhanu Nega （eds.），*Annual Report on the Ethiopian Economy*，Vol. 1. 1999/2000.（Addis Ababa：United Printers，2000）

巴菲卡杜·迪格菲和伯哈努·内加合编：《埃塞俄比亚经济年报》（第 1 卷，1999 至 2000 年度），亚的斯亚贝巴：联合出版社，2000。

Berhanu，K."Ethiopia Elects A Constituent Assembly"*Review of African Political Economy*，22/63（1995），129～135.

伯哈努，K：《埃塞俄比亚选举产生制宪会议》，《非洲政治经济评论》1995 年第 22 卷第 63 期，第 129～135 页。

Beyene，A."Some Notes on the Evolution of Regional Administration in Ethiopia"*Ethiopian Journal of Development Research*，9/1（1987），21～49.

比耶尼，A.：《埃塞俄比亚区域管理演进的几点注意》，《埃塞俄比亚发展研究期刊》1987 年第 9 卷第 1 期，第 21～49 页。

Biddle，J.，M. Cassidy and R. Mukandala."Assessment of the Operations of the Union National Parliament of Tanzania." Report prepared for United States Agency for International Development/Tanzania（Dar es Salaam，Tanzania：Office of Democracy and Governance，2002）.

比德尔，J.，M. 卡西迪和 R. 穆康达拉，《对坦桑尼亚联合国议会运作的评估》，《美国国际发展署的报告/坦桑尼亚、达累斯萨拉姆、坦桑尼亚：民主和治理办公室，2002。

Blair，H."Participation and Accountability in the Periphery：Democratic Local Governance in Six Countries"*World Development*，28/1（2000），21～39.

布莱尔，H.：《外围参与和问责：六国的地方民主治理》，《世界发展》2000 年第 28 卷第 1 期，第 21～39 页。

Blondel，J. et al."Legislative Behaviour：Some Steps toward a Cross-National Measurement"*Government and Opposition*，5（1969～1970），67～85.

勃朗德尔，J. 等：《立法行为：走向跨国评估的步骤》，《政府和反对派》1969～1970 年第 5 期，第 67～85 页。

Boafo-Arthur, K. "Political Parties and Prospects for National Stability" in Kwame A. Ninsin and F. K. Drah (eds.), *Political Parties and Democracy in Ghana's Fourth Republic* (Accra: Woeli Publishing, 1993), 234.

宝弗—亚瑟，K.：《政党与国家稳定的展望》，载夸米·A. 尼辛和 F. K. 达合编《加纳第四共和国的政党与民主》，阿克拉：沃利出版社，1993，第 234 页。

Boateng, E. A. *Government and the People: Outlook for Democracy in Ghana* (Accra, Institute of Economic Affairs, 1996).

博阿滕，E. A.：《政府和人民：加纳民主展望》，阿克拉，经济事务研究所，1996。

Boynton, G. R and C. L. Kim (eds.), *Legislative Systems in Developing Countries* (Durham: Duke University Press, 1975).

博因顿，G. R. 和 C. L. 金合编：《发展中国家的立法系统》，达勒姆：杜克大学出版社，1975。

Bratton, M. "Second Elections in Africa" in Larry Diamond and Marc F. Plattner (eds.), *Democratization in Africa* (Baltimore: Johns Hopkins University Press, 1999), 18～34.

布拉顿，M.：《非洲第二届选举》，载拉里·戴蒙德和马克·F. 普拉特纳合编《非洲的民主化》，巴尔的摩：约翰霍普金斯大学出版社，1999，第 18～34 页。

—— and N. van de Walle. *Democratic Experiment in Africa: Regime Transitions in Corporative Perspective* (Cambridge: Cambridge University Press, 1997).

——和 N. 范德瓦尔：《非洲民主试验：合作视角下的制度变迁》，剑桥：剑桥大学出版社，1997。

—— and R. Mattes. "How People View Democracy: Africans' Surprising Universalism" *Journal of Democracy*, 12/1 (2001), 107～121.

——和 R. 马狄斯:《人们如何看待民主:令人惊讶的非洲普遍主义》,《民主杂志》2001 年第 12 卷第 1 期,第 107 ~ 121 页。

—— et al. *Afrobarometer Round 2: Compendium of Comparative Results from a 15 – Country Survey*. Afrobarometer Working Paper No. 34 (Cape Town: IDASA, Legon-Accra. Ghana Centre for Democratic Development and East Lansing: Michigan State University, 2004).

——等:《第 2 轮非洲晴雨表:15 国调查结果的比较汇编,非洲晴雨表工作文件第 34 号》,开普敦:非洲民主研究所,勒贡—阿克拉,加纳民主发展和东兰辛中心:密歇根州立大学,2004。

Brynjulfsdottir, O. L. *Tolerance for Non-Conformity A Study of the Namibian Political Elite* (Uppsala: Department of Government/Uppsala University, 1998).

布莱恩尤夫斯德特,O. L.:《对不确定的容忍——对纳米比亚政治精英的研究》,乌普萨拉:乌普萨拉大学政府学院,1998。

Bukurura, S. H. "promoting Accountability: Optimism and Unrealistic Aspirations" in S. H. Bukurura, *Essays on Constitutionalism and the Administration of Justice in Namibia 1990 ~ 2002* (Windhoek: Out of Africa, 2002), 57 ~ 88.

布库拉玛,S. H.:《推动问责制:乐观和不切实际的愿望》,载 S. H. 布库拉玛编《1990 ~ 2002 纳米比亚的宪政和司法文章》,温得和克:走出非洲,2002,第 57 ~ 88 页。

——. "Between Liberation Struggle and Constitutionalism. Namibia and Zimbabwe" in Henning Melber (ed.), *Re-examining Liberation in Namibia. Political Culture since Independence* (Uppsala: Nordic Africa Institute, 2003), 34 ~ 46.

——:《纳米比亚和津巴布韦的解放斗争与宪政》,载亨宁·梅尔伯编《重新审视纳米比亚解放运动》和《自独立以来的政治文化》,乌普萨拉:北欧非洲研究所,2003,第 34 ~ 46 页。

Burkhart, R. and M. Lewis-Beck. "Comparative Democracy: The

266

Economic Development Thesis" *American Political Science Review*, 88/4 (1994), 903~910.

伯克哈特，R. 和 M. 刘易斯—贝克：《比较民主：经济发展论文》，《美国政治科学评论》1994 年第 88 卷第 4 期，第 903~910 页。

Burnell, P. "Parliament in Zambia after the 2001 Elections" (unpublished paper, 2001).

伯内尔，P.：《2001 年选举后的赞比亚议会》（未发表的论文），2001。

——. "Parliamentary Committees in Zambia's Third Republic: Partial Reforms, Unfinished Agenda" *Journal of Southern African Studies*, 28/2 (2002), 292~313.

——：《赞比亚第三共和国的议会委员会：局部的改革，未完成的蓝图》，《南部非洲研究杂志》2002 年第 28 卷第 2 期，第 292~313 页。

——. "Legislative-Executive Relations in Zambia: Parliamentary Reform on the Agenda" *Journal of Contemporary African Studies*, 21/1 (2003), 47~68.

——：《在赞比亚的立法—行政关系：计划中的议会改革》，《当代非洲研究杂志》2003 年第 21 卷第 1 期，第 47~68 期。

Chabal, P. and J. P. Daloz. *African Works: Disorder as Political Instrument* (London: James Currey, 1999).

沙巴尔，P. 和 J.P. 达洛兹：《非洲作品：作为政治工具的混乱》，伦敦：詹姆斯·克里，1999。

Chama Cha Mapundizi (CCM). *The CCM Constitution* (Dar es Salam: Tanganyika Standard Limited, 1977).

查马·查·马平杜兹（坦桑尼亚革命党）：《坦桑尼亚革命党章程》，达累斯萨拉姆：坦噶尼喀标准有限公司，1977。

Chikulo, B. "The 1978 Elections" in Evolving Structure of the Zambian Society. Proceedings of a Seminar at the Center of African Studies, University of Edinburgh, Edinburgh, May 30~31, 1970.

齐库鲁，B.：《1978 年的选举》，载《演变中的赞比亚社会结构》，《非洲研究中心研讨会记录》，爱丁堡：爱丁堡大学，1970 年 5 月 30 ~ 31 日。

Clapham，C. *Haile Selassie's Government*（London：Longman，1969）.

克拉彭，C.：《海尔·塞拉西政府》，伦敦：朗文，1969。

——. "The Politics of Failure, Cleintalism, Political Stability and National Integration in Sierra Leone" in C. Clapham（ed），*Private Patronage and Political Power：Clientalism in the Modern State*（London：Frances Printers，1982），76 ~ 92.

——：《塞拉利昂的政治失败、附庸主义、政治稳定和民族融合》，载 C. 克拉珀姆编《私人赞助和政治力量：现代国家的附庸主义》，伦敦：弗朗西斯出版社，1982，第 76 ~ 92 页。

——. "Preface" in S. Pausewang, et al.（eds.），*Ethiopia Since the Derg：A Decade of Democratic Pretension and Performance*（London：Zed Books，2002），pp. xv ~ xviii.

——：《前言》，载 S. 珀兹旺等主编《德格之后的埃塞俄比亚：民主党骄傲和成就的十年》，伦敦：扎德书局，2002，第 xv ~ xviii 页。

Cliffe，Lionel et al. *The Transition to Independence in Namibia*（Boulder and London：Lynne Rienner，1994）.

克利夫，莱昂内尔等：《纳米比亚向独立的过渡》，博尔德和伦敦：林恩·林纳，1994。

Coleman，J. *Politics of Developing Countries*（Princeton：Princeton University Press，1960）.

科尔曼，J.：《发展中国家的政治》，普林斯顿：普林斯顿大学出版社，1960。

Commonwealth Secretariat. *The Presidential and National Assembly Elections in Namibia，7 ~ 8 December 1994. The Report of the Commonwealth Observer Group*（London：Commonwealth Secretariat，1995）.

英联邦秘书处：《1994 年 12 月 7 ~ 8 日纳米比亚总统和国民议会选

举》,《英联邦观察团报告》,伦敦英联邦秘书处,1995。

Corder, H., S. Jagwanth and F. Soltau. " Report on Parliamentary Oversight and Accountability' Faculty of Law" (Cape Town: University of Cape Town, July 1999).

科德,H., S. 杰格旺斯和 F. 索尔:《关于议会监督和问责的报告》,开普敦:开普敦大学,1999 年 7 月。

267   Dahl, R. A. *Polyarchy*: *Participation and Opposition* (New Haven: Yale University Press, 1971).

达尔,R. A.:《多元政治:参与与反对》,纽黑文:耶鲁大学出版社,1971。

——. " A Democratic Dilemma: System Effectiveness versus Citizen Participation" *Political Science Quarterly*, 109/1 (1994), 23~34.

——:《民主的困境:制度效能与公民参与》,《政治学季刊》1994 年第 109 卷第 1 期,第 23~34 页。

Dalton, R. *Citizen Politics*, 2nd edn. (Chatham: Chatham House, 1996).

道尔顿,R.:《公民政治》(第二版),查塔姆:查塔姆研究所,1996。

Damgaard, E. " How Parties Control Committee Members" in Herbert Doring (ed.), *Parliaments and Majority Rule in Western Europe* (New York: St. Martin's Press, 1995), 308~325.

达姆加阿德,E.:《政党如何控制委员会委员》,载赫伯特·多林主编《西欧的议会和多数原则》,纽约:圣马丁出版社,1995,第 308~325 页。

Delhey, J. and Verena Tobsch. *Understanding Regime support in New Democracies*: *Does Politics really Matter more than Economics?* (Berlin: Wiessenschftszentrum Berlin fur Socialforschung, 2002)

德雷,J. 和韦雷·拓什:《理解新民主下的政权支持:政治是否真的比经济重要?》,柏林:柏林社会研究科学中心,2002。

Di Palma, G. *To Craft Democracies：An Essay on Democratic Transitions* (Berkeley：University of California Press，1990)，308～325.

迪·帕尔马，G.：《制造民主：关于民主过渡》，伯克利：加州大学出版社，1990，第308～325页。

Diamond, L. " Rethinking Civil Society：Toward Democratic Consolidation" *Journal of Democracy*，513（1994），4～17.

迪亚蒙德，L.：《重新思考公民社会：迈向民主巩固》，《民主杂志》1994年第513期，第4～17页。

——. *Developing Democracy：Toward Consolidation* (Baltimore：Johns Hopkins University Press，1999).

——：《发展民主：走向巩固》，巴尔的摩：约翰霍普金斯大学出版社，1999。

Diop, A. S. " Senegalese Women Want to be Elected not Electors" (Addis Ababa：Panafrican News Agency，2001).

迪奥普，A. S.：《塞内加尔妇女希望当选而不是当选民》，亚的斯亚贝巴：泛非新闻社，2001。

Dobell, Lauren. *Swapo's Struggle for Namibia，1960～1991：War by Other Means* (Basel：P. Schlettwein Publishing，1998).

多贝尔，劳伦：《1960～1991年西南非洲人民组织为纳米比亚的斗争：其他形式的战争》，巴塞尔：P. 希勒特维斯出版社，1998。

Doorenspleet, R. " The Fourth Wave of Democratization：Identification and Explanation. " Ph. D. dissertation (Leiden：University of Leiden，2001).

多仁斯普利特，R.：《民主化的第四波：身份和说明》，博士论文，莱顿：莱顿大学，2001。

——. *Transitions to Democracy：Exploring the Structural Sources during the Fourth Wave* (Boulder：Lynne Rienner Publishers，2005).

——：《向民主的转变：探讨第四次浪潮中的结构来源》，博尔德：林恩·林纳出版社，2005。

Doring, H. " Introduction" in Herbert Doring (ed.)，*Parliaments and*

Majority Rule in Western Europe (New York: St. Martin's Press, 1995), 13~20.

多林, H.:《导言》, 载赫伯特·多林主编《西欧的议会和多数制原则》, 纽约: 圣马丁出版社, 1995, 第 13~20 页。

Du Pisani, Andre. "Liberation and Tolerance" in Henning Melber (ed.), *Re-examining Liberation in Namibia: Political Culture since Independence* (Uppsala: The Nordic Africa Institute, 2003), 129~136.

杜皮萨尼, 安德烈:《解放与宽容》, 载亨宁·梅尔伯编《重新审视纳米比亚的解放: 独立以来的政治文化》, 乌普萨拉: 北欧非洲研究所, 2003, 第 129~136 页。

Duverger, M. *Political Parties: Their Organization and Activity in the Modern State* (London: Methuen, 1958).

杜维尔哲, M.:《政党: 现代国家的组织与活动》, 伦敦: 梅休因, 1958。

Economic Commission for Africa. *Striving for Good Governance in Africa* (Addis Ababa: ECA, 2004).

非洲经济委员会:《追求非洲的善治》, 亚的斯亚贝巴: 非洲经济委员会, 2004。

Economist Intelligence Unit. 3rd quarter, "Country Report: Tanzania, Comoros" (London: EIU, 1993).

经济学人信息部:《第三季度, 国家报告: 坦桑尼亚、科摩罗》, 伦敦: 经济学人信息部, 1993。

——. 4th quarter, "Country Report: Tanzania, Comoros" (London: EIU, 1996).

——:《第四季度, 国家报告: 坦桑尼亚、科摩罗》, 伦敦: 经济学人信息部, 1996。

——. Nov., "Country Report: Tanzania, Comoros" (London: EIU, 2001).

——:《11 月, 国家报告: 坦桑尼亚、科摩罗》, 伦敦: 经济学人信息部，2001。

Elliot，Aubxy. *Zulu*：*Heritage of a nation*（Cape Town：Struik，1991）.

埃利奥特，奥比希：《祖鲁语：一个民族的遗产》，开普敦：斯特会克，1991。

Englebert，P. *State Legitimacy and Development in Africa*（Boulder：Lynne Rienner，2000）.

昂格勒贝，P.：《非洲的国家合法性和发展》，博尔德：林恩·林纳，2000。

Erasmus，G. "The Constitution：Its Impact on Namibian Statehood and Politics" in Christiaan Keulder（eds.），*State，Society and Democracy：A Reader in Namibian Politics*（Windhoek：Gamsberg Macmillan，2000），77 ~ 104.

伊拉斯谟，G.：《宪法：它对纳米比亚建国和政治的影响》，载克里斯蒂安·科尔德主编《国家、社会和民主：对纳米比亚政治的解读》，温得和克：佳木斯堡·麦克米伦，2000，第 77 ~ 104 页。

Erdheim，M. "Revolution，Totem and Tabu：Vom Verenden der Revolution im Wiederholungszwang" in*Herrschaft，Anpassung，Widerstand. Ethnopsychoanalyse*，2，（Frankfurt/Main：Brandes and Apsel，1991），153 ~ 166.

鄂德姆，M.：《革命，图腾与禁忌：失败革命的重蹈覆辙》，载《统治、顺从、抵抗》，《人种精神分析学》（2），法兰克福/梅茵：布兰德斯和阿普赛尔，1991，第 153 ~ 166。

Eriksen，Karen. "Zambia：Class Formation and Detente" in *Review of Africa Political Economy*，9（1978），4 ~ 26.

埃里克森，卡伦：《赞比亚：阶层分化与缓和》，《非洲政治经济评论》1978 年第 9 期，第 4 ~ 26 页。

Ethiopia，Federal Democratic Republic of "The Constitution of the Federal Democratic Republic of Ethiopia" *Federal Negarit Gazette*，1st year，No. 1（Addis Ababa：Government Printers，August 21，1995）.

268

埃塞俄比亚，联邦民主共和国：《埃塞俄比亚联邦民主共和国宪法》，《联邦尼加里特公报》第 1 年第 1 版，亚的斯亚贝巴：政府出版社，1995 年 8 月 21 日。

Ethiopia, People's Democratic Republic of. *The Constitution of the PDRE* (Addis Ababa: Ministry of Information, 1987).

埃塞俄比亚，人民民主共和国：《埃塞俄比亚人民民主共和国宪法》，亚的斯亚贝巴：信息产业部，1987。

——. *A Leap Across Centuries* (Addis Ababa: Ministry of Information, 1987).

——：《跨世纪的飞跃》，亚的斯亚贝巴：信息产业部，1987。

Ethiopia, Transitional Government of. "The Transitional Period Charter, 1991" (Addis Ababa: Government Printers, 1991).

埃塞俄比亚，过渡政府：《1991 过渡时期宪章》，亚的斯亚贝巴：政府出版社，1991。

——. "Proclamation No. 111/95, Proclamation to Make the Electoral Law of Ethiopia Conform with the Constitution of the Federal Democratic Republic of Ethiopia" (Addis Ababa: Government Printers, 1995).

——：《111/95 号公告，关于使埃塞俄比亚选举法符合埃塞俄比亚联邦民主共和国宪法的公告》，亚的斯亚贝巴：政府出版社，1995。

Ethiopian Human Rights Council "The 2001 Ethiopian Local Elections: A Report on EHRCO's Monitoring Activities and Findings" (Addis Ababa: EHRCO, April 2001).

埃塞俄比亚人权理事会：《2001 年埃塞俄比亚地方选举：对埃塞俄比亚人权理事会选举监督及其监督结果的报告》，亚的斯亚贝巴：埃塞俄比亚人权理事会，2001 年 4 月。

Evans-Pritchard, E. E. *The Azande: History and Political Institutions* (Oxford: Clarendon Press, 1971).

埃文斯—普里查德，E. E.：《阿赞德：历史与政治制度》，牛津：克拉仁登出版社，1971。

Ewald, J. "Economic Reforms and Democratisation in Tanzania: The Case of the Election 2000 and the Need to Go Beyond Electionalism" Paper to the conference on Democratization and Conflict Management in East Africa, March 2 ~ 3, 2002.

埃瓦尔德，J.：《坦桑尼亚的经济改革和民主化：2000 年竞选案例和超越选举主义的必要》，东非民主化与冲突管理会议论文，2002 年 3 月 2 ~ 3 日。

Ferree, K. E. and S. Singh. " Electoral Institutions and Economic Performance in Africa, 1970 ~ 1992 " in S. Chan and J. R. Scarritt (eds.), *Coping with Globalization Cross-National Patterns in Domestic Governance and Policy Performance* (London: Frank Cass, 2002), 89 ~ 120.

费尔，K. E. 和 S. 辛格：《1970 ~ 1992 年间的非洲的选举制度和经济表现》，载 S. 陈和 J. R. 斯卡里特合编《应对国内治理和政策绩效全球化的跨国模式》，伦敦：弗兰克·卡斯，2002，第 89 ~ 120 页。

Folsher, A. Warren Krafchik and Isaac Shapiro. *Transparency and Budget Participation In the Budget Process, South Africa: A County Study* (Cape Town: Institute for Democracy in South Africa, Budget Information Service, October 2000).

费舍，A.，沃伦·克拉夫奇克和艾萨克·夏皮罗《预算过程中的透明度和预算参与，南非：国家研究》，开普敦：南非民主研究所，预算信息服务，2000 年 10 月。

Forrest, Joshua Bernard. *Namibia's Post-Apartheid Regional Institutions: The Founding Year* (Rochester: Rochester University Press, 1998).

福雷斯特，约书亚·伯纳德：《纳米比亚种族隔离后的区域机构：成立时间》，罗切斯特：罗切斯特大学出版社，1998。

Fortes, M. and E. E. Evans-Pritchard (eds.), *African Political Systems*, (London: Oxford University Press, 1940).

福特斯，M. 和 E·E·埃文斯—普里查德合编：《非洲政治制度》，伦敦：牛津大学出版社，1940。

Forum for the Future. *Conference Report*：*Namibia after Nine Years——Past and Future*（Windhoek：Forum for the Future，1999）.

未来论坛：《会议报告：九年后的纳米比亚——过去与未来》，温得和克：未来论坛，1999。

Freedom House. Freedom in the World Country Ratings 1972 ~ 1973 to 2001 ~ 2002（2003）. Downloaded from www. freedomhouse. org，Sep. 16，2003.

美国自由之家：《1972 ~ 1973 至 2001 ~ 2002（2003）年世界国家自由评级》，下载自 www. freedomhouse. org，2003 年 9 月 16 日。

Freund，B. *The Making of Contemporary Africa*（Basingstoke：Macmillan，1984）.

弗罗因德，B.：《造就当代非洲》，贝辛斯托克：麦克米伦，1984。

Gawaya-Tegulle，T. 2001. "Electoral College：A Shield for Non-Performing MPs" The Other Voice（Kampala，2001），2.

伽瓦亚—特古勒·T：《选举团：无作为国会议员的保护伞》，《另一种声音》2001 年第 2 期，坎帕拉。

Geisler，G. "'Parliament is Another Terrain of Struggle'：Women，Men and Politics in South Africa" *Journal of Modern African Studies*，38/4（2000），605 ~ 630.

盖斯勒，G.：《"议会是另一个斗争之地"：南非的女性、男性和政治》，《现代非洲研究》2000 年第 38 卷第 4 期，第 605 ~ 630 页。

Gertzel，Cherry. "Dissent and Authority in the Zambian One Party State，1973 ~ 1980" in Cherry Gertzel（eds.），*The Dynamics of One Party State in Zambia*（Manchester：Manchester University Press，1984），79 ~ 115.

耶策尔，雪莉：《1973 ~ 1980 年一党制国家赞比亚的不同意见和管理当局》，载雪莉·耶策尔主编《赞比亚的一党制变动》，曼彻斯特：曼彻斯特大学出版社，1984，第 79 ~ 115 页。

Ghana，Government of. "The 1969 Constitution of the Republic of Ghana"（Accra：Government Printers，1969）.

269

加纳政府:《1969 年加纳共和国宪法》，阿克拉：政府出版社，1969。

Ghana, Parliament of. "A Guide to the Parliament of Ghana（mimeo）"（Accra：Government Printers, n. d. ）.

加纳议会:《加纳议会指南（油印本）》，阿克拉：政府出版社，日期不详。

——. "Standing Orders of the Parliament of Ghana"（Accra：Government Printers, Nov. 1, 2000）.

——:《加纳议会常规》，阿克拉：政府出版社，2000 年 11 月 1 日。

——. "A Guide to the Parliament of Ghana"（Accra：Government Printers, Dec. 2004）.

——:《加纳议会指南》，阿克拉：政府出版社，2004 年 12 月。

——. "First Report of the Appointments Committee on the President's Nominations for Ministerial Appointments"（Accra：Government Printers, Feb. 1, 2005）, 3.

——:《任命委员会主席关于总统提名任命部长的第一次报告》，阿克拉：政府出版社，2005 年 2 月 1 日，第 3 页。

Gibbon, P. "Limping Towards a Ditch Without a Crutch：The Brave New World of Tanzanian Cotton Marketing Cooperatives" Working Paper Subseries, No. 3（Copenhagen：Centre for Development Research, 1998）.

吉本, P.:《无助蹒跚着：坦桑尼亚棉花运销合作社的勇敢新世界》，《工作论文子系列》1998 年第 3 号，哥本哈根：发展研究中心。

——. "Civil Society, Locality and Globalization in Rural Tanzania：A Forty-Year Perspective" *Development and Change*, 32/2（2001）, 819 ~ 844.

——:《公民社会，坦桑尼亚农村的本土性和全球化：四十年的视角》，《发展和变化》2001 年第 32 卷第 2 期，第 819 ~ 844 页。

Glover, Susan K. "Namibia's Recent Elections：Something New or Same Old Story?" *South African Journal of International Affairs*, 7/2（2000）,

141～148.

格洛弗，苏珊·K.:《纳米比亚最近的选举：一些新的或老掉牙的故事》，《南非国际事务杂志》2000 年第 7 卷第 2 期，第 141～148 页。

Goldworthy, D. "Ghana's Second Republic: A Post-Mortem" *African Affairs*, 72 (1973), 11.

歌德沃兹，D.:《加纳第二共和国：事后剖析》，《非洲事务》1973 年第 72 期，第 11 页。

Griffith, J. A. G. et al. *Parliament Functions, Practice and Procedures*, 2nd edn. (London: Sweet and Maxwell, 2003).

格里菲斯，J. A. G. 等:《议会职能、惯例和程序》（第二版），伦敦：斯威特和麦克斯维尔，2003。

Gudina, M. "Authoritarian Populism and Democratization in Ethiopia" in K. K. Prah and Abdel Ghaffar Mohammed Ahmed (eds.), *Africa in Transformation: Political and Economic Transformation and Socio-Political Responses in Africa*, Vol. 2 (Addis Ababa: Organization for Social Science Research in Eastern Africa, 2000), 179～191.

古地那，M.:《埃塞俄比亚的威权民粹主义与民主化》，载 K. K. 帕和阿卜杜勒·加法尔·穆罕默德·艾哈迈德合编《非洲转型：非洲政治和经济改革及社会政治反应》卷 2，亚的斯亚贝巴：东非社会科学研究组织，2000，第 179～191 页。

Gump, J. O. *The Formation of the Zulu Kingdom in South Africa*, 1750～1840 (San Francisco: Mellen Research University Press, 1990).

甘，J. O.:《1750～1840 年南非祖鲁王国的建立》，旧金山：梅林研究大学出版社，1990。

Gupta, A. "The Zambian National Assembly: Study of an African Legislature" in *Parliamentary Affairs*, 19/1 (1965～1966), 48～55.

古普塔，A.:《赞比亚国民大会：非洲立法机关研究》，《议会事务》1965～1966 年第 19 卷第 1 期，第 48～55 页。

Harrison, G. "Bringing Political Struggle Back in: African Politics,

Power and Resistance" *Review of African Political Economy*, 89（2001），387 ~ 402.

哈里森，G.：《非洲政治、权力和抵抗的政治斗争倒退》，《非洲政治经济评论》2001 年第 89 期，第 387 ~ 402 页。

——. "Post-Conditionality Politics and Administrative Reform: Reflections on the Cases of Uganda and Tanzania" *Development and Change*, 32（2001），657 ~ 679.

——：《后无条件政治与行政改革：对乌干达和坦桑尼亚案例反思》，《发展和变化》2001 年第 32 期，第 657 ~ 679 页。

Heilman, B., N. Kamata and L. Ndumbaro. "Is Mkapa's Honeymoon over? Corruption, Politics, and Societal Values in Tanzania: An Overview of Benjamin Mkapa's First Five Year Term" (unpublished manuscript, 2001).

海尔曼，B.，N. 蒲田和 L. 奴巴罗：《姆卡帕的蜜月结束了？坦桑尼亚腐败，政治和社会价值观：本杰明·姆卡帕的第一个五年任期概述》（未发表的手稿），2001。

Heywood, A. *Politics*. (Basingstoke: Palgrave, 2002)

海伍德，A.：《政治学》，贝辛斯托克：帕尔格雷夫，2002。

Hindess, B. *Parliamentary Democracy and Socialist Politics* (London: Routledge and Kegan Paul, 1983).

辛德斯，B.：《议会民主和社会主义政治》，伦敦：路特雷奇和基根保罗，1983。

Hinz, Manfred O. "To Achieve Freedom and Equality: Namibia's New Legal Order" in Ingolf Diener and Olivier Graefe (eds.), *Contemporary Namibia. The First Landmarks of a Post-Apartheid Society* (Windhoek: Gamsberg Macmillan, 2001), 75 ~ 91.

欣茨，曼弗雷德·O.：《实现自由与平等：纳米比亚新的法律秩序》，载因戈尔夫·迪纳和奥利维尔·格雷夫合编《当代纳米比亚，后种族隔离社会的第一个新里程碑》，温得和克：佳木斯堡·麦克米伦，2001，第 75 ~ 91 页。

270 Hopkins, R. F. "The Role of the M. P. in Tanzania" *American Political Science Review*, 64 (1970), 754 ~ 771.

霍普金斯，R. F.：《坦桑尼亚议员的作用》，《美国政治科学评论》1970 年第 64 期，第 754 ~ 771 页。

Hopkins, R. F. *Political Roles in a New State* (New Haven and London: Yale University Press, 1971).

霍普金斯，R. F.：《新国家的政治角色》，纽黑文和伦敦：耶鲁大学出版社，1971。

Hopwood, Graham. "Caprivi-A Year After" *Namibian*, August 2, 2000.

霍普伍德，格雷厄姆：《卡普里维——一年之后》，《纳米比亚人》2000 年 8 月 2 日。

Huntington, S. P. "How Countries Democratize" *Political Science Quarterly*, 106 (1992), 579 ~ 616.

亨廷顿，S. P.：《各国如何民主化》，《政治科学季刊》1992 年第 106 期，第 579 ~ 616 页。

Hyden, G. *No Shortcuts to Progress*: *African Development Management in Perspective* (London: Heinemann, 1983).

海顿，G.：《进步无捷径：非洲发展管理透视》，伦敦：海涅曼，1983。

——. "Party, State, and Civil Society: Control Versus Openness" in Joel D. Barkan (ed.), *Beyond Capitalism vs. Socialism in Kenya and Tanzania* (Nairobi: East African Educational Publishers, 1994), 75 ~ 99.

——：《政党、国家和公民社会：控制与开放》，载乔尔·D. 巴坎主编《肯尼亚和坦桑尼亚的超越资本主义与社会主义》，内罗毕：东非教育出版社，1994，第 75 ~ 99 页。

——. "Top-Down Democratization in Tanzania" *Journal of Democracy*, 10 (1999), 142 ~ 155.

——：《坦桑尼亚自上而下的民主化》，《民主杂志》1999 年第 10

期，第 142 ~ 155 页。

—— and Charles Okigbo, "The Media and the Two Waves of Democracy" in G. Hyden, Michael Leslie and Folu F. Oguudimu (eds.), *Media and Democracy in Africa* (Uppsala: Nordic Africa Institute, 2002), 29 ~ 53.

——和查尔斯·奥基波：《媒体与两次民主浪潮》，载 G. 海顿、迈克尔·莱斯利和弗卢·F. 奥古蒂姆合编《非洲媒体与民主》，乌普萨拉：北欧非洲研究所，2002，第 29 ~ 53 页。

Ibrahim, S. *The Nupe and their Neighbours* (Ibadan: Heinemann Educational Books, 1992).

易卜拉欣，S.：《纽普和他们的邻居》，伊巴丹：海涅曼教育图书，1992。

Imperial Ethiopian Government. "Administrative Regulations" *Federal Negarit Gazette*, 1st year, No. 6 (Addis Ababa: Government Printers, Aug. 27, 1942).

埃塞俄比亚帝国政府：《管理办法》，《联邦尼加里特公报》第 1 年第 6 号，亚的斯亚贝巴：政府出版社，1942 年 8 月 27 日。

Inglehart, R. *Culture Shift in Advanced Industrial Society* (Princeton: Princeton University Press, 1990).

英格莱哈特，R.：《发达工业社会的文化转型》，普林斯顿：普林斯顿大学出版社，1990。

——. *Modernization and Postmodernization: Culture, Economic, and Political Change in 43 Societies* (Princeton: Princeton University Press, 1997).

——：《现代化与后现代化：43 个社会的文化、经济和政治变化》，普林斯顿：普林斯顿大学出版社，1997。

——. *The Silent Revolution: Changing Values and Political Styles in Western Publics* (Princeton: Princeton University Press, 1977).

——：《无声的革命：西方公众的变化的价值观和政治风格》，普林斯顿：普林斯顿大学出版社，1977。

Institute for Democracy in Southern Africa. Afrobarometer. *Democracy and Electoral Alternation*：*Evolving African Attitudes.* Afrobarometer Briefing Paper，No. 9 （Apr. 2004）.

南部非洲民主研究所：《非洲晴雨表，民主和选举交替：进化的非洲态度》，《非洲晴雨表简报》2004 年 4 月第 9 期。

Institute of Democracy and Electoral Assistance. *Democracy at the Local Level in Eastern and Southern Africa*：*Policy Summary* （Stockholm：IDEA，2004）.

民主和选举援助研究所：《东部和南部非洲的地方民主：政策概要》，斯德哥尔摩：民主和选举援助学会，2004。

Inter-Parliamentary Union. *Parliaments*：*a comparative study on the structure and functioning of representative institutions in forty-one countries.* （London and Paris：Inter-Parliamentary Union and Cassell and company，1961）.

各国议会联盟：《议会：41 国的代表制结构和运作的比较研究》，伦敦和巴黎：各国议会联盟和卡塞尔和公司，1961。

Janguo，A. "The Need for Parliamentary Reform in CPA Countries" *Bunge News*，11 （Oct. 1999）

杨古沃，A.：《注册会计师国家进行议会改革的必要性》，《邦吉新闻》1999 年 10 月第 11 版。

Johnson，J. K. and R. T. Nakamura. "Concept Paper on Legislatures and Good Governance" （New York：United Nations Development Program，1999）. Downloaded fromwww. undp. org/governance/parldev/dots/concepaper. htm，Aug. 2005.

约翰逊，J. K. 和 R. T. 中村：《立法机关和良好管治的概念论文》，纽约：联合国发展计划署，1999。下载自 www. undp. org/governance/parldev/dots/concepaper. htm，2005 年 08 月。

Johnson，R. W. "Six Countries in Search of Democracy" *Focus*

Newsletter，9（Helen Suzman Foundation，1998）.

约翰逊，R. W.：《六个国家对民主的探索》，《聚焦简讯》1998 年第 9 版，海伦·苏兹曼基金会。

Judge，D. *The Parliamentary State*（London：Sage，1993）.

伽吉，D.：《议会制国家》，伦敦：赛捷，1993。

Kaakunga，R. A.（Othy），"Constitutional Development in Namibia from 1900 to 2000" in Manfred O. Hinz，Sam K. Amoo and Dawid van Wyk（eds.），*The Constitution at Work：10 Years of Namibian Nationhood.*（Pretoria：VerLoren van Themaat Centre/University of Pretoria，2002），27~37.

卡坤贾，R. A.（奥赛）：《纳米比亚 1900 年至 2000 年间的宪法发展》，载曼弗雷德·中澳欣茨、山姆·K. 阿穆和戴维·凡·维克合编《实践中的宪法：纳米比亚建国的 10 年》，比勒陀利亚：沃洛仑·凡·西玛特中心/比勒陀利亚大学，2002，第 27~37 页。

Kabakama，J. "The Position and Role of Parliament in the Era of Multipartyism in Tanzania"（unpublished paper submitted in partial fulfillment of B degree，Dar es Salaam：University of Dar es Salaam，1997）.

卡巴卡玛，J.：《坦桑尼亚多党制时期国会的地位和角色》，未发表的部分学士学位毕业论文，达累斯萨拉姆：达累斯萨拉姆大学，1997。

Kaela，L. C. W. "The 1991 Constitution" in Laurent C. W. Kaela（eds.），*Zambia in Transition：Studies in Democratization and Institutional Reform*（Global Coalition for Africa and Africa Leadership Forum，1994），107~109.

基拉，L. C. W.：《1991 年宪法》，载洛朗·C. 基拉主编《转型中的赞比亚：民主化和制度改革的研究》，非洲和非洲领导人全球联盟论坛，1994，第 107~109 页。

Kaufmann，D.，A. Kraay and M. Mastruzzi. Governance Matters III：Governance Indicators for 1996~2002（Washington，D. C.：World Bank，2003）. Downloaded from www. worldbank. org/wbi/governance/govdata 2002，

Sept. 24，2003.

考夫曼，D.，A. 克雷和 M. 马斯特鲁兹：《治理之事（三）：1996～
2002 治理指标》，华盛顿：世界银行，2003。下载自 www. worldbank. org/
wbi/governance/govdata2002，2003 年 9 月 24 日。

Kelsall，T. "Governance，Local Politics and Districtization in Tanzania"
African Affairs，99（2000）533～551.

科索，T.：《坦桑尼亚的治理，地方政治和地区化》，《非洲事务》
2000 年第 99 期，第 533～551 页。

——. "Shop Windows and Smoke-Filled Rooms：Governance and the
Re-Politicization of Tanzania" *Journal of Modern African Studies*，40（2002）
597～619.

——：《商店橱窗和充满烟雾的房间：坦桑尼亚的治理与再政治化》，
《现代非洲研究》2002 年第 40 期，第 597～619 页。

——. "Governance，Democracy and Recent Political Struggles in
Tanzania" *Commonwealth and Comparative Politics*，41（2003），55～82.

——：《坦桑尼亚的治理，民主和最近的政治斗争》，《英联邦和比
较政治学》2003 年第 41 期，第 55～82 页。

Kenworthy，L. and Malawi，M. "Gender Inequality in Political
Representation：A Worldwide Comparative Analysis" *Social Forces*，78/1
（1999），235～268.

肯沃斯，L. 和马拉维·M.：《政治代表制中的性别不平等：全球比
较分析》，《社会力量》1999 年第 78 卷第 1 期，第 235～268 页。

Keulder，Christiaan，*Voting Behaviour in Namibia：Local Authority
Elections，1998*（Windhoek：Friedrich Ebert Stiftung，1998）.

科尔德，克里斯蒂安：《纳米比亚的选举行为：地方政府选举，1998
年》，温得和克：弗里德里希·艾伯特基金会，1998。

——. *Voting Behaviour in Namibia II：Regional Council Elections，1998*
（Windhoek：Friedrich Ebert Stiftung，1999）.

——：《纳米比亚的选举行为（二）：区域委员会选举，1998 年》，

温得和克：弗里德里希·艾伯特基金会，1999。

——, Antonie Nord and Christoph Emminghaus. "Namibia's Emerging Political Culture" in Christiaan Keulder (eds.), *State, Society and Democracy：A Reader in Namibian Politics* (Windhoek：Gamsberg Macmillan, 2000) 237~263.

——、安东尼·诺德和克里斯托夫·艾明豪斯：《纳米比亚新的政治文化》，载克里斯蒂安·科尔德主编《国家、社会和民主：纳米比亚政治解读》，温得和克：佳木斯堡·麦克米伦，2000，第237~263页。

—— and Dirk Spilker, "In Search of Democrats in Namibia：Attitudes Among the Youth" in Henning Melber (comp.), *Measuring Democracy and Human Rights in Southern Africa*, Discussion Paper No. 18 (Uppsala：Nordic Africa Institute, 2002), 19~28.

——和德克·斯派克：《纳米比亚对民主的探索：青年的态度》，载亨宁·梅尔伯汇编《衡量南部非洲的民主和人权》，讨论论文第18号，乌普萨拉：北欧非洲研究所，2002，第19~28页。

Kick, E. L. et al. "World-System Position, National Political Characteristics and Economic Development Outcomes" *Journal of Political and Military Sociology*, 28/1 2000), 131~155.

基克，E. L. 等：《世界体系的地位、国家政治特性和经济发展成果》，《政治和军事社会学杂志》2000年第28卷第1期，第131~155页。

Kilimwiko, L. I. M. *The Fourth Estate in Tanzania* (Dar es Salaam：Colour Print, 2002).

基林维可，L. I. M.：《坦桑尼亚第四政权》，达累斯萨拉姆：颜色出版社，2002。

Kiondo, A. S. Z. "The New Politics of Local Development in Tanzania" in Peter Gibbon (ed.), *The New Local Level Politics in East Africa*, Research Report No. 95 (Uppsala：Nordiska Afrikainstitutet, 1994).

基恩多，A. S. Z.：《坦桑尼亚地方发展的新政治》，载彼得·吉本主编《东非的新地方政治，研究报告 95 号》，乌普萨拉：北欧非洲研究所，1994。

Kjekshus，H. "The Question Hour in Tanzania's Bunge" *African Review*，2（1972），351～379.

耶舒斯，H.：《坦桑尼亚议会问题》，《非洲评论》1972 年第 2 期，第 351～379 页。

——. "Parliament in a One-Party State：the Bunge of Tanzania, 1965～70" *Journal of Modern African Studies*，12（1974a），19～43.

——：《一党制国家的国会：坦桑尼亚邦吉，1965～1970》，《现代非洲研究》1974 年 a 第 12 期，第 19～43 页。

——. "Perspectives on the Second Parliament, 1965～1970" in Election Study Committee, University of Dar es Salaam. *Socialism and Participation*（Dar es Salaam：Tanzania Publishing House，1974b）.

——：《第二议会展望，1965～1970 年》，载达累斯萨拉姆大学选举研究委员会著《社会主义和参与》，达累斯萨拉姆：坦桑尼亚出版社，1974b。

Klaus，von B. *Parliamentary Democracy：Democratization，Destabilization，Reconsolidation，1789～1999*（Basingstoke：Macmillan，2000）.

克劳斯，冯·B.：《议会民主制：民主化、失稳、再巩固，1789～1999 年》，贝辛斯托克：麦克米伦，2000。

Konrad Adenauer Foundation. "Electoral Models for South Africa：Electoral Task Team Review Roundtable"，（Cape Town：Konrad Adenauer Foundation，2002）.

康拉德·阿登纳基金会：《南非选举模式：选举工作小组圆桌审查会议》，开普敦：康拉德·阿登纳基金会，2002。

272　　Kossler，Reinhart，*Towards Greater Participation and Equality? Some Findings on the 1992 Regional and Local Elections in Namibia*（Windhoek：The Namibian Economic Policy Research Unit，1993）.

科斯勒，莱因哈特：《实现更大的参与和平等？对 1992 年纳米比亚区域和地方选举的一些研究结果》，温得和克：纳米比亚的经济政策研究组，1993。

—— and Henning Melber. "Political Culture and Civil Society: On the State of the Namibian State" in Ingolf Diener and Olivier Graefe (eds.), *Contemporary Namibia: The First Landmarks of a Post-Apartheid Society* (Windhoek: Gamsberg Macmillan, 2001), 147 ~ 160.

——和亨宁·梅尔伯：《政治文化与公民社会：纳米比亚国家现状》，载因戈尔夫·迪纳和奥利维尔·格雷夫合编《当代纳米比亚：后种族隔离社会的第一个里程碑》，温得和克：佳木斯堡·麦克米伦，2001，第 147 ~ 160 页。

Krafchik, W. and J. Wehner. "The Role of Parliament in the Budgetary Process" *South African Journal of Economics*, 66/4 (1998), 512 ~ 541.

克拉夫奇克，W. 和 J. 维纳：《国会在预算编制过程中的作用》，《南非经济学杂志》1998 年第 66 卷第 4 期，第 512 ~ 541 页。

Kriger, Norma. "The Politics of Creating National Heroes: The Search for Political Legitimacy and National Identity" in N. Bhebe and T. Ranger (eds.), *Soldiers in Zimbabwe's Liberation War* (London: James Currey, Portsmouth: Heinemann and Harare: University of Zimbabwe Publications, 1995), 139 ~ 162.

克里格，诺玛：《创造国家英雄的政治：寻求政治合法性与国家认同》，N. 毕比和 T. 兰格合编《津巴布韦解放战争的士兵》，伦敦：詹姆斯·克里，朴茨茅斯：海涅曼和哈拉雷：津巴布韦大学出版社，1995，第 139 ~ 162 页。

Lamb, Guy. "Putting Belligerents in Context: The Cases of Namibia and Angola" in Simon Chesterman (eds.), *Civilians in War* (Boulder and London: Lynne Rienner, 2001) 25 ~ 39.

兰博，盖伊：《胜败现状：纳米比亚和安哥拉案例》，载西门·切斯特曼主编《战争中的平民》，博尔德和伦敦：林恩·林纳，2001，第25 ~

39 页。

——. "Debasing Democracy: Security Forces and Human Kights Abuses in Post-Liberation Namibia and South Africa" in Henning Melber (comp.), *Measuring Democracy and Human Rights in Southern Africa*, Discussion Paper No. 18 (Uppsala: Nordic Africa Institute, 2002), 30~49.

——:《贬低民主：解放后的纳米比亚和南非安全部队和人权虐待》，载亨宁·梅尔伯汇编《南非民主与人权评估讨论论文第 18 号》，乌普萨拉：北欧非洲研究所，2002，第 30~49 页。

Lemarchand, K. "Africa's Troubled Transitions" *Journal of Democracy*, 3 (1992), 98~109.

勒马尔尚，K.：《非洲陷入困境的过渡》，《民主杂志》1992 年第 3 期，第 98~109 页。

Levine, D. *Wax and Gold*: *Tradition and Innovation in Ethiopian Culture* (Chicago: University of Chicago Press, 1965).

莱文，D.，瓦克斯和高德：《黑人文化的传统与创新》，芝加哥：芝加哥大学出版社，1965。

Leys, Colin et al. *Namibia's Liberation Struggle*: *The Two-Edged Sword* (London: James Currey and Athens: Ohio University Press, 1995).

利思，科林等：《纳米比亚解放斗争：双刃剑》，伦敦：詹姆斯·克里和雅典市：俄亥俄大学出版社，1995。

Lijphart, A. *Patterns of Democracy*: *Government Forms and Performance in Thirty-Six Countries* (New Haven: Yale University Press, 1999).

利普哈特，A.：《民主模式：36 个国家的政府形态和表现》，纽黑文：耶鲁大学出版社，1999。

Linz, J. J. "Crisis, Breakdown and Reequilibration" in Juan J. Linz and Alfred Stepan (eds.), *The Breakdown of Democratic Regimes* (Baltimore: John Hopkins University Press, 1978), 3~13.

林茨，J. J.：《危机、崩溃和再平衡》，载胡安·J. 林茨和阿尔弗雷德·斯捷潘合编《民主政权的崩溃》，巴尔的摩：约翰霍普金斯大学出版社，1978，第 3 ~ 13 页。

——. "Transitions to Democracy" *Washington Quarterly*，13/2（1990），
143 ~ 164.

——：《向民主的转变》，《华盛顿季刊》1900 年第 13 卷第 2 期，第
143 ~ 164 页。

Lipset, S. M. "Some Social Requisites of Democracy: Economic
Development and Political Legitimacy" *American Political Science Review*，53/
1（1959），69 ~ 105.

李普塞特，S. M.：《民主的前提条件：经济发展与政治合法性》，
《美国政治科学评论》1959 年第 53 期，第 69 ~ 105 页。

Lloyd, A. F.（ed.）*The King's Men*: *Leadership and Status in Buganda
on the Eve of Independence*（London: Oxford University Press, 1964）.

劳埃德，A. F. 主编：《国王：独立前夕布干达的领导和状态》，伦
敦：牛津大学出版社，1964。

Lodge, Tom. "Report of Electoral Commissions Forum of SADC
Countries, on the Namibian Elections Report December 1999"（Auckland
Park: Electoral Institute of Southern Africa, 1999）.

洛基，汤姆：《南部非洲发展共同体国家选举委员会论坛关于纳米比
亚 1999 年 12 月选举报告书的报告》，奥克兰公园：南部非洲选举研究
所，1999。

——. "Heavy Handed Democracy: SWAPO's Victory in Namibia"
Southern Africa Report，15/2（2000），26 ~ 29.

——：《高压民主：西南非洲人民组织在纳米比亚的胜利》，《南部
非洲报告》2000 年第 15 卷第 2 期，第 26 ~ 29 页。

Lord Hailey Report, *Native Administration and Political Development in
British Tropical Africa*（Nendeln, Liechtenstein: Kraus Reprint, 1979）.

黑利勋爵报告：《英属热带非洲的本土管理与政治发展》，内恩顿，
列支敦士登：克劳斯再版，1979。

Mamdani, M. *Citizen and Subject*: *Contemporary Africa and the Legacy of*

Late Colonialism（Princeton：Princeton University Press，1996）．

曼达尼，M.：《公民和臣民：当代非洲和后期殖民主义的遗产》，普林斯顿：普林斯顿大学出版社，1996。

273　Mandelbaum，M. *The Ideas that Conquered the World：Peace，Democracy and Free Markets in the Twenty-first Century*（Oxford：Public Affairs Ltd.，2002）．

曼德尔鲍姆，M.：《征服了世界的理念：21 世纪的和平、民主和自由市场》，牛津大学：公共事务公司，2002。

March，J. G. and J. P. Olsen. *Democratic Governance*（New York：The Free Press，1995）．

玛奇，J.G. 和 J.P. 奥尔森：《民主治理》，纽约：自由出版社，1995。

Markakis，J. and Asmelash Beyene．"Representative Institutions in Ethiopia" *Journal of Modern African Studies*，5/2（1967），193～219．

玛卡基斯·J. 和阿斯米拉什·比耶尼：《埃塞俄比亚的代表机构》，《现代非洲研究》1967 年第 5 卷第 2 期，第 193～219 页。

——. *Ethiopia：Anatomy of A Traditional Polity*（London：Oxford University Press，1974）．

——：《埃塞俄比亚：对一个传统政体的解剖》，伦敦：牛津大学出版社，1974。

Matland，R. E. and D. T. Studlar．"The Contagion of Women Candidates in Single Member and Multimember District Systems：Canada and Norway" *Journal of Politics*，58/3（1996），707～733．

马特兰德，R.E. 和 D.T. 斯多德勒：《女性候选人在单成员制和多成员制地区的蔓延：加拿大和挪威》，《政治杂志》1996 年第 58 卷第 3 期，第 707～733 页。

Mattes，Robert et al. *Public Opinion and the Consolidation of Democracy in Southern Africa：An Initial Review of Key Findings the Southern African Democracy Barometer*（Institute for Democracy in Southern Africa，2000）．

马狄斯，罗伯特等：《南部非洲的公共舆论与民主巩固：对南部非洲民主测量表主要调查结果的初步回顾》，南部非洲民主研究所，2000。

Mattson, I. and K. Strom. "Parliamentary Committees" in Herbert Doring (eds.), *Parliaments and Majority Rule in Western Europe* (New York: St. Martin's, 1995).

马特森，I. 和 K. 斯特罗姆：《议会委员会》，载赫伯特·多林主编《西欧的议会和多数原则》，纽约：圣马丁，1995。

Mazrui, A. and M. Tidy. *Nationalism and New States in Africa* (Nairobi: Heinemann, 1984).

马兹鲁伊，A. 和 M. 泰迪：《非洲民族主义与新国家》，内罗毕：海涅曼，1984。

Mbahuurua, V. H. "The Executive Power in the Namibian Constitution: Precept and Practice" in Manfred O. Hinz, Sam K. Amoo and Dawid van Wyk (eds.), *The Constitution at Work: 10 Years of Namibian Nationhood* (Pretoria: VerLoren van Themaat Centre/University of Pretoria, 2002), 38 ~ 61.

巴胡洛，V. H.：《纳米比亚宪法的行政权：戒与实践》，载曼弗雷德·澳欣茨、山姆·K. 阿穆和戴维·凡·维克合编《实践中的宪法：纳米比亚建国的 10 年》，比勒陀利亚：沃洛仑·凡·西玛特中心/比勒陀利亚大学，2002，第 27 ~ 37 页。

Melber, Henning. "The Culture of Politics" in Henning Melber (eds.), *Namibia A Decade of Independence, 1990 ~ 2000* (Windhoek: The Namibian Economic Policy Research Unit, 2000), 165 ~ 190.

梅尔伯，亨宁：《政治文化》，载亨宁·梅尔伯主编《1990 ~ 2000 纳米比亚独立十年》，温得和克：纳米比亚经济政策研究组，2000，第 165 ~ 190 页。

——. "Liberation and Democracy in Southern Africa: The Case of Namibia" in Henning Melber and Christopher Saunders (eds.), *Transition in Southern Africa: Comparative Aspects. Two Lectures* (Uppsala: The Nordic

Africa Institute, 2001), 17~28.

——:《南部非洲的解放和民主：纳米比亚案例》，载亨宁·梅尔伯和克里斯托弗·桑德斯合编《南部非洲的过渡：比较视角，两个讲座》，乌普萨拉：北欧非洲研究所，2001，第 17~28 页。

——. "From Liberation Movements to Governments: On Political Culture in Southern Africa" *African Sociological Review*, 6/1 (2002), 161~172.

——:《从解放运动到政府：南部非洲的政治文化》，《非洲社会学评论》2002 年 6 月 1 日，第 161~172 页。

——. "Namibia, Land of the Brave: Selective Memories on War and Violence within Nation Building" in Jon Abbink, Mirjam de Brujin and Klaas van Walraven (eds.), *Rethinking Resistance: Revolt and Violence in African History*, African Dynamics 2 (Leiden and Boston: Brill, 2003a), 305~327.

——:《纳米比亚，勇者之地：建国中的战争和暴力摘忆》，载乔恩·阿比尼克、米莉亚·德·布鲁金和克拉斯·凡·瓦尔拉文合编《反思抵抗：非洲历史上的起义和暴力》，非洲动态 2，莱顿和波士顿：布里尔，2003a，第 305~327 页。

——. "Limits to Liberation. An Introduction to Namibia's Postcolonial Political Culture" in Henning Melber (eds.), *Re-examining Liberation in Namibia: Political Culture since Independence* (Uppsala: Nordic Africa Institute, 2003b), 9~24.

——:《解放的局限，纳米比亚后殖民政治文化介绍》，载亨宁·梅尔伯主编《重新审视纳米比亚解放：独立以来的政治文化》，乌普萨拉：北欧非洲研究所，2003 b，第 9~24 页。

——. "Decolonization and Democratisation: The United Nations and Namibia's Transition to Democracy" in Edward Newman and Roland Rich (eds.), *United Nations Democracy Promotion: Ideals and Reality* (Tokyo: United Nations University Press, 2004), 233~257.

——:《去殖民化和民主化：联合国和纳米比亚向民主的过渡》，载爱德华·纽曼和罗兰·里奇合编《联合国民主推广：理想与现实》，东京：联合国大学出版社，2004，第233~257页。

Mgaywa, R. M. "Parliamentary Control over the Executive through the Budgetary Process in Tanzania" (unpublished dissertation submitted in partial fulfillment MA political science degree. Dar es Salaam: University of Dar es Salaam, 1990).

玛格瓦，R. M.：《坦桑尼亚议会通过预算过程对行政机构的控制》，硕士学位未发表论文，达累斯萨拉姆：达累斯萨拉姆大学，1990。

Mishler, W and R. Rose. *Legislatures and New Democracies*: *Public Support for Parliaments and Regimes in Eastern Europe.* Studies in Public Policy No. 217, Centre for the Study of Public Policy Publications (Glasgow: University of Strathclyde, 1993).

米什勒，W. 和 R. 萝丝：《立法机关和新的民主：东欧对议会和政权的公众支持》，217号公共政策研究，公共政策研究出版中心，格拉斯哥：斯特拉思克莱德大学，1993。

Mmuya, M. *Political Reform in Eclipse* (Dar es Salaam: Friedrich Ebert Stiftung, 1998).

穆亚，M.：《隐匿的政治改革》，达累斯萨拉姆：弗里德里希·艾伯特基金会，1998。

—— and A. Chaliga. *Political Parties and Democracy in Tanzania* (Dar es Salaam: Dar es Salaam University Press, 1994).

——和 A. 查利伽：《坦桑尼亚政党与民主》，达累斯萨拉姆：达累斯萨拉姆大学出版社，1994。

Modise, T. "Parliamentary Oversight of the Department of Defense: 1994 to 2003" in L. Le Roux, M. Rupiya, and N. Ngoma (eds.), *Guarding the Guardians*: *Parliamentary Oversight and Civil-Military Relations. The Challenges for SADC* (Pretoria: Institute for Security Studies, 2004).

莫迪塞，T.：《议会对国防部的监督：1994~2003》，载 L. 勒·勒乌、M. 卢皮亚和 N. 恩戈马合编《守护守卫者：国会监督和军民关系》，

274

《南部非洲发展共同体的挑战》，比勒陀利亚：安全研究所，2004。

Momba, J. C. "Uneven Ribs in Zambia's March to Democracy" in P. Anyang' Nyongo (eds.), *Arms and Daggers in the Heart of Africa* (Nairobi: Academy Science Publishers, 1993), 201~203.

蒙巴，J. C.：《赞比亚走向民主的不均支撑》，载 P. 安阳·纽格主编《非洲心中的武器和匕首》，内罗毕：科学院出版社，1993，第 201~203 页。

Moore, M. "Political Underdevelopment: What Causes 'Bad Governance'" *Public Management Review*, 3/3 (2001), 385~418.

摩尔，M.：《落后的政治：是什么原因导致了"恶"》，《公共管理评论》2001 年 3 月 3 日，第 385~418 页。

Morris, A. *The Growth of Parliamentary Scrutiny by Committee* (Oxford: Pergamon Press, 1970).

莫里斯，A.：《委员会促成的议会安全的提高》，牛津：珀伽蒙出版社，1970。

Mozaffar, S. "Mali" in A. Reynolds and B. Reilly (eds.), *The International Institute for Democracy and Electoral Assistance Handbook on Electoral System Design* (Stockholm: IDEA, 1997), 45~55.

莫扎法，S.：《马里》，载 A. 雷诺兹和 B. 赖利合编《国际民主机构有关选举制度设计的民主和选举帮助手册》，斯德哥尔摩：民主和选举援助学会，1997，第 45~55 页。

Msekwa, P. *Towards Party Supremacy* (Dar es Salaam: Eastern Publications Limited, 1977).

梅夸，P.：《向政党霸权发展》，达累斯萨拉姆：东方出版有限公司，1977。

——. *The Transition to Multiparty Democracy* (Dar es Salaam: Tema Publishers Company Ltd. and Tanzania Publishing House Limited, 1995).

——：《向多党新民主主义的过渡》，达累斯萨拉姆：特马出版社有限责任公司和坦桑尼亚出版社有限公司，1995。

——. *Reflections on Tanzania's First Multiparty Parliament*：*1995 ~ 2000* (Dar es Salaam：Dar es Salaam University Press, 2000a).

——：《对坦桑尼亚首个多党制议会的思考：1995 ~ 2000》，达累斯萨拉姆：达累斯萨拉姆大学出版社，2000。

——. "Public Hearings as Part of the Parliamentary Legislative Process" *Bunge News*，Apr. 4 ~ 6，2000b.

——：《作为国会立法过程一部分的听证会》，《邦吉新闻》，2000 年 4 月 4 日至 6 日。

——. *Reflections on Tanzania's First Multiparty Parliament*, *1995 ~ 2000* (Dar es Salaam：Dar es Salaam University Press, 2001).

——：《对坦桑尼亚首个多党制议会的思考：1995 ~ 2000》，达累斯萨拉姆：达累斯萨拉姆大学出版社，2001。

Mtei, B. "The Tanzania Parliamentary Committees and SADC Parliamentary Forum" *Bunge News* Apr. 12, 2000.

梅蒂，B.：《坦桑尼亚议会委员会和南部非洲发展共同体议会论坛》，《邦奇新闻》2000 年 4 月 12 日。

Mubako, Simbi. "Presidential System in Zambian Constitution" MPhil. Dissertation (London：University of London, 1970).

穆巴克，辛比：《赞比亚宪法的总统制》，哲学硕士论文，伦敦：伦敦大学，1970。

Mukandala, R. "Civil Service Reforms, Capacity Building and Politics in Tanzania" Paper presented at the 2nd State of Politics Conference in Dar es Salaam, July 4 ~ 6, 1994.

穆康达拉，R.：《坦桑尼亚的公务员制度改革、能力建设及坦桑尼亚政治》，达累斯萨拉姆第 2 届国家政治会议论文，1994 年 7 月 4 日至 6 日。

Mushota, R. "The Voter, Intra and Inter-Party Relations and During the 1996 Elections：A Comparative Study of Southern, Lusaka and Copperbelt Provinces" Paper presented at the 1996 Elections Project, a workshop held at

Pamodzi Hotel, Lusaka, Aug. 7, 1997.

穆肖塔，R.：《选民、党内及党际关系以及 1996 年选举：南方、卢萨卡和铜带省的比较研究》，在帕莫兹酒店召开的 1996 年选举项目研讨会论文，卢萨卡，1997 年 8 月 7 日。

Mwakyembe, H. G. "The Parliament and the Electoral Process" in Issa G. Shivji（ed.）, *The State and the Working People in Tanzania*（Dakar：Committee of the Convention on Democratic South Africa, 1986）, 16 ~ 57.

马基恩比，H. G.：《议会和选举程序》，载伊萨·G. 希维主编《坦桑尼亚国家与劳动人民》，达喀尔：民主南非公约委员会，1986，第16 ~ 57 页。

275 ——. *Tanzania's Eighth Constitutional Amendment and its Implications on Constitutionlism, Democracy and the Union Question*（Hamburg：Literature, 1995）.

——：《坦桑尼亚宪法第八修正案及其对宪政、民主和联盟问题的启示》，汉堡：文学出版社，1995。

Naschold, F. and A. Fozzard. "How, When and Why Does Poverty Get Budget Priority? Public Reduction Strategy and Public Expenditure in Tanzania" Working paper 165（London：Overseas Development Institute, 2002）.

纳什查德，F. 和 A. 弗扎德：《如何、何时以及为何贫穷获得预算优先权？坦桑尼亚公共削减战略和公共支出》，165 号工作文件，伦敦：海外发展研究所，2002。

Nathanael, Keshii. *A Journey to Exile: the Story of a Namibian Freedom Fighter*（Aberystwyth：Sosiumi Press, 2002）.

纳塔纳尔·柯西：《放逐之路：一个纳米比亚自由战士的故事》，阿伯里斯特威斯：索西米出版社，2002。

National Advisory Committee. *Establishment Proclamation. The Rebirth of Ghana: The End of Tyranny*（Accra：NAC Document, Feb. 26, 1966）.

国家咨询委员会：《建立公告，加纳重生：暴政的终结》，阿克拉：

国家咨询委员会文件，1966 年 2 月 26 日。

National Democratic Institute for International Affairs. "Parliament Organizations: The Role of Committees and Party Whips" (NDIIA, Proceedings of a workshop held at Club Makokola, Mangochi, Malawi June 15 ~ 17, 1995).

国际事务国家民主研究所：《议会组织：委员会和党鞭的角色》，国际事务国家民主研究所，在马拉维曼戈切召开的马科科拉俱乐部研讨会论文集，1995 年 6 月 15 ~ 17 日。

National Election Board. Mirchachin, Report (Addis Ababa: NEB, June 1994).

全国选举委员会：《默察钦》，报告，亚的斯亚贝巴：全国选举委员会，1994 年 6 月。

——. Outcomes of the May 7, 1995 National and Regional Elections, (Addis Ababa: NEB, June 1995).

——：《1995 年 5 月 7 日全国和地方选举结果》，亚的斯亚贝巴：全国选举委员会，1995 年 6 月。

——. "Election Officers' Manual" (in Amharic) (Addis Ababa: NEB, 2000).

——：《选举官员手册》（阿姆哈拉语），亚的斯亚贝巴：全国选举委员会，2000。

National Society for Human Rights. *Namibia Disputed Elections 2004: Monitoring National and Presidential Elections* (Windhoek: National Society for Human Rights, 2004).

全国人权协会：《纳米比亚有争议的 2004 年选举：对全国选举和总统选举的监测》，温得和克：全国人权协会，2004。

Neubauer, D. E. "Some Conditions of Democracy" *American Political Science Review*, 61 /4 (1967), 1002 ~ 1009.

纽鲍尔，D. E.：《民主的一些条件》，《美国政治科学评论》1967 年第 61 卷第 4 期，第 1002 ~ 1009 页。

New Patriotic Party. *The Stolen Verdict*（Accra：NPP document，n. d.）.

新爱国党：《被窃取的判决》，阿克拉：新爱国党文件，日期不详。

Norris，P. and R. Inglehart. "Cultural Obstacles to Equal Representation" *Journal of Democracy*，12/3（2001），126～140.

诺里斯，P. 和R. 英格莱哈特：《平等代表权的文化障碍》，《民主杂志》2001 年12 月3 日，第126～140 页。

North，D. C. "Institutions，Transaction Costs and Economic Growth" *Economic Inquiry*，25/3（1987），419～428.

诺斯，D. C.：《制度、交易成本与经济增长》，《经济调查》1987 年第25 卷第3 期，第419～428 页。

——. "The New Institutional Economics and Third World Development" in J. Harriss，J. Hunter and C. M. Lewis（eds），*The New Institutional Economics and Third World Development*（London：Routledge，1995），17～26.

——：《新制度经济学和第三世界发展》，载J. 哈里斯、J. 亨特和C. M. 刘易斯合编《新制度经济学和第三世界发展》，伦敦：路特雷奇出版社，1995，第17～26 页。

Norton，P.（eds.）*Parliaments and Governments in Western Europe*，Vol. 1.（London：Frank Cass，1998）.

诺顿，P. 主编：《西欧的议会和政府》，卷1，伦敦：弗兰克·卡斯，1998。

—— and D. M. Olson. *The New Parliaments of Central and Eastern Europe*（London：Frank Cass，1996）.

——和D. M. 奥尔森：《中欧和东欧的新议会》，伦敦：弗兰克·卡斯，1996。

—— and N. Ahmed（eds.）. *Parliaments in Asia*（London：Frank Cass，1999）.

——和N. 艾哈迈德合编：《亚洲议会》，伦敦：弗兰克·卡斯，1999。

Ntalasha, G. "The Search for an Acceptable Constitution" *Weekly Post*, Apr. 10 ~ 16, 1992.

纳塔拉萨，G.：《探索可接受的宪法》，《每周邮报》1992 年 4 月 10 ~ 16 日。

Nujoma, Sam. *Where Others Wavered*: *The Autobiography of Scam Nujoma* (London: Panaf Books, 2001).

努乔马，山姆：《别人动摇之处：诈骗者努乔马自传》，伦敦：帕纳 芙图书，2001。

Nyukuri, B. K. "The Impact of Past and Potential Ethnic Conflicts on Kenyan's Stability and Development" A Report Prepared for United States Agency for International Development. (Nairobi: Department of History, University of Nairobi, 1997).

纽库里，B. K.：《过去和潜在的民族冲突对肯尼亚稳定和发展的影 响》，呈交美国国际开发署的报告，内罗毕：内罗毕大学历史系，1997。

O'Brien, G. South Africa's New Upper Chamber, in *Canadian Parliamentary Review*, 20 (1997) www. parl. gc. ca/infoparl/english2on2_97_ e. html.

奥布莱恩，G.：《南非新上议院》，《加拿大议会评论》1997 年第 20 期，www. parl. gc. ca/infoparl/english2on2_ 97_ e. html。

Ojanen, J., Granstedt P. and J. Balch. *Parliament as an Instrument of Peace*. AWEPA, Occasional Paper Series, No. 8 (2001).

奥耶能，J.，格兰斯蒂奇·P. 和 J. 鲍尔奇：《作为和平工具的议 会》，欧洲议员非洲行动协会，不定期论文集系列，2001 年第 8 号。

Okema, M. "Some Salient Changes in the Tanzania Parliamentary System" in Haroub Othman, Immanuel K. Bavu and Michael Okema (eds.), *Tanzania*: *Democracy in Transition* (Dar es Salaam: Dar es Salaam University Press, 1990), 37 ~ 57.

奥克玛 M.：《坦桑尼亚议会制度的一些显著变化》，载哈罗博·奥斯 曼、伊曼纽尔·K. 巴乌和迈克尔·奥克玛合编《坦桑尼亚：转型中的民

276

主》，达累斯萨拉姆：达累斯萨拉姆大学出版社，1990，第 37～57 页。

——. *Political Culture in Tanzania* (New York：Edwin Mellen Press，1996).

——：《坦桑尼亚的政治文化》，纽约：埃德温·梅林出版社，1996。

Okoth-Ogendo. "The Quest for Constitutional Government" in G. Hyden，D. Olowu and H. W. O. Okoth Ogendo (eds.)，*African Perspectives on Governance* (Trenton，NJ：African Word Press，2000).

欧克斯—欧根多：《追求宪政》，载 G. 海顿、D. 奥罗武和 H. W. O. 欧克斯·欧根多合编《非洲治理展望》，新泽西州特伦顿：非洲消息出版社，2000。

Olowu，D. "The African Governance Crisis：Cause or Consequence of Development Crisis?" Paper presented at the ISS 50th Anniversary Conference (The Hague：Institute of Social Studies，Oct. 9，2002).

奥罗武，D. :《非洲治理危机：原因或发展危机的后果是什么?》，国际空间站 50 周年大会，海牙：社会科学研究院，2002 年 10 月 9 日。

——. "Property Taxation and Democratic Decentralization in Developing Countries" Working paper series No. 401 (The Hague：Institute of Social Studies，2004).

——：《财产税与发展中国家的民主分权》，工作论文系列 401 号，海牙：社会科学研究院，2004。

—— and J. Wunsch (eds.) *Local Governance in Africa：The Challenges of Democratic Decentralization* (Boulder：Lynne Rienner，2004).

——和 J. 文施合编《非洲本土治理：民主分权的挑战》，博尔德：林恩·林纳，2004。

Olson，D. *The Legislative Process：A Comparative Approach* (Cambridge：Cambridge University Press，1980).

奥尔森，D. :《立法过程：比较研究法》，剑桥：剑桥大学出版社，1980。

——. *Legislative Institutions：Comparative View* (Amonk：M. E. Sharpe，

1994).

——:《立法机构：比较视角》，阿蒙克：M. E. 夏普出版社，1994。

Olson，M. *The Rise and Decline of Nations：Economic Growth，Stagflation and Social Rigidities*（New Haven：Yale University Press，1982）.

奥尔森，M.：《国家的兴衰：经济增长、滞胀和社会僵化》，纽黑文：耶鲁大学出版社，1982。

Osei，A. P. Ghana：*Recurrence and Change in a Post-Independence African State*（New York：Peter Lang，1999）.

奥塞，A. P.：《加纳：独立后非洲国家的复兴和变化》，纽约：彼得·朗，1999。

Ostrom，Elinor. *Governing the Commons：The Evolution of Institutions for Collective Action*（Cambridge：Cambridge University Press，1990）.

奥斯特罗姆，埃莉诺：《治理下议院：迈向集体行动的制度演变》，剑桥：剑桥大学出版社，1990。

Ott，M. et al.（eds.）*Malawi's Second Democratic Election：Process，Problems and Prospects*（Blantyre：Christian Literature Association of Malawi，2000），13～22.

奥特，M. 等合编：《马拉维的第二次民主选举：进程、问题与前景》，布兰太尔：马拉维基督教文学学会，2000，第13～22页。

Ottaway，M. "Ethiopian Transition：Democratization or New Authoritarianism" *Northeast African Studies*，2（1995），67～84.

奥特维，M.：《埃塞俄比亚转型：民主化还是新权威主义》，《东北非洲研究》1995年第2期，第67～84页。

Owusu-Ansah，R. "Parliament in the Fourth Republic：Lessons Learnt" Address delivered at the 55th annual New Year School organized by the Institute of Adult Education，University of Ghana，Legon，Dec. 29，2003 – Jan. 4，2004.

奥乌苏—安萨，R.：《第四共和国议会：经验教训》，加纳大学成人教育学院第55届年度新年学院致辞，勒贡，2003年12月29日～2004年

1 月 4 日。

Parliamentary Centre, World Bank Institute and the Canadian International Development Agency. "Handbook on Parliamentarians and Policies to Reduce Poverty" (2000). Available from www. parlcent. parl. gc. ca.

议会中心、世界银行研究所和加拿大国际发展署:《议员和减少贫困政策指南》,2000,可从 www. parlcent. parl. gc. ca 下载。

Patel, N. "The 1999 Elections: Challenges and Reforms" in M. Ott et al. (eds.). *Malawi's Second Democratic Election: Process, Problems and Prospects* (Blantyre: Christian Literature Association of Malawi, 2000), 22 ~ 52.

帕特尔,N.:《1999 年选举:挑战与改革》,载 M. 奥特等合编《马拉维的第二次民主选举:进程、问题与前景》布兰太尔:马拉维基督教文学学会,2000,第 22 ~ 52 页。

Paton, C. "Drowning in a Sea of Troubles" *Sunday Times* (South Africa), Feb. 4, 2001.

佩顿,C.:《淹没在麻烦的海洋》,《星期日时报》(南非),2001 年 2 月 4 日。

Patterson, S. C. and A. Mughan (eds.) *Senates: Bicameralism in the Contemporary World* (Columbus: Ohio State University Press, 1999).

帕特森,S. C. 和 A. 穆根合编:《参议院:当代世界的两院制》,哥伦布:美国俄亥俄州立大学出版社,1999。

Pausewang, S. *The 1994 Elections and Democracy in Ethiopia* (Oslo: Norwegian Institute for Human Rights, 1994).

珀兹旺,S.:《埃塞俄比亚 1994 年选举和民主》,奥斯陆:挪威人权研究所,1994。

——. "A Process of Democratization or Control?" in S. Pausewang et al. (eds.) *Ethiopia Since the Derg: A Decade of Democratic Pretension and Performance* (London: Zed Books, 2002), 26 ~ 45.

——:《民主化抑或控制的过程?》,载 S. 珀兹旺等合编《德格之后的埃塞俄比亚:民主党骄傲和成就的十年》,伦敦:扎德书局,2002,第 26 ~ 45 页。

—— and Aalen Lovise, *Ethiopia 2001: Local Election in the Southern Region*. Report No. 3 (Oslo: Norwegian Centre for Human Rights, 2002).

——和阿伦·罗维斯:《2001 埃塞俄比亚:南部地区的地方选举》,第三号报告书,奥斯陆:挪威人权中心,2002。

—— and K. Tronvoll. "The Elections in Context" in S. Pausewang and Kjetil Tronvoll (eds.), *The Ethiopian 2000 Election: Democracy Advanced or Restricted*. Human Rights Report No. 3 (Oslo: Norwegian Institute for Human Rights, 2000).

——和 K. 特隆沃尔:《选举现实》,载 S. 珀兹旺和谢蒂尔·特隆沃尔合编《2000 年埃塞俄比亚选举:民主先进还是有局限》,人权第 3 号报告,奥斯陆:挪威人权研究所,2000。

Paxton, P "Women in National Legislatures: A Cross-National Analysis", *Social Science Research*, 26 (1997), 442 ~ 464.

帕克斯顿,P.:《国家立法机构中的女性:一项跨国研究》,《社会科学的研究》,1997 年第 26 期,第 442 ~ 464 页。

Perham, M. *The Government of Ethiopia*, (New York: Oxford University Press, 1948).

佩勒姆,M.:《埃塞俄比亚政府》,纽约:牛津大学出版社,1948。

Pettman, J. *Zambia: Security and Conflict* (Lewes: Julian Friedmann Publishers Ltd., 1974).

佩特曼,J.:《赞比亚:安全与冲突》,刘易斯:朱利安·弗里德曼出版有限公司,1974。

Pickering, Arthur, "Instilling Democracy and Human Rights Values in Namibian Society" in *Human Rights Education and Advocacy in Namibia in the 1990s: A Tapestry of Perspectives* (Windhoek: Gamsberg Macmillan, 1995), 101 ~ 107.

277

皮克林，亚瑟：《向纳米比亚社会灌输民主和人权价值观》，载《20世纪90年代纳米比亚人权教育与倡导》，温得和克：佳木斯堡·麦克米伦，1995，第101～107页。

Pinkney, R. *Democracy and Dictatorship in Ghana and Tanzania* (Basingstoke: Macmillan, 1997).

平克尼，R.：《加纳和坦桑尼亚的民主与独裁》，贝辛斯托克：麦克米伦，1997。

Price, J. H. *Political Institutions in West Africa*, 2nd edn. (London: Hutchinson and Company 1975).

普莱斯，J. H.：《西非的政治制度》（第二版），伦敦：哈钦森公司，1975。

Przeworski, A. *Democracy and the Market* (Cambridge: Cambridge University Press, 1991).

普热沃尔斯基，A.：《民主与市场》，剑桥：剑桥大学出版社，1991。

—— et al. *Democracy and Development: Political Institutions and Well-being in the World, 1950～1990* (Cambridge: Cambridge University Press, 2000).

——等：《民主与发展：1950～1990年世界政治体制和安康》，剑桥：剑桥大学出版社，2000。

Putnam, R. D. *Making Democracy Work: Civic Traditions in Modern Italy* (Princeton: Princeton University Press, 1993).

普特曼，R. D.：《驱使民主运转：现代意大利的公民传统》，普林斯顿：普林斯顿大学出版社，1993。

Rakner, L. *Political and Economic Liberalization in Zambia, 1991～2001* (Uppsala: Nordic African Institute, 2003).

拉克纳，L.：《赞比亚的政治和经济自由化，1991～2001》，乌普萨拉：北欧非洲研究所，2003。

Rakodi, C. *The Urban Challenge in Africa: Growth and Management of its*

Large Cities（Tokyo：United Nations University Press，1998）.

拉克迪，C.：《非洲的城市化挑战：大型城市成长和管理》，东京：联合国大学出版社，1998。

Reynolds，A. "Women in the Legislatures and Executives of the World：Knocking at the Highest Glass Ceiling" *World Politics*，51/4 （1999），547~572.

雷诺兹，A.：《全球立法和行政机构中的妇女：叩响最高的玻璃天花板》，《世界政治》1999 年第 51 卷第 4 期，第 547~572 页。

Riker，W. H. "The Justification of Bicameralism" *International Political Science Review*，13/1 （1992），101~116.

莱克，W. H.：《两院制的正当性》，《国际政治科学评论》1992 年第 13 卷第 1 期，第 101~116 页。

Robert，M. "The Voter Intra and Inter-party Relations during 1996 Elections" Paper presented at the Elections Project Workshop Evaluating the 1996 Elections，Held at Hotel Pamodzi Lusaka，Aug. 7，1997.

罗伯特，M.：《1996 年选举的选民和党内、党际关系》，在帕莫兹酒店举行的评估 1996 年选举的选举项目研讨会，卢萨卡，1997 年 8 月 7 日。

Rose，R. Survey Measures of Democracy studies in Public Policy No. 294，Centre for the Study of Public Policy Publications （Glasgow：University of Strathclyde，1997）.

萝丝，R.：《民主研究的调查评估》，公共政策研究 294 号，公共政策研究出版中心，格拉斯哥：斯特拉思克莱德大学，1997。

—— and D. C. Shin. *Democratization Backwards：The Problem of Third Wave Democracies*. Studies in Public Policy No. 314，Centre for the Study of Public Policy Publications （Glasgow：University of Strathclyde，1999）.

—— 和 D. C. 辛：《民主倒退：第三次民主浪潮的问题》，公共政策研究 314 号，公共政策研究出版中心，格拉斯哥：斯特拉思克莱德大学，1999。

Rostow, W. W. *The Stages of Economic Growth*: *A Non-Communist Manifesto.* (Cambridge: Cambridge University Press, 1960).

萝丝托, W. W. :《经济增长的阶段: 非共产主义宣言》, 剑桥: 剑桥大学出版社, 1960。

Rustashobya, L. "Fiduciary Risk Assessment for the Provision of Direct Budgetary Support in Tanzania: Summary Focus on Areas of High Risk" Report submitted to Department for International Development (Dar es Salaam: DFID, 2004).

鲁斯特邵比, L. :《坦桑尼亚直接预算支持的信托风险评估: 高风险领域的总结》, 报告提交给国际发展部, 达累斯萨拉姆: 英国国际发展部, 2004。

278   Saffu, Yaw. "Integrity Assessment" in *Global Integrity*: *An Investigative Report Tracking Corruption, Openness and Accountability in 25 Countries* (Washington DC: Centre for Public Integrity, 2004). www. publicintegrity. org/ga/ii. aspx.

萨福, 雅:《诚信评估》, 载《全球诚信: 25 个国家的腐败、公开度和问责制追踪的调查报告》, 华盛顿特区: 公职人员廉洁中心, 2004, www. publicintegrity. org/ga/ii. aspx。

Sagasii, J. "Contempt of Parliament" *Bunge News*, Jan. 7, 1998.

萨迦希, J. :《藐视国会》,《邦吉新闻》1998 年 1 月 7 日。

Salih, Mohamed M. A. (eds.) *Environmental Politics and Liberation in Contemporary Africa* (Dordrecht: Kluwer Academic Publishers, 1999).

萨利赫, 穆罕默德·M. A. 主编:《当代非洲的环境政治和解放》, 多德雷赫特: 克卢韦学术出版社, 1999。

Salih, Mohamed M. A. *Majoritarian Tyranny in a World of Minorities* (The Hague Institute of Social Studies, 2000).

萨利赫, 穆罕默德·M·A:《少数派世界中的多数暴政》, 海牙社会科学研究所, 2000。

——. *African Democracies and African Politics* (London: Pluto, 2001).

——：《非洲民主和非洲政治》，伦敦：冥王星出版社，2001。

——. "Introduction" in M. A. Mohamed Salih（eds.）*African Political Parties*（London：Pluto Press，2003）1～33.

——：《引言》，载 M. A. 穆罕默德·萨利赫主编《非洲政党》，伦敦：冥王星出版社，2003，第 1～33 页。

Saul, John, "Liberation Without Democracy? Rethinking the Experiences of the Southern African Liberation Movements" in Jonathan Hyslop（eds.），*African Democracy in the Era of Globalisation*（Johannesburg：Witwatersrand University Press，1999），167～178.

索罗，约翰：《没有民主的解放？反思南部非洲解放运动的经验》，载乔纳森·海斯洛普主编《全球化的时代的非洲民主》，约翰内斯堡：威特沃特斯兰德大学出版社，1999，第 167～178 页。

—— and Colin Leys. "Truth, Reconciliation, Amnesia：The 'Ex-Detainees' Fight for Justice" in Henning Melber（eds.），*Re-examining liberation in Namibia：Political Culture since Independence*（Uppsala：Nordic Africa Institute，2003），69～86.

——和科林·利思：《真相、和解、失忆：伸张正义的"前被拘留者"》，载亨宁·梅尔伯主编《重新审视纳米比亚的解放：独立后的政治文化》，乌普萨拉：北欧非洲研究所，2003，第 69～86 页。

Saunders, Christopher. "From Apartheid to Democracy in Namibia and South Africa：Some Comparisons" in Henning Melber and Christopher Saunders, *Transition in Southern Africa：Comparative Aspects*. Two Lectures（Uppsala：Nordic Africa Institute，2001），5～16.

桑德斯，克里斯托弗：《纳米比亚和南非从种族隔离到民主：一些比较》，载亨宁·梅尔伯和克里斯托弗·桑德斯著《南部非洲的过渡：比较视角》，《两个讲座》，乌普萨拉：北欧非洲研究所，2001，第 5～16 页。

——. "Liberation and Democracy. A Critical Reading of Sam Nujoma's 'Autobiography'" in Henning Melber（eds.），*Re-examining Liberation in Namibia. Political Culture since Independence*（Uppsala：Nordic Africa

Institute，2003），87～98.

——：《解放和民主：萨姆·努乔马'自传'批判阅读》，载亨宁·梅尔伯主编《重新审视纳米比亚的解放：独立后的政治文化》，乌普萨拉：北欧非洲研究所，2003，第87～98页。

Schedler，A. "Conceptualizing Accountability" in Andreas Schedler, Larry Diamond and Marc F. Plattner (eds.)，*The Self-Restraining State：Power and Accountability in New Democracies* (London：Lynne Rienner, 1999).

席德勒，A.：《问责制概念化》，载安德烈亚斯·席德勒、拉里·戴蒙德和马克·F.普拉特纳合编《自我约束之国：新民主下的权力与责任》，伦敦：林恩·林纳，1999。

Schiavo-Campo，S. "Government and Pay：The Global and Regional Evidence" *Public Administration and Development*，18/5（1998），457～478.

夏沃—坎普，S.：《政府与代价：全球和区域证据》，《公共管理和发展》1998年第18卷第5期，第457～478页。

Shaw，M. "Conclusions" in J. D. Lees and M. Shaw (eds.) *Committees in Legislatures：A Comparative Analysis* (Oxford：Martin Robertson, 1979a).

肖，M.：《结论》，载J. D.李斯和M.肖合编《立法机构中的委员会：对比分析》，牛津：马丁·罗伯逊，1979a。

——. "Committees in Legislatures" in Philip Norton (eds.) *Legislatures* (Oxford：Oxford University Press, 1979b).

——：《立法机构中的委员会》，载菲利普·诺顿主编《立法机构》，牛津：牛津大学出版社，1979 b。

——. "Parliamentary Committees：A Global Perspective" *Journal of Legislative Studies*，4（1998），225～251.

——：《议会委员会：全球视角》，《立法研究杂志》1998年第4期，第225～251页。

Simon，David. "Namibian Elections：SWAPO Consolidates its Hold on Power" *Review of African Political Economy*，27/83（2000），113～115.

西蒙，大卫：《纳米比亚选举：西南非洲人民组织巩固其对权力的掌控》，《非洲政治经济评论》，2000 年第 27 卷第 83 期，第 113 ~ 115 页。

Smith，B. *Decentralization*：*The Territorial Dimension of the State* (London：Allen and Unwin，1985).

史密斯，B.：《地方分权：基于国家领土的层面》，伦敦：艾伦和昂温，1985。

Smith，J. and L. D. Musolf (eds.)，*Legislatures in Development*：*Dynamics of Change in New and Old States* (Durham：Duke University Press，1979).

史密斯，J. 和 L. D. 穆索夫主编：《发展中的立法机构：新旧国家的动态变化》，达勒姆：杜克大学出版社，1979。

Soiri，Iina，"SWAPO Wins，Apathy Rules：The Namibian 1998 Local Authority Elections" in Michael Cowen and Liisa Laakso (eds.)，*Multiparty Elections in Africa* (London：James Curry，2001)，187 ~ 216.

斯瓦里，伊娜：《西南非洲人民组织获胜，冷漠统治：1998 年纳米比亚地方当局选举》，载迈克尔·考恩和莉萨·拉克索合编《非洲的多党制选举》，伦敦：詹姆斯—库里，2001，第 187 ~ 216 页。

Sondashi，L. "Human Security and Development：Zambia's Challenges at the Threshold of the Next Millennium" Paper Presented at the 15th Pawpa Annual Conference，Aug. 27 ~ 30，1998 at Ibis Gardens Country Hotel，Lusaka.

松达希，L.：《人类安全和发展：新千年之际赞比亚的挑战》，在宜必思花园酒店举行的第 15 届博帕年会，卢萨卡，1998 年 8 月 27 ~ 30 日。

South Africa，Government of the Republic of. "Background Notes on the Strategic Defense Procurement Package for the Press Statement Issued by the Ministers of Defense，Finance，Public Enterprises and Trade and Industry" (Pretoria：Communication and Information Service，Jan. 12，2001).

南非共和国政府：《国防部、财政部、公共企业及贸易和工业部发布关于战略防御采购方案的新闻发布背景说明》，比勒陀利亚：通信与信息

279

服务，2001 年 1 月 12 日。

South Africa, Parliament of the Republic of. "Hearings of Standing Committee on Public Accounts Parliamentary: Selection Process of the Strategic Defense" (Pretoria: Parliament of South Africa, Oct. 11, 2000).

南非共和国议会：《常务委员会关于议会公共账目的听证：战略防御的选择过程》，比勒陀利亚：南非国会，2000 年 10 月 11 日。

——. "Final Report of the Ad Hoc Sub-Committee on Oversight and Accountability" (Cape Town: Parliament of South Africa, Sept. 3, 2002).

——：《监督和问责特设小组委员会的最终报告》，开普敦：南非国会，2002 年 9 月 3 日。

South Africa, Republic of. Constitution of the Republic of South Africa Act (108) (Pretoria: Government Printers, 1990).

南非共和国：《南非共和国的宪法》（108），比勒陀利亚：政府出版社，1990。

——. "Auditor General's Special Review of the Selection Process of Strategic Defense Packages for the Acquisition of Armaments at the Department of Defense" Report No. 161 ~ 2000 (Pretoria: Government of South Africa, Sept. 15, 2000).

——：《审计长对国防部战略防御军备收购事项的选择过程的特别审查》，报告编号 161~2000，比勒陀利亚：南非政府，2000 年 9 月 15 日。

South West African People's Organization (SWAPO Party). *SWAPO: The Driving Force for Change* (Windhoek: SWAPO Department of Information and Publicity, 1999).

西南非洲人民组织（西南非洲人民组织党）：《西南非洲人民组织：变化的驱动力》，温得和克：西南非洲人民组织信息和宣传部，1999。

Steffensen, J. and S. Trollegaard. "Fiscal Decentralization and Sub-national Government Finance in Relation to infrastructure and Service Provision" Synthesis Report of African Country Cases (Washington DC: World Bank, 2000).

斯蒂芬森，J. 和 S. 特罗利贾德：《基础设施和提供服务的财政分权与地方政府财政》，《非洲国家案例的综合报告》，华盛顿：世界银行，2000。

Strom，K. "Parliamentary Government and Legislative Organisation" in Herbert Doring （eds.），*Parliaments and Majority Rule in Western Europe* （New York：St. Martin's Press，1995），51 ~ 82.

斯特罗姆，K.：《议会政府和立法机构》，载赫伯特·多林主编《西欧的议会和多数原则》，纽约：圣马丁出版社，1995，第51 ~ 82页。

——. "Parliamentary Committees in European Democracies" in Lawrence D. Longley and Roger H. Davidson （eds.），*Journal of Legislative Studies*，4（1998），21 ~ 59.

——：《欧洲民主国家的议会委员会》，载劳伦斯·D. 朗利和罗杰·H. 戴维森合编《立法研究杂志》1998 年第 4 期，第 21 ~ 59 期。

Subilaga，S. "The role of Parliamentarians in Law-making in Tanzania under Multipartyism：1995 ~ 2000." （unpublished paper submitted in partial fulfillment of BL degree，Dar es Salaam：University of Dar es Salaam，2001）.

苏比拉伽，S.：《多党制坦桑尼亚的议员在立法中的作用：1995 ~ 2000》，未发表的法律学士部分论文，达累斯萨拉姆：达累斯萨拉姆大学，2001。

Ta'a，T. and Zekarias Kenea. "Constitutional Development in Ethiopia" in Tafesse Olika and Kassahun Berhanu （eds.），*The May 1995 Elections in Ethiopia：The Quest for Democratic Governance in a Multiethnic Society* （unpublished manuscript，Addis Ababa：1997）.

塔塔，T. 和扎卡拉斯·基尼亚：《埃塞俄比亚的宪法发展》，载塔法斯·奥丽卡和卡萨胡·伯哈努合编《埃塞俄比亚1995 年 5 月选举：寻求多种族社会的民主治理》，未发表的手稿，亚的斯亚贝巴：1997。

Tamale，S. *When Hens Begin to Crow：Gender and Parliamentary Politics in Uganda* （Boulder：Westview Press，1999）.

塔马利，S.：《当母鸡开始打鸣：乌干达的性别与议会政治》，博尔德：西方观察出版社，1999。

Tanzania, Parliament of. "Who is Who for Members of Parliament" Memo published by the Clerk of the National Assembly (Dar es Salaam: Tanzania National Assembly, 2002).

坦桑尼亚国会：《谁是谁的国会议员》，国民议会秘书发表的备忘录，达累斯萨拉姆：坦桑尼亚国民国会，2002。

Tanzania, United Republic of. *The Constitution of the United Republic of Tanzania 1977* (Dar es Salaam: Government Printers, Apr. 20, 1998).

坦桑尼亚联合共和国：《1977 年坦桑尼亚联合共和国宪法》，达累斯萨拉姆：政府出版社，1998 年 4 月 20 日。

Tapscott, Chris, "War, Peace and Social Classes" in Colin Leys and John Saul (eds.) *Namibia's Liberation Struggle: The Two-Edged Sword* (London: James Currey and Athens: Ohio University Press, 1995), 153~170.

塔普斯科特，克里斯：《战争、和平与社会阶级》，柯林·利思和约翰·索尔合编《纳米比亚解放斗争：双刃剑》，伦敦：詹姆斯·克里及雅典市：俄亥俄大学出版社，1995，第 153~170 页。

——. "Class Formation and Civil Society in Namibia" in Ingolf Diener and Olivier Graefe (eds.), *Contemporary Namibia. The First Landmarks of a Post-Apartheid Society* (Windhoek: Gamsberg Macmillan, 2001), 307~325.

——：《纳米比亚阶层分化与公民社会》，载因戈尔夫·迪纳和奥利维尔·格雷夫合编《当代纳米比亚后种族隔离社会的第一个里程碑》，温得和克：佳木斯堡·麦克米伦，2001，第 307~325 页。

Therkildsen, O. "Public Sector Reform in a Poor, Aid-dependent Country, Tanzania" *Public Administration and Development*, 20 (2000), 61~71.

瑟基瑞德森，O.：《依赖援助的坦桑尼亚公共部门改革》，《公共管理与发展》2000 年第 20 期，第 61~71 页。

Tordoff, W. *Government and Politics in Tanzania* (Nairobi: East African Publishing House, 1967).

托尔多夫，W.：《坦桑尼亚政府和政治》，内罗毕：东非出版社，1967。

———. "Residual Legislatures: The Cases of Tanzania and Zambia" *Journal of Commonwealth and Comparative Politics*, (1977), 235~249.

———：《遗留的立法机关：坦桑尼亚和赞比亚的案例》，《联邦和比较政治学杂志》1977 年，第 235~249 页。

———. and Robert Molteno. "Parliament" in William Tordoff (eds.), *Politics in Zambia* (Manchester: Manchester University Press, 1974).

——和罗伯特·莫尔蒂诺：《议会》，载威廉·特多夫主编《赞比亚政治》，曼彻斯特：曼彻斯特大学出版社，1974。

Tripe, A. M. "Political Reform in Tanzania. The Struggle for Associational Autonomy" *Comparative Politics*, 32 (2000), 191~214.

特莱普，A. M.：《坦桑尼亚政治改革，争取社团自治》，《比较政治学》2000 年第 32 期，第 191~214 页。

———. "The Changing Face of Africa's Legislatures: Women and Quotas" in J. Ballington (eds.), *The Implementation of Quotas: African Experiences* (Stockholm: IDEA, 2004a).

———：《非洲立法的变革：妇女和配额》，载 J. 巴林顿主编《配额的执行情况：非洲的经验》，斯德哥尔摩：民主和选举援助学会，2004。

———. "Women's Movements, Customary Law, and Land Rights in Africa: The Case of Uganda" *African Studies Quarterly*, 7/4 (2004b). web. africa. ufl. edu/asq/.

———：《非洲的妇女运动，习惯法和土地权利：乌干达》，《非洲研究季刊》，2004 年 7 月 4 日，web. africa. ufl. edu/asq/。

Tsebelis, G. and J. Money. *Bicameralism* (Cambridge: Cambridge University Press, 1997).

策伯里斯，G. 和 J. 玛尼：《两院制》，剑桥：剑桥大学出版社，1997。

United Nations Development Program. *Human Development Report 1993* (Oxford：Oxford University Press，1993）.

联合国发展计划：《1993 年人类发展报告》，牛津：牛津大学出版社，1993。

United States Agency for International Development（USAID）Conference on Conflict Resolution in the Greater Horn of Africa，2 ~ 4 June（USAID：Nairobi，1997），45.

美国国际开发署（USAID）：《关于解决非洲大号角冲突的会议》，1997 年 6 月 2 日至 4 日（美国国际开发署：内罗毕），第 45 页。

Van Cranenburgh，O. "Tanzania's 1995 Multiparty Elections：The Emerging Party System" *Party Politics*，2（1996），535 ~ 547.

万·克兰恩鲍夫，O.：《坦桑尼亚 1995 年多党制选举：新兴的政党制度》，《政党政治》1996 年第 2 期，第 535 ~ 547 页。

——. "Power and Competition：The Institutional Context of African Multiparty Politics" in M. A. Mohamed Salih（eds.），*African Political and Parties：Evolution，Institutionalisation and Governance*（London：Pluto，2003），188 ~ 206.

——：《权力与竞争：非洲多党政治的制度环境》，载 M. A. 穆罕默德·萨利赫主编《非洲的政治和政党：演进、制度化和治理》，伦敦：冥王星出版社，2003，第 188 ~ 206 页。

Van de Walle，N. *African Economies and the Politics of Permanent Crisis，1979 ~ 1999*（Cambridge：Cambridge University Press，2001）.

凡·德·瓦尔，N.：《1979 ~ 1999 年非洲经济和永恒危机的政治》，剑桥：剑桥大学出版社，2001。

——. "Africa's Range of Regimes" *Journal of Democracy*，13（2002），66 ~ 80.

——：《非洲的政权范围》，《民主杂志》2002 年第 13 期，第 66 ~ 80 页。

Van Donge, J. K. "Kaunda and Chluba: Enduring Patterns of Political Culture" in J. Wiseman (eds.), *Democracy and Political Change in Sub-Saharan Africa* (London: Routledge 1995a), 193~219.

万·东热, J. K.:《卡翁达和奇卢巴:持久的政治文化模式》,载 J. 怀斯曼主编《撒哈拉以南非洲地区的民主和政治变革》,伦敦:路特雷奇出版社,1995 a,第 193~219 页。

——. "Kamuzu's Legacy: The Democratization of Malawi" *African Affairs*, 94 (1995b), 227~259.

——:《卡穆祖的遗产:马拉维的民主化》,《非洲事务》1995 年第 94 期,第 227~259 页。

——. "The Fate of an African 'Chaebol'" *Journal of Modern African Studies*, 40/4 (2002), 651~683.

——:《非洲"财阀"的命运》,《现代非洲研究》2002 年第 40 卷第 4 期,第 651~683 页。

—— and A. J. Livigia. "Tanzanian Political Culture and the Cabinet," *Journal of Modern African Studies*, 24 (1986), 619~639.

——和 A. J. 利维伽:《坦桑尼亚政治文化和内阁》,《现代非洲研究杂志》1986 年第 24 期,第 619~639 页。

Vaughan, S. "The Addis Ababa Transitional Conference of July 1991: Its Origins, History and Significance" Occasional papers No. 51 (Edinburgh: Centre of African Studies, University of Edinburgh, 1994).

沃恩, S.:《1991 年 7 月亚的斯亚贝巴过渡会议:它的起源、历史和意义》,专题文件第 51 号,爱丁堡:爱丁堡大学非洲研究中心,1994。

Venter, A. (eds.) *Government and Politic: in the New South Africa* (Pretoria: Van Schaik, 1998).

文特尔, A. 主编:《政府与政治:新南非》(比勒陀利亚:凡·范斯海克,1998)。

Wehner, J. "Parliament and the Power of the Purse: The Nigerian 1999 Elections in Comparative Perspectives" *Journal of South Africa Law*, 46/2

281

(2002), 216～231.

韦纳, J.：《议会和金钱的力量：比较视角下的尼日利亚 1999 年选举》,《南非法律杂志》2002 年第 46 卷第 2 期, 第 216～231 页。

Weiland, Heribert, "Landslide Victory for Swapo in 1994: Many New Seats But Few New Votes" *Journal of Modern African Studies*, 32/2 (1995), 349～357.

韦兰德, 赫里伯特：《1994 年西南非洲人民组织压倒性的胜利：赢得许多新的席位, 但很少有新投票》,《现代非洲研究》1995 年第 32 卷第 2 期, 第 349～357 页。

——. "Namibias Demokratie auf dem Prufstand: 1st das Experiment gescheitert? *Aus Politik und Zeitgeschichte*, 27/99 (1999), 21～29.

——：《纳米比亚民主试验：第一次实验失败?》,《澳大利亚当代史》1999 年第 27 卷第 99 期, 第 21～29 页。

—— and Matthew Braham (eds.), *The Namibian Peace Process: Implications and Lessons for the Future* (Freiburg: Arnold Bergstraesser Institut, 1994).

——和马修·布拉汉姆合编《纳米比亚的和平进程：未来的启示与教训》, 弗赖堡：阿诺德·博格斯特拉瑟研究所, 1994。

Werbner, Richard. "Smoke from the Barrel of a Gun: Postwars of the Dead, Memory and Reinscription in Zimbabwe" in Richard Werbner (eds.), *Memory and the Postcolony: African Anthropology and the Critique of Power* (London and New York: Zed Books, 1998), 71～102.

韦伯纳, 理查德：《枪管的烟：战后的死亡、记忆和后殖民地》, 载理查德·韦伯纳主编《记忆和后殖民地：非洲人类学和权力批评》, 伦敦和纽约：扎德书局, 1998, 第 71～102 页。

Wiese, T. "Bringing Down the House: Bicameralism in the Namibian Legislature" Briefing Paper No. 23 (Windhoek: Institute for Public Policy Research, 2003), 12.

威斯, T.：《击倒议院：纳米比亚立法机构的两院制》, 简报第 23

号，温得和克：公共政策研究，2003，第 12 页。

Woldemeskel, M. *Zikra Nragar* （in Amharic）（Addis Ababa：Berhanena Selam Printing Press，1946）.

伍尔德梅斯克尔，M.：《兹克拉·拉贾》（阿姆哈拉语），亚的斯亚贝巴：博哈尼纳·瑟拉姆印刷出版社，1946。

World Bank, *Governance and Development*（Washington，DC：World Bank，1992）.

世界银行：《治理与发展》，华盛顿：世界银行，1992。

——. *Parliamentary Accountability Handbook*（Washington DC：World Bank Institute，2000）.

——：《议会问责手册》，华盛顿：世界银行研究所，2000。

——. *World Development Indicators CD-ROM*（Washington，DC：World Bank，2002）.

——：《世界发展指标只读光盘》，华盛顿：世界银行，2002。

——. *World Development Report 2004*（Oxford：Oxford University Press，2004）.

——：《2004 年世界发展报告》，牛津：牛津大学出版社，2004。

World Health Organization. *Local Government Health Systems：Opportunities and Challenges for Developing Countries. Lessons of Experience*（WHO：Geneva，1990）.

世界卫生组织：《地方政府卫生系统：发展中国家的机遇与挑战》，《经验教训》，世界卫生组织：日内瓦，1990。

Wrigley, C. *The South African Deal：A Case Study in the Arms Trade*（London：Campaign Against Arms，June 2003）www. caat. org. ulc/information/publications/countries/southafrica-0603. pdf.

里格利，C.：《南非交易：武器贸易案例研究》，伦敦：反对武器运动，2003 年 6 月，www. caat. org. ulc/information/publications/countries/southafrica-0603. pdf。

Wunsch, J. and D. Olowu（eds.），*The Failure of the Centralized State*

（Boulder: Westview Press, 1990）.

文施, J. 和 D. 奥罗武合编：《中央集权国家的失败》, 博尔德：西方观察出版社, 1990。

Young, T. "Introduction" in T. Toung (eds.), *Readings in African Politics* (Oxford: James Currey, 2003), 1 ~ 18.

杨, T.：《引言》, 载 T. 童主编《非洲政治解读》, 牛津：詹姆斯·克里, 2003, 第 1 ~ 18 页。

Zambia, Government of the Republic of. "Report of the National Commission on the Establishment of a One Party Participatory Democracy" (Lusaka: Government Printer, 1967).

赞比亚共和国政府：《全国委员会关于建立一党参与民主的报告》, 卢萨卡：政府出版社, 1967。

——. *Laws of Zambia* (Lusaka: Government Printers, 1972).

——：《赞比亚法律》, 卢萨卡：政府打印社, 1972。

· ——. The "*Watershed Speech*" *by His Excellency the President*, *Dr. K. D. Kaunda* (Lusaka: Government Printers: June 30-July 3, 1975), 23.

——：《总统 K. D. 卡翁达阁下的 "分水岭讲话"》, 卢萨卡：政府出版社, 1975 年 6 月 30 日至 7 月 3 日, 第 23 页。

——. "Report of the National Commission on the Establishment of a One Party Participatory Democracy" (Lusaka: Government Printer, 1992), 10 ~ 14.

——：《全国委员会关于建立一党参与民主的报告》, 卢萨卡：政府出版社, 1992, 第 10 ~ 14 页。

Zambia, Government of the Republic of "Report of the Constitutional Review Commission" (Lusaka, Government Printers, 1995a).

赞比亚共和国政府：《宪法审查委员会的报告》, 卢萨卡, 政府出版社, 1995a。

——. "Summary of the Recommendations" (Lusaka: Government Printers, 1995b).

282

——:《建议书摘要》, 卢萨卡:政府出版社, 1995b。

Zielonka, J. "New Institutions in the Old East Bloc" *Journal Democracy*, 5/2 (1994), 87 ~ 104.

洁灵卡, J.:《旧东方阵营的新机构》,《民主杂志》1994 年第 5 卷第 2 期, 第 87 ~ 104 页。

Newspapers
新闻

BBC News, August 8, 2002 (Tanzania).

《英国广播公司》, 2002 年 8 月 8 日（坦桑尼亚）。

Bunge News, October 1999, vol. 11. (Tanzania)

《邦吉新闻》, 1999 年 10 月, 第 11 期（坦桑尼亚）。

Bunge News, July 2000, vol. 13. (Tanzania).

《邦吉新闻》, 2000 年 7 月, 第 13 期（坦桑尼亚）。

Daily News, February 8, 2002 (Tanzania).

《每日新闻》, 2002 年 2 月 8 日（坦桑尼亚）。

Debates 13, February 14, 1968 (Zambia).

《辩论 13 期》, 1968 年 2 月 14 日（赞比亚）。

Debates 113, August 24 ~ 31, 1999 (Zambia).

《辩论 113 期》, 1999 年 8 月 24 ~ 31 日（赞比亚）。

East African, May 5, 2002 (Tanzania).

《东部非洲》, 2002 年 5 月 5 日（坦桑尼亚）。

East African, May 8, 2002 (Tanzania).

《东部非洲》, 2002 年 5 月 8 日（坦桑尼亚）。

Guardian, February 14, 2003 (Tanzania).

《卫报》, 2003 年 2 月 14 日（坦桑尼亚）。

Guardian, April 12, 2003 (Tanzania).

《卫报》, 4 月 12 日, 2003（坦桑尼亚）。

Post Newspaper, October 7, 1994 (Zambia).

《邮报》, 10 月 7 日, 1994 (赞比亚)。

Post Newspaper, November 8, 1994 (Zambia).

《邮报》, 11 月 8 日, 1994 (赞比亚)。

Times of Zambia, March 22, 1969.

《赞比亚时报》, 1969 年 3 月 22 日。

Times of Zambia, March 1, 1992.

《赞比亚时报》, 1992 年 3 月 1 日。

Times of Zambia, November 16, 1992.

《赞比亚时报》, 1992 年 11 月 16 日。

Time of Zambia, July 9, 1993.

《赞比亚时报》, 1993 年 7 月 9 日。

Times of Zambia, November 18, 1994.

《赞比亚时报》, 1994 年 11 月 18 日。

Times of Zambia, March 18, 1995.

《赞比亚时报》, 1995 年 3 月 18 日。

Times of Zambia, June 16, 1995.

《赞比亚时报》, 1995 年 6 月 16 日。

Times of Zambia, September 9, 1996.

《赞比亚时报》, 1996 年 9 月 9 日。

Times of Zambia, February 12, 1998.

《赞比亚时报》, 1998 年 2 月 12 日。

Times of Zambia, February 13, 1999.

《赞比亚时报》, 1999 年 2 月 13 日。

Websites
网页

Afrobarometer www. afrobarometer. org/roundlc. html

非洲晴雨表 www. afrobarometer. org/roundlc. html

BBC News www. news. bbc. co. uk/1/hi/business/1478244. stm

英国广播公司 www. news. bbc. co. uk/1/hi/business/1478244. stm

East Africa www. nationaudio. com/News/EastAfrican/12082002/Opinion/Editorial24. html

东部非洲 www. nationaudio. com/News/EastAfrican/12082002/Opinion/Editorial24. html

Freedom House www. freedomhouse. org

自由之家 www. freedomhouse. org

Guardian www. ippmedia. com/guardian/2003/02/14/guardianl. asp

卫报 www. ippmedia. com/guardian/2003/02/14/guardianl. asp

Parliamentary Monitoring Group www. pmg. org. za

国会监督小组 www. pmg. org. za

Polity IV Country Reports www. cidcm. umd. edu/inscr/politylMlil. htm

政体（四）国家报告 www. cidcm. umd. edu/inscr/politylMlil. htm

Interviews 283
访谈

National Assembly staff and bureaucrats
国会工作人员和官员

T. D. Kashililah, Dar es Salaam, Aug. 1, 2002, Budget, Project and ICT Coordinator, Parliament Office.

T·D·Kashililah，达累斯萨拉姆，2002 年 8 月 1 日，国会办公室预算、项目和信息通信技术协调员。

E. Manyesha, Dar es Salaam, Aug. 12, 2002, Parliamentary Draftsman, Ministry of Justice and Constitutional Affairs.

E·马涅沙，达累斯萨拉姆，2002 年 8 月 12 日，议会司法和宪法事务部草拟专员。

B. F. Mtei, Dodoma, July 27, 2002, Director of Parliamentary Committees.

B·F·梅蒂，多多马，2002 年 7 月 27 日，议会委员会主任。

J. M. Sagasii, Dodoma, July 22, 2002, Director, Legislation and Table Matters, Speakers Office.

J·M·萨迦希，多多马，2002 年 7 月 22 日，发言人办公室立法和草案事务主任。

Academia NGOs, media, business
学术界的非政府组织、媒体、企业

Mr. Bomani, Dar es Salaam, Aug. 12, 2002, lawyer, Attorney General, 1965~1976.

博马尼先生，达累斯萨拉姆，2002 年 8 月 12 日，律师，司法部长，1965 年至 1976 年。

L. Kilimwiko, Dar es Salaam, July 16, 2002, Chai, Association of Journalists and Media Workers.

L·基林维可，达累斯萨拉姆，2002 年 7 月 16 日，Chai，记者和媒体工作者协会。

Prof. Max Mmuya, Dar es Salaam, July 9, 2002, Department of Political Science, UDSM.

马克斯·穆亚教授，达累斯萨拉姆，2002 年 7 月 9 日，达累斯萨拉姆大学政治学学院。

（索引所标页码为原书页码，见正文页边。）

286